Financial Modeling and Valuation

A Practical Guide to Investment Banking and Private Equity

财务模型与估值

投资银行和私募股权实践指南

原书第2版

Second Edition

[美] 保罗·皮格纳塔罗（Paul Pignataro）◎著

刘振山　邱念◎译

机械工业出版社
CHINA MACHINE PRESS

全面修订的新版畅销指南，使用财务模型来确定股价是否过高或被低估。

本书作者是世界著名的纽约金融学院的创始人和首席执行官。这本无价的手册为准确评估股票投资的稳健性提供了清晰和系统的指导，为投资者提供了必要的工具，帮助他们了解理性投资的基本原理，并在任何市场环境下做出更明智的投资决策。

本书围绕全球零售领袖亚马逊进行深入的案例研究，展示如何运用华尔街专业人士的方法分析一家公司的财务状况。读者将学习构建核心的三个报表——利润表、现金流量表和资产负债表。所有项目均以清晰的语言进行解释，并提供了评估和管理业务的真实技巧。

图书在版编目（CIP）数据

财务模型与估值：投资银行和私募股权实践指南：原书第 2 版 / （美）保罗·皮格纳塔罗（Paul Pignataro）著；刘振山，邱念译. —北京：机械工业出版社，2023.9

书名原文：Financial Modeling and Valuation: A Practical Guide to Investment Banking and Private Equity, Second Edition

ISBN 978-7-111-73562-5

Ⅰ. ①财… Ⅱ. ①保… ②刘… ③邱… Ⅲ. ①财务管理–经济模型–研究 ②公司–估价–研究 Ⅳ. ①F275 ②F276.6

中国国家版本馆 CIP 数据核字（2023）第 154141 号

机械工业出版社（北京市百万庄大街 22 号　邮政编码 100037）
策划编辑：李新妞　　　　　责任编辑：李新妞　坚喜斌
责任校对：樊钟英　刘雅娜　责任印制：郜　敏
三河市宏达印刷有限公司印刷
2023 年 10 月第 1 版第 1 次印刷
180mm×250mm · 22.5 印张 · 1 插页 · 422 千字
标准书号：ISBN 978-7-111-73562-5
定价：99.00 元

电话服务　　　　　　　　　网络服务
客服电话：010-88361066　机 工 官 网：www.cmpbook.com
　　　　　010-88379833　机 工 官 博：weibo.com/cmp1952
　　　　　010-68326294　金 书 网：www.golden-book.com
封底无防伪标均为盗版　机工教育服务网：www.cmpedu.com

本书献给每一位正在追逐财富的投资人。那些已经得到的，曾经失去的，以及从未停息的争论，已经令很多人迷失了心智。本书应该能够成为帮助您继续前行的工具，如果真能如此，这将有助于培育出更加明智的投资者和更加有效的市场环境。

前言

市场是广阔且复杂的，不仅美国市场如此，全球市场亦如此。股票、债券、共同基金、衍生品、期权——是的，理论上可供选择的投资工具是无穷无尽的。并且，每个身在其中的人都想从中获利。然而，在过去的数年间，市场已经让我们见识了它的剧烈波动性。这使得很多投资者（以及他们的财富）灰飞烟灭，仅有少数投资者的财富出现盈余。市场的很多异常表现及波动都是相互关联的，在某种程度上取决于投资者，也就是你自己。另外，投资者在股票市场的定价过程中也扮演着重要的角色。投资者的反应有助于判断一家公司的首次公开募股（IPO）是否成功。是的，尽管市场的群体心理起着至关重要的作用，但是如果每日投资者能够借助适当的工具，更好地理解理性投资所隐含的基本原理，将能做出更加明智的决策，从而使整个市场变得更加有效。

本书旨在为投资者介绍一些基本工具，帮助他们判断一项股票投资是否理智，一只股票的价格是否被低估、高估或已被合理定价。这些基本工具被投资银行、私募股权公司及华尔街分析师们所使用。

我们将以亚马逊公司为例，评估其当前财务状况，展望其未来业绩，估计目标股价，从而进一步评估投资该股票是否可行。更重要的是，会介绍相关分析工具及概念，以便你自己做出理性的决策。我们会引领你逐步进入华尔街分析师的角色，让你亲身体会并了解如何利用工具进行建模和估值，从而独立进行分析。

本书是为投资银行及私募股权公司的专业人士所编写的，可被用作进修教材或指导手册，也适用于那些想要进入投资银行以及私募股权领域的人们。无论你是在评估一项潜在投资还是一项业务的价值，本书所演示的分析工具均极具价值。

亚马逊公司案例学习

对亚马逊公司的分析将贯穿本书。亚马逊公司是一家美国跨国科技公司，总部位于华盛顿州西雅图。目前它是世界第二大零售商。亚马逊公司通过其在线店铺和实体店铺，以直接销售的方式或者第三方卖家销售的方式，销售了数亿产品，同时制造和销售各种电子设备，包括 Kindle、Fire 平板电脑、Fire TV、Echo、Ring 和其他设备。亚马逊公司还参与了一系列以技术和互联网为重点的业务风险投资活动，包括亚马逊网络服务、智能虚拟协作、云计算和亚马逊 Prime 实时流媒体服务。亚马逊公司还开发和制作媒体内容，其产品列表也在不断扩大。如果想要投资亚马逊公司，该如何评估这项投资的可行性呢？为了确保能在股票投资中获利，我们需要了解亚马逊公司的股价未来会有怎样的变化。显然，股价的波动在很大程度上基于公众舆论。然而，华尔街的分析师们会利用估值分析方法来帮助他们确定并预测一家公司的未来股价。

估值分析基于三种方法：

1. 可比公司分析
2. 现金流折现分析
3. 先例交易分析[㊀]

以上三种方法剖析亚马逊公司的角度截然不同，且各有缺陷。尽管如此，人们还是普遍认为，综合使用三种方法有助于我们理解支撑当前股价的价值驱动因子。以亚马逊公司为例，我们将利用上述三种方法以及所有辅助方法，特别是华尔街分析师会用到的辅助方法展开分析。通过分析，我们将能解释亚马逊公司的股票是否被高估、低估或已被合理定价。如果认为一家公司的股票被低估了，则可能意味着该股票价格低于预期。这时，我们可能会投资该公司，并期望其股价会在未来一段时间内上涨。如果认为一家公司的股票被高估了，则可能意味着该股票价格高于预期。在这种情况下，投资该公司就失去了意义，因为该公司股价可能在未来一段时间内出现下跌。假设在上述情况中，亚马逊公司未发布出乎意料的公告，或者股票市场未出现异常活动。因为异常活动或某些公告会促使股价脱离价值分析所预计的价位。

需要注意的是，本书中演示的建模方法仅仅是一种观点。对于亚马逊公司的分析以及得到的结论不能直接反映我的想法，而是出于操作演示的目的，仅仅基于某些限制性假设条件的情况下得出的一种可能性的结论。尽管还存在其他的可能性和分析路径，但这些并未在书中阐释，但我想这已经足够了。本书中的很多观点都具有争议性，欢迎读者对此展开更深入的辩论。关键在于了解方法论，进而理解其背后的核心思想，以便找到适合的分析工具展开独立分析。

㊀ 先例交易分析，precedent transaction analysis，也称为可比交易分析，本书采用先例交易分析。——译者注

本书架构

本书分为两个部分：

1. 财务报表分析及预测

2. 估值

在第一部分，我们将针对亚马逊公司构建完整的财务模型。分析其历史业绩，并通过估值分析逐步对其未来业绩表现做出准确的预测。本部分的主要目的不仅仅在于了解如何对亚马逊公司建模，还要掌握分析师所使用的建模技术，并将这些技术应用于任意投资。

一旦我们对亚马逊公司的过去以及未来业绩有了很好的理解，则本书第二部分将帮助我们利用之前介绍的方法，从估值的角度解读公司当前的财务状况。如果您无须构建完整的财务模型，则可直接阅读第二部分。

注意，在进行估值分析时，并非一定要构建完整的模型，但我们仍建议您这样做。估值的基础是公司业绩表现，因此在本书的案例中，为了保持内容的完整性，我们将使用第一部分所构建的公司模型来提取摘要信息，并进行估值分析。不管怎样，严格意义上来说你也应该能够运用这些摘要信息。

本书将帮助你一步一步构建亚马逊公司的模型。模型样板可在配套网页中找到，对应的文件名为“NYSF-Walmart-Template”。网页地址为 www. wiley. com/go/pignataro（密码：investment）。[㊀]

㊀ 本书的配套财务模型也可以从网站 www. jinduoduo. net 下载，且有更多模型及材料供参考。——译者注

关于注册估值分析师（CVA）认证考试

考试简介

注册估值分析师（Chartered Valuation Analyst，以下简称 CVA）认证考试由注册估值分析师协会组织考核并提供资质认证，旨在提高投融资及并购估值领域从业人员的专业分析与操作技能。CVA 认证考试从专业实务及实际估值建模等专业知识和岗位技能方面进行考核，主要涉及企业价值评估及项目投资决策（包括 PPP 项目投资）。CVA 认证考试分为实务基础知识和 Excel 案例建模两个科目，内容包括会计与财务分析、公司金融、企业估值方法、并购分析、项目投资决策、私募股权投资、Excel 估值建模共七个部分。考生可通过针对各科重点、难点内容的专题学习，掌握中外机构普遍使用的财务分析和企业估值方法，演练企业财务预测与估值建模、项目投资决策建模、私募股权投资、上市公司估值建模、并购与股权投资估值建模等实际分析操作案例，快速掌握投资估值基础知识和高效规范的建模技巧。

实务基础知识科目——专业综合知识考试，主要考查投融资、并购估值领域的理论和实践知识及岗位综合能力，考查范围包括会计与财务分析、公司金融与财务管理、企业估值方法、并购分析、项目投资决策、私募股权、信用分析。本科目由 120 道单项选择题组成，考试时长为 3 小时。

Excel 案例建模科目——财务估值建模与分析考试，要求考生根据实际案例中的企业历史财务数据和假设条件，运用 Excel 搭建出标准、可靠、实用、高效的财务模型，完成企业未来财务报表预测、企业估值和相应的敏感性分析。本科目为 Excel 财务建模形式，考试时长为 3 小时。

职业发展方向

CVA 资格获得者具备企业并购、项目投资决策等投资岗位实务知识、技能和高效规范的建模技巧，能够掌握中外机构普遍使用的财务分析和企业估值方法，可以熟练进行企业财务预测与估值建模、项目投资决策建模、上市公司估值建模、并购与股权投资估值建模等实际分析操作。

CVA 持证人可胜任企业集团投资发展部、并购基金、产业投资基金、私募股权投资、财务顾问、券商投行部门、银行信贷审批等金融投资机构的核心岗位工作。

证书优势

岗位实操分析能力优势——CVA 认证考试内容紧密联系实际案例，重视提高从业人员的实务技能，并能够迅速应用到实际工作中，使持证人达到高效、系统和专业的职业水平。

标准规范化的职业素质优势——CVA 资格认证旨在推动投融资估值行业的标准化与规范化，提高执业人员的从业水平。持证人在工作流程中能够遵循标准化体系，提高效率和正确率。

国际同步知识体系优势——CVA 认证考试选用的教材均为协会精选并引进出版的国外最实用的优秀教材。将国际先进的知识体系与国内实践应用相结合，推行高效标准的建模方法。

配套专业实务型课程——注册估值分析师协会联合国内一流金融教育机构开展 CVA 培训课程，邀请行业内资深专家进行现场或视频授课。课程内容侧重于行业实务和技能实操，结合真实典型案例，帮助学员快速提升职业化、专业化和国际化水平，满足中国企业“走出去”进行海外并购的人才需求。

企业内训

紧密联系实际案例，侧重于提高从业人员的实务应用技能，使其具备高效专业的职业素养和优秀系统的分析能力。

- 以客户为导向的人性化培训体验，独一无二的特别定制课程体系。
- 专业化投融资及并购估值方法相关的优质教学内容，行业经验丰富的超强师资。
- 精选国内外优秀教材，提供科学的培训测评与运作体系。

考试安排

CVA 认证考试于每年 4 月、11 月的第三个周日举行，具体考试时间安排及考前报名，请访问协会官方网站 www. cncva. cn。

协会简介

注册估值分析师协会（Chartered Valuation Analyst Institute）是全球性及非营利性的专业机构，总部设于香港，致力于建立全球金融投资及并购估值的行业标准，帮助企业培养具备国际视野的投资专业人才，构建实用、系统、有效的专业知识体系。在亚太地区主理 CVA 认证考试、企业人才内训、第三方估值服务、出版发行投融资专业书籍以及进行协会事务运营和会员管理。

注册估值分析师协会于 2021 年起正式成为国际评估准则理事会（the International Valuation Standards Council，简称 IVSC）的专业评估机构会员。协会将依托 IVSC 的权威影响力与专业支持实现自身更快更好发展，同时遵照国际标准和专业精神，与其他成员开展广泛的交流与协作，共同推进全球估值行业的进步。

联系方式

官方网站：http://www.cncva.cn
电　　话：4006-777-630
E-mail：contactus@cncva.cn
新浪微博：注册估值分析师协会

协会官网二维码　　微信平台二维码

目　录

第一部分　财务报表分析与预测

第二部分 估 值

附　录

第一部分

财务报表分析与预测

在投资银行工作，财务建模是开展分析工作的基石。我们将以亚马逊公司为例，像华尔街分析师那样，分析它的财务状况，并且构建完整的财务模型。

本部分的目的：

1. 了解财务报表

（1）概念

（2）历史数据分析

（3）做出预测

（4）不同报表间的模型勾稽关系

2. 具备构建亚马逊公司的完整财务模型的能力

推荐从以下六个主要方面构建财务模型：

（1）利润表

（2）现金流量表

（3）资产负债表

（4）折旧计划表

（5）营运资本

（6）债务计划表

上述前三者是主要的财务报表：利润表、现金流量表及资产负债表；后三者则有助于前三张主要财务报表间的数据勾稽及连贯性。根据分析的需要，通常会使用更多的辅助明细表。请留意模型模板（“NYSF-Amazon-Template. xls”）中首先列示的六个标签，这六个标签也代表了模型构成的主要六个要素。请使用该模板跟随我们一起开始构建模型。

第一章

利润表

利润表度量了一家公司在一定时期内的利润（或损失）。为了报税需要，公司一般被要求披露并记录其产生的销售收入。当然，因销售引发的费用可以抵减基于销售收入征收的税金。尽管上述费用究竟在何时以及如何抵税，具体规定有所不同，但这里有个通用的概念：

利润 = 收入 – 费用

一家公司需要基于利润纳税。所以：

净利润 = 利润 – 税金

然而，利润表变得越来越复杂。多种类别的费用可能因公司而异。作为分析师，我们需要对利润表科目进行合理归类，以便后续进行分析。正因为如此，通常应将利润表中的明细科目划分为以下九个类别：

1. 收入（销售额）
2. 销货成本
3. 营业费用
4. 其他收益
5. 折旧与摊销
6. 利息
7. 税金
8. 非经常性和特殊性项目
9. 利润分配

无论利润表有多复杂，一个优秀的分析师都能将每个明细科目归入上述九类之中。这样一来，分析师就能更容易地了解利润表中驱动公司盈利的主要科目类别，以便进一步比较不同公司的盈利能力——这是确定目标公司相对价值的一项重要分析工作。本书假设读者拥有一定的会计学基础，因此在这里只是简要回顾一下利润表的科目。

收入

收入是指公司在一定时期内产生的销售收入或毛收入。注意，收入在什么时间确认、如何确认，不同的公司处理方式不同，并且可能与实际现金收讫存在差异。收入在“已实现或获得”时予以确认，即通常是当售出产品已交割或者已经提供了某项服务时确认。

销货成本

销货成本是指与公司产品销售直接相关的成本。这些成本与收入最直接相关，其中通常由用于促进产品销售的材料成本构成，也可能包含其他直接成本。

毛利润

因为毛利润是合计科目，故并不在上述列示的利润表的九个类别之中。它等于收入与销货成本的差，该指标有助于确定从收入中减去销货成本后的净值。有一个常用的分析指标叫作毛利率，即用毛利润除以总收入而得。稍后，我们会在本章中计算亚马逊公司的毛利润与毛利率。

例如，一家汽车销售公司，可能会产生制造费用。假设我们自行制造汽车，一辆汽车售价为20 000美元。为此，我们需要花费5 000美元采购制造汽车所需的原材料。如果我们售出一辆汽车，则收入为20 000美元，销货成本为5 000美元。进而，毛利润为15 000美元，毛利率为75%。现在我们假设一季度销售25辆汽车，则收入为25辆×20 000美元，即500 000美元；销货成本为25辆×5 000美元，即125 000美元；由此得到毛利润为375 000美元。

（单位：美元）

汽车公司	2021年一季度
收入	500 000.0
销货成本	125 000.0
毛利润	**375 000.0**
毛利率	*75%*

营业费用

营业费用是指一家公司在进行正常的商业经营时发生的费用。这是一项与公司创收相关且用于支持公司运转的间接费用。营业费用可细分为多个不同类别，最常见的分类方式如下：

1. 销售、管理及行政费用（Selling General and Administrative，SG&A）：指公司所有的销售费用及管理、行政费用，如职员工资、租金等。
2. 广告及市场营销费用：指任何与公司广告及市场营销举措相关的费用，如印刷广告费用、购买搜索引擎关键词广告费用等。
3. 研究及开发（Research and Development，R&D）费用：指与公司未来产品及服务的研究及开发活动相关的费用。

让我们再说回汽车销售公司，假设一季度总计花费 75 000 美元支付给员工。此外支付租金 2 500 美元，广告宣传花费 7 500 美元。最后，假设我们每季度用于改进汽车产品的研究及开发费用约为 5 000 美元。则延续之前的例子，公司利润表如下：

（单位：美元）

汽车公司	2021 年一季度
收入	500 000. 0
销货成本	125 000. 0
毛利润	**375 000. 0**
毛利率	*75%*
营业费用	
销售、管理及行政费用	77 500. 0
广告及市场营销费用	7 500. 0
研究及开发费用	5 000. 0
营业费用合计	**90 000. 0**

其他收益

公司并非仅仅依靠核心业务创造收入。由于其他收益也要纳税，所以需列示在利润表中。然而，因为该部分收入并非由核心业务产生，所以不能计入收入。我们以一家汽车公司为例来说明，汽车公司的核心业务是制造并销售汽车，然而，很多汽车公司也会通过其他途径创造收益：从事融资活动。例如，汽车公司以收取利息的方式，帮助消费者筹集购车款项。该部分利息收入需要纳税，并且被视为额外收入。然而，由于该部分收入与公司的核心业务无关，因此不能被确认为收入，应被计入其他收益。

另一个关于其他收益的常见例子是“非控制性权益”，也被称为“来自非合并附属公司的收益”。当公司以非控股形式投资于另一家公司时，可获得该部分收益。所以，当一家公司（公司A）投资于另一家公司（公司B），并获得公司B的少数股权后，公司B会按比例将其净利润中的一部分分配给公司A。公司A则需要将这部分收入计入其他收益。

EBITDA

息税折旧及摊销前利润（EBITDA）是一项备受华尔街分析师关注的重要指标。在后续章节，我们会看到该指标作为基础指标广泛应用于估值与分析中。它可由（收入－销货成本－营业费用＋其他收益）而得到。

至于其他收益究竟是否应该被纳入EBITDA，仍然存在争议。对此，有以下两种不同的观点。

（1）其他收益应该被纳入EBITDA。如果一家公司能够获取其他收益，则应将其视为EBITDA的一部分，并将其列示在EBITDA总额的上方。持此主张的观点认为，尽管其他收益并非收入的核心组成部分，但实际上它的确仍是经营活动，应该作为公司经营活动的一部分进行列示。以汽车公司为例，我们或许可以假设融资活动并非其核心收入，但它能够反映公司整体的盈利能力，有必要被视为EBITDA的一部分。

（2）其他收益不应被纳入EBITDA。如果一家公司获取了其他收益，则不应该将其视为EBITDA的一部分，该部分收益应该在EBITDA总额之后。持此主张的观点认为，尽管其他收益也在一定程度上反映了公司的盈利能力，但它并非核心收入，不应该被视为公司核心盈利的一部分。

确定是否应将其他收益纳入EBITDA不是件容易的事。重要的是要考量这部分其他收益是否是一贯的且可重复发生的。如果答案是否，则大概率可以将其从EBITDA中剔除。此外，考量所进行分析的目的同样很重要。例如，如果你想要收购一家公司，并且该公司在被收购后仍然能够继续获取其他收益，那么这部分其他收益应被视为EBITDA的一部分。又或者，该部分其他收益在收购后就不存在了，那么在这种情况下，则不能将其纳入 EBITDA 中。再看一个例子，如果你正在试图比较不同公司的 EBITDA，那么很重要的是要考量其他公司是否同样能获取其他收益。如果不能，那么在做 EBITDA 分析时最好将其他收益从 EBITDA 中剔除，以保证不同公司 EBITDA 的可比性。

不同的投资银行及公司对于是否应将其他收益纳入 EBITDA 有不同的看法，即使同一家集团内的不同产业公司也会对此有不同的看法。作为一位优秀的分析师，重要的是选择一种站得住脚的观点，并坚持己见。

我们假设在汽车公司的案例中，将其他收益视为 EBITDA 的一部分。

（单位：美元）

汽车公司	**2021 年一季度**
收入	500 000. 0
销货成本	125 000. 0
毛利润	**375 000. 0**
毛利润率	*75%*
营业费用	
销售、管理及行政费用	77 500. 0
广告及市场营销费用	7 500. 0
研究及开发费用	5 000. 0
营业费用合计	**90 000. 0**
其他收益	1 000. 0
EBITDA	**286 000. 0**
EBITDA 率	*57%*

注意，我们同时计算了 EBITDA 率，它等于 EBITDA/收入。

折旧与摊销

折旧代表了固定资产在一段时期内的老化以及损耗。摊销则代表了无形资产（例如专利、版权以及商标等知识产权）在其使用年限内基于成本的减值。但并不是所有的无形资产都需要进行摊销。我们将在第四章中讨论折旧与摊销（D&A）。

EBIT

与 EBITDA 类似，息税前利润（EBIT）也应用于估值。EBIT 等于（EBITDA –

折旧与摊销）。我们假设在之前的案例中，汽车公司每季度的折旧与摊销额为8 000美元。则：

（单位：美元）

汽车公司	2021年一季度
EBITDA	286 000.0
EBITDA率	*57%*
D&A	8 000.0
EBIT	278 000.0
EBIT率	*56%*

注意，我们同时计算了EBIT率，它等于EBIT/收入。

利息

利息由利息费用和利息收入两部分组成。利息费用是指公司债务的成本。利息收入是指公司储蓄账户中的现金、定期存单以及其他投资产生的利息。

我们假设上述汽车公司有一笔100万美元的贷款，年利率为10%。因此该公司每年的利息费用为100 000美元，折合每季度为25 000美元。此外，我们还假设公司有50 000美元现金，利息率为1%，即每年产生利息收入500美元，折合每季度125美元。

通常情况下，净利息费用是指利息费用与利息收入相抵后的净值。

EBT

税前利润（EBT）可由（EBIT－净利息）得到。

（单位：美元）

汽车公司	2021年一季度
EBIT	278 000.0
EBIT率	*56%*
利息费用	25 000.0
利息收入	125.0
净利息费用	24 875.0
EBT	253 125.0
EBT率	*51%*

注意，我们同时计算了EBT率，它等于EBT/收入。

所得税

税金是政府基于公司经营情况征收的财务费用。该笔费用基于此前界定的税前利润征收。在汽车公司的案例中，我们可以假设税率为 35%。

净利润

净利润等于（EBT－税金）。汽车公司完整的利润表如下：

（单位：美元）

汽车公司	**2021 年一季度**
收入	500 000. 0
销货成本	125 000. 0
毛利润	**375 000. 0**
毛利率	*75%*
营业费用	
销售、管理及行政费用	77 500. 0
广告及市场营销费用	7 500. 0
研究及开发费用	5 000. 0
营业费用合计	**90 000. 0**
其他收益	1 000. 0
EBITDA	286 000. 0
EBITDA 率	*57%*
折旧与摊销	8 000. 0
EBIT	**278 000. 0 0**
EBIT 率	*56%*
利息费用	25 000. 0
利息收入	125. 0
净利息费用	**24 875. 0**
EBT	**253 125. 0**
EBT 率	*51%*
税金	88 593. 75
税率	*35%*
净利润	**164 531. 25**

非经常性项目和特殊性项目

非经常性项目和特殊性项目产生的费用或收益是一次性的，并且与日常核心业务无关。因出售资产或者终止业务所带来的收益和损失就属于非经常性项目。在美国通用会计准则（GAAP）下，诸如此类的非经常性项目和特殊性项目可能分散在利润表的各个科目中。因此，对于一位优秀的分析师而言，将这些分散的非经常性项目辨别出来，并将其调整至利润表的最下方，以便得出能反映公司日常持续经营状况的 EBITDA、EBIT 以及净利润。我们认为剔除非经常性项目后的 EBITDA、EBIT 以及净利润值是“纯净的”。然而，我们并不希望将那些非经常性项目完全剔除，因此才将它们单独作为一部分移到该科目项下。从现在起，我们将“非经常性”以及“特殊性”项目简单统称为“非经常性项目”。

利润分配

广义的利润分配是指对股东的支付行为。主要以股利或非控制性权益的形式支付。

非控制性权益是指一家公司或公司附属机构的部分权益由外部个人或第三方机构持有。如果一家机构（公司 A）拥有另一家公司（公司 B）的非控制性权益，则公司 B 必须将其盈利按一定比例分配给公司 A（本书后续部分将深入讨论非控制性权益）。

净利润（披露的）

由于此前我们建议将非经常性项目移到一个单独的科目中，因此之前列示的净利润是调整后的净利润，该指标在分析、估值及数据比对中是最有用的。然而，与最初给定的净利润相匹配的、包含所有调整项目的完整净利润对我们仍十分重要，因此建议设置第二行净利润并以此作为对于净利润指标的合理性检查，即：

净利润 – 非经常性项目 – 利润分配

股份数

一家公司可在利润表中通过两种形式披露流通的股份数，即基本股份数或稀释的股份数。基本股份数是指市场中流通的公司股份。稀释的股份数是指市场中流通的公司股份加上如果实值期权或权证的拥有者决定行权后持有的股份。稀释的股份数很好地考量了“如果行权将会怎样”的情景。即如果所有期权以及权证的持有者选择行权，流通股份数将变成多少？

每股盈利（EPS）

每股盈利（EPS）即净利润除以流通股份数的商。一家公司通常会披露基本EPS与稀释的EPS，分别用净利润除以基本股份数与稀释的股份数。注意，在计算EPS时，每家公司对净利润的界定可能有所不同。换言之，应该用非控制性权益之前的净利润还是用非控制性权益之后的净利润，因公司而异。或者，应该使用支付股利前的数据还是使用支付股利后的数据，同样因公司而异。对于投资者，通常会用支付股利之前但支付非控制性权益之后的净利润值。然而，我们建议你查看公司的历史EPS数据，以便倒推出该公司所使用的EPS计算公式。接下来，我们将以亚马逊公司为例演示这一过程。

基本EPS = 净利润/基本股份数

稀释的EPS = 净利润/稀释的股份数

亚马逊公司的利润表

通常可以通过很多途径来获取上市公司的财务数据信息。建议你首先登录该公司的官网，并且查看“投资者关系”页面。亚马逊公司官网提供了很多菜单信息及选项，布局结构也可能会发生变化。在截至本书出版时，投资者关系选项位于官网底部“了解我们”部分中，如图1－1所示。

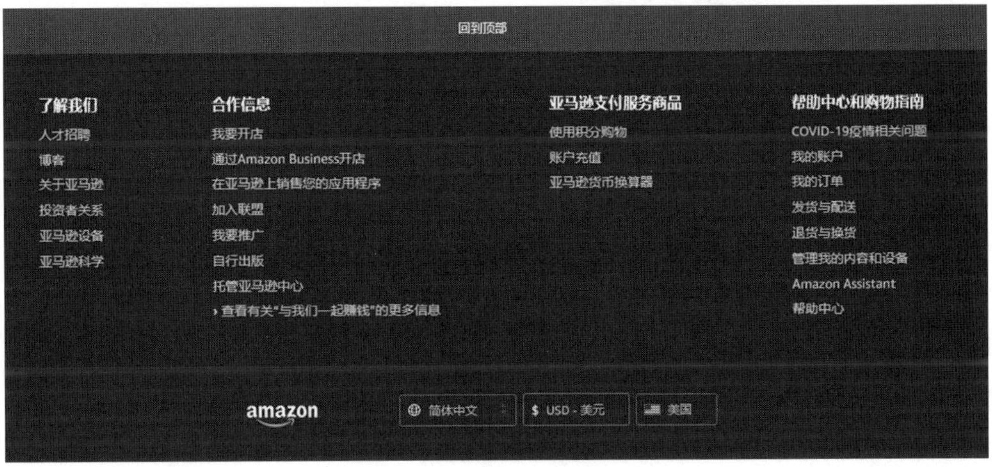

图1－1　亚马逊公司官网

在“SEC Filings”（美国证券交易委员会申报档案）栏目页面包括了亚马逊公司申报的所有档案资料。相比SEC申报档案，我更倾向于参考使用公司年报。因为SEC申报档案或许不包括可以提供额外及重要信息的所有附表，如图1－2所示。

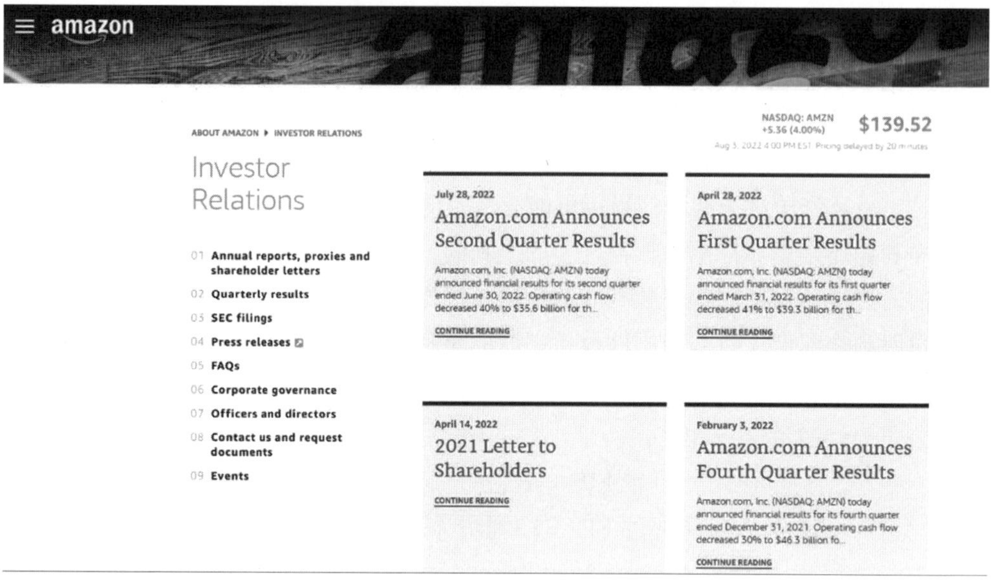

图 1－2　亚马逊公司投资者关系

为获得最新的 SEC 申报档案（图 1－3）或“10－K”年报文件，选择“集团”下的年度申报下拉菜单，点击申报年份的 2021，并可以点击 PDF 图标下载文件。

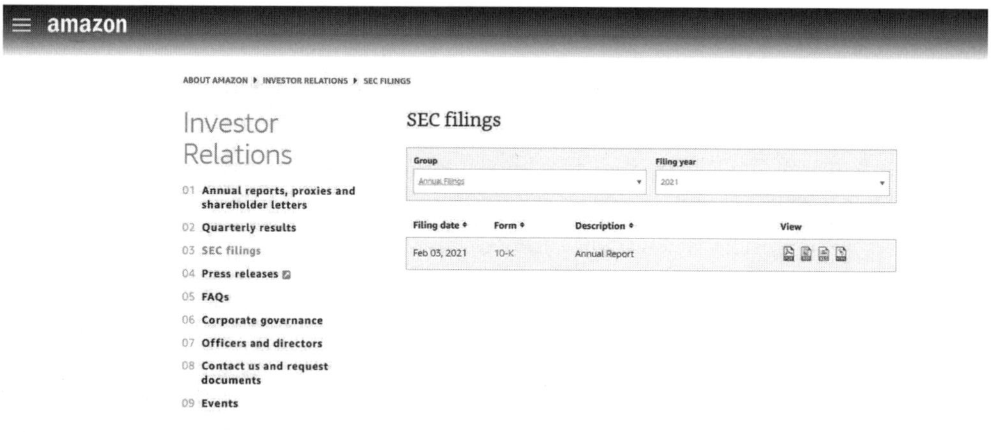

图 1－3　亚马逊公司 SEC 申报档案

此外，你还可以登录美国证券交易委员会（SEC）的网站（www. sec. gov），里面列示了所有美国上市公司的文件，从中可以搜索到亚马逊公司的相关文件。

需要注意的是，在本书出版之时，亚马逊公司可能已经更新了网站信息。如果真是如此，你可以从本书配套的网站中下载亚马逊公司 2020 年年报的副本，或者你也可以仅依据贯穿本书的示例及图表信息。

如果你已经下载了正确的资料，请翻阅并锁定利润表。请确保你找到的是公司完整的利润表，而不是“财报摘要”。两者很容易混淆。尽管财报摘要中包含了利润表的信息，但是不如真正的利润表的信息详尽。财报摘要通常包含较长期限（5年或10年）的历史数据，而信息更加详尽的利润表通常只包含2～3年的数据。图1－4所示的是从亚马逊公司年报第18页提取的财报摘要数据。你可以很容易看出它并不包括构建模型所需的所有必要科目，如成本及费用。同时，你也应注意到标题是“精选合并财务数据”。

第6项财报摘要数据

以下财报摘要数据应当与合并的财务报表、第二部分第8项“财务报表及附注”以及第二部分第7项“管理层对财务状况和经营成果的讨论和分析”所包含的信息一起阅读。历史经营成果不一定能反映未来的业绩。

（单位：100万美元，每股数据除外）

	财务年度截至12月31日				
	2016年	**2017年①**	**2018年**	**2019年④**	**2020年**
营运业绩：					
净销售额	135 987	177 866	232 887	280 522	386 064
营业利润	4 186	4 106	12 421	14 541	22 899
净利润（损失）	2 371	3 033	10 073	11 588	21 331
基本每股收益②	5.01	6.32	20.68	23.46	42.64
稀释每股收益②	4.90	6.15	20.14	23.01	41.83
用于计算每股收益的加权平均股份数：					
基本的	474	480	487	494	500
稀释的	484	493	500	504	510
现金流量表：					
经营活动现金流净额③	17 203	18 365	30 723	38 514	66 064
资产负债表：					
资产合计	83 402	131 310	162 648	225 248	321 195
长期债务责任合计	20 301	45 718	50 708	75 376	101 406

图1－4　亚马逊公司5年期财报摘要

①我们在2017年8月28日收购了Whole Foods。自收购日起Whole Foods的业绩已经包含在我们的经营业绩里。

②关于每股收益的详细讨论，参考第二部分第8项“财务报表及附注——附注1——业务描述、会计政策和补充披露”。

③由于采取了新的会计指南，我们对合并现金流量表进行了追溯调整，现金及现金等价物增加受限资金，调减2016年和2017年经营活动现金流6 900万美元。

④由于在2019年1月1日采取了新的会计指南，我们将租赁资产和负债确认为租期超过十二个月的经营租赁。过往期间数值并没有进行调整，继续根据历史会计政策列报。

如果继续翻阅公司年报，会在第39页中找到完整的利润表。同时，你会注意到其标题为“经营合并利润表”。我们将使用如表1－1所示的利润表来分析亚马逊公司的历史财务状况。常规做法是将三年的财务数据纳入模型，因此我们针对2018—2020年的数据进行建模。

表1－1　亚马逊公司利润表

（单位：100万美元，每股数据除外）

	财务年度截至12月31日		
	2018年	**2019年**	**2020年**
产品净销售额	141 915	160 408	215 915
服务净销售额	90 972	120 114	170 149
总收入	232 887	280 522	386 064
营业费用：			
销售成本	139 156	165 536	233 307
仓储物流费用	34 027	40 232	58 517
技术和内容开支	28 837	35 931	42 740
营销费用	13 814	18 878	22 008
管理及行政费用	4 336	5 203	6 668
其他经营费用（收入）净额	296	201	（75）
总营业费用	81 310	100 445	129 858
营业收入	12 421	14 541	22 899
利息收入	440	832	555
利息费用	（1 417）	（1 600）	（1 647）
其他收入（费用）净额	（183）	203	2 371
总营业外收入（费用）	（1 160）	（565）	1 279
税前利润	11 261	13 976	24 178
所得税	（1 197）	（2 374）	（2 863）
权益法投资活动（税后）	9	（14）	16
净利润	10 073	11 588	21 331
基本每股收益	20. 68	23. 46	42. 64
稀释每股收益	20. 14	23. 01	41. 83
用于计算每股收益的加权平均股份数：			
基本的	487	494	500
稀释的	500	504	510

收入

当研读图 1－5 的利润表时，想要从销售额出发，首先要辨认出本章前述部分中提及的所有科目。我们可以看到，亚马逊公司的收入项下分为两行，即“产品净销售额”以及“服务净销售额”。我们将其单独列示。

现在是时候打开以“NYSF-Amazon-Template. xls”命名的模型样板了。注意，前六个“表标签”，每一项都代表着一个被我们用于分析公司业务的明细报表。一个合理构建的模型至少应包含如下六个主要的报表：

1. 利润表
2. 现金流量表
3. 资产负债表
4. 折旧计划表
5. 营运资本明细表
6. 债务计划表

本章将着重看一下利润表。我们将三年的收入数据导入其中，可以简单地使用“硬编码”方式或直接将年报中披露的数据输入模型。

在这样做之前，我们必须重申以下两条重要的建模规则：

1. 所有直接输入的数据和假设因子以蓝色字体标注
2. 所有输入的公式以黑色字体标注

当我们提及硬编码时，意思是说这些数字是被直接输入单元格中的（即不包含任何链接或计算公式）。而模型中的其他所有公式都是基于硬编码计算的，以黑色标注。例如，我们现在输入的历史数据就属于硬编码，这些数字应以蓝色字体标注。上述这些是常规处理方法，使得模型易于分析。此外，还有一点很重要，那就是能否迅速将模型驱动因子对应的数值（蓝色字体标注的数据）以及假设数据归零。

因此，我们可以在表格第 7 行，即“产品净销售额”所在行的单元格 D7、E7、F7 中依次输入 2018 年、2019 年以及 2020 年的净销售额，分别为 141 915、160 408 以及 215 915。这些数字是直接输入的，记得要以蓝色字体标注。此后，我们以公司历史数据的走势为线索来推测未来。所以，让我们先计算公司净销售额的历史增长率，公式如下：

$$当年增长率 = 当年净销售额/上一年净销售额 - 1$$

因此，我们可以按以下步骤在单元格 E8 中计算亚马逊公司 2019 年净销售额增长率。

计算亚马逊公司2019年净销售额增长率（单元格E8）

Excel关键输入步骤	描述
输入〈=〉	进入公式录入模式
单击单元格E7	2019年产品净销售额
输入〈/〉	除号
单击单元格D7	2018年产品净销售额
输入“-1”	减1
按〈Enter〉	输入结束
运算公式	=E7/D7-1

由此可得，2019年净销售额增长率为13.0%。同理，在计算2020年净销售额增长率时可重复该过程，或可通过剪切、复制公式来完成。

（1）单击2019年的公式并拖拽至2020年对应的单元格。利用鼠标，你可以单击单元格E8的右下角，并按住鼠标左键，将此单元格的公式拖拽到单元格F8中。

（2）选中单元格E8中的2019年净销售额增长率数据。从剪贴板选中“复制”项（或按住〈Ctrl+C〉）。然后，选中2020年净销售额增长率对应的单元格（F8），选择菜单栏中的“粘贴”项（或按〈Ctrl+V〉）。

（3）我们推荐以下两个方式：

a. 同时选中2019年增长率所在的单元格E8以及2020年增长率所在的空白单元格（即F8）。可以通过如下两种途径实现。

ⅰ. 利用鼠标：选中单元格E8，确保点击的是单元格的中心位置，而非右下角。与此同时，按住鼠标左键并向右侧移动鼠标。

ⅱ. 利用键盘：选中单元格E8，然后按住〈Shift〉键，并同时点击向右的箭头，直至想要的单元格全部被选中。

b. 按〈Ctrl+R〉，即向右填充的快捷键。

建模小贴士

我们强烈推荐读者尽可能使用键盘快捷键（例如〈Ctrl + R〉）。当你在鼠标和键盘之间更愿意使用后者时，说明你已成为一名更高效的建模者（有关Excel的快捷键，请参见附录C）。

注意，这里还有一个快捷键，那就是〈Ctrl+D〉，即向下填充。遗憾的是，没有向左或向上填充的快捷键（参见表1-2）。

表 1－2　亚马逊公司历史净销售额

（单位：100 万美元）

合并的利润表		实际值	
截至 12 月 31 日	2018 年实际值	2019 年实际值	2020 年实际值
收入			
产品净销售额	141 915.0	160 408.0	215 915.0
增长率		*13.0%*	*34.6%*

我们可以继续输入亚马逊公司“服务净销售额”的数据，并且计算增长率，就像计算产品净销售额增长率一样。

然后，我们可以将上述两项销售科目汇总至第 11 行的总收入中（参见表 1－3）。

计算 2018 年总收入（单元格 D11）

Excel 关键输入步骤	描述
输入〈＝〉	进入公式录入模式
单击单元格 D7	2018 年产品净销售额
输入〈＋〉	加号
单击单元格 D9	2018 年服务净销售额
按〈Enter〉	输入结束
运算公式	＝D7＋D9

表 1－3　亚马逊公司历史总收入

（单位：100 万美元，每股数据除外）

合并的利润表		实际值	
截至 12 月 31 日	2018 年实际值	2019 年实际值	2020 年实际值
收入			
产品净销售额	141 915.0	160 408.0	215 915.0
Y/Y 增长率		*13.0%*	*34.6%*
服务净销售额	90 972.0	120 114.0	170 149.0
Y/Y 增长率		*32.0%*	*41.7%*
总收入	**232 887.0**	**280 522.0**	**386 064.0**
Y/Y 增长率		*20.5%*	*37.6%*

由表 1－3 可知，亚马逊公司 2018 年的总收入为 2 328.87 亿美元。现在，我们可以使用前文介绍的公式来计算增长率。我们可以使用此前介绍的其中一种复制方法来复制这些公式，向右填充至 2020 年。

获得 EBITDA

我们可以看到，在收入项下有“营业费用”，其中第一项是“销售成本”。在之前章节中，我们清楚地将“销售成本”视为第二类项目“销货成本”，将剩下的科目视为第三类项目“营业费用”。我们推荐像亚马逊公司那样在营业费用项下列示每一个成本科目，就像我们对收入科目所做的操作那样。

剖析折旧

当你已经辨识出利润表中的所有费用科目后，还有一项很重要的工作就是确定折旧费用。那些持有折旧性资产的公司一般会将折旧计入费用，用以抵税。因此，如果一家公司计提了折旧，则应反映在利润表中。然而，并非所有公司都会单独列示折旧费用。所以，一位优秀的分析师需要通过更多的工作来捕捉折旧。亚马逊公司的确对其资产计提了折旧。如果你无法确定所研究的公司是否计提了资产折旧，那么就应该仔细研究该公司的资产。一种简单的做法就是，在公司年报中搜索“折旧”字样，或者查阅现金流量表中是否存在折旧科目。折旧可以出现在公司年报的多个地方。如表 1 -4 所示，我们使用了亚马逊公司年报第 38 页的数据。这是该公司的现金流量表。你可以清楚地看到，在“将净利润调节为经营活动现金流量”部分下正好有一个科目为“物业、设备、资本化内容成本、经营租赁资产及其他折旧与摊销”。此科目的存在清楚地表明存在折旧，只是没有在利润表中单列出来。通常情况下，折旧会直接列示在现金流量表里，而不是利润表里。我们将在下一章学习现金流量表时讨论为什么会出现这种情况。

表 1 -4　亚马逊公司现金流量表

（单位：100 万美元）

财务年度截至 12 月 31 日	2018 年	2019 年	2020 年
现金及现金等价物及受限资金期初余额	21 856	32 173	36 410
经营活动			
净利润	10 073	11 588	21 331
将净利润调节为经营活动现金流量：			
物业、设备、资本化内容成本、经营租赁资产及其他折旧与摊销	15 341	21 789	25 251
股权激励	5 418	6 864	9 208
其他经营费用（收入）净额	274	164	(71)
其他费用（收入）净额	219	(249)	(2 582)

（续）

财务年度截至12月31日	2018年	2019年	2020年
递延所得税	441	796	（554）
营运资本变动			
存货	（1 314）	（3 278）	（2 849）
应收账款净额及其他	（4 615）	（7 681）	（8 169）
应付账款	3 263	8 193	17 480
应计费用及其他	472	（1 383）	5 754
预收收入	1 151	1 711	1 265
经营活动现金流净额	30 723	38 514	66 064
投资活动			
购买物业及设备	（13 427）	（16 861）	（40 140）
物业及设备处置收入	2 104	4 172	5 096
并购、现金收购及其他	（2 186）	（2 461）	（2 325）
有价证券出售及到期所得	8 240	22 681	50 237
购买有价证券	（7 100）	（31 812）	（72 479）
投资活动现金流净额	（12 369）	（24 281）	（59 611）
融资活动			
短期债务及其他增加	886	1 402	6 796
短期债务及其他偿还	（813）	（1 518）	（6 177）
长期债务增加	182	871	10 525
长期债务偿还	（155）	（1 166）	（1 553）
融资租赁本金偿还	（7 449）	（9 628）	（10 642）
债务融资的本金偿还	（337）	（27）	（53）
融资活动现金流净额	（7 686）	（10 066）	（1 104）
汇率对现金及现金等价物及受限资金的影响	（351）	70	618
现金及现金等价物及受限资金的净增加（减少）	10 317	4 237	5 967
现金及现金等价物及受限资金期末余额	32 173	36 410	42 377

从表1－4可以看到，2018年、2019年及2020年基于整个业务计提的折旧与摊销金额分别为153.41亿美元、217.89亿美元及252.51亿美元。

我们一旦辨识出折旧，就需要明确该科目应该在利润表中的何处列示。尽管可能并非直接列示折旧，但既然我们已经证明了它的存在，就应该在利润表的某个地方进行体现。需要小心的是，不能简单地将折旧加入利润表。因为我们之前确定的折旧金额很有可能隐藏在已经明确的费用科目中。但是，我们该如何发现是哪个科目包含了折旧费用呢？很遗憾，在很多情况下，这个问题很难说清楚。

以“折旧”作为关键词对公司年报进行快速搜索，第45页“技术和内容”开支部分显示以下内容：

> **技术和内容**
>
> 技术和内容成本包括：参与研发新产品和现有产品及服务，开发、设计和维护店铺，管理和展示我们在线商店中提供的产品和服务的员工的工资和相关费用，以及基础设施成本。基础设施成本包括服务器、网络设备和数据中心相关的折旧与摊销、租金、公用事业以及支持AWS和其他亚马逊公司业务所需的其他费用。总的来说，这些成本反映了我们为向客户提供各种产品和服务所付出的投资。

这是唯一提到折旧的费用项目。但是，这并不是所有折旧费用都已合并到“技术和内容”开支项目中最佳及最完美的证据。

很多时候，折旧是销货成本或销售、管理及行政费用的一部分，或者在两者之间分摊。人们也常常无法准确地确定折旧包含在哪里。然而，令人欣慰的是，无论我们最终是否从销货成本或销售管理及行政费用中扣除折旧费用，或者从两者中都扣除，都不会影响我们计算EBITDA这个对估值来说至关重要的指标。

由于“技术和内容”部分是唯一提到了折旧的内容，我们假设应该从该科目中扣除折旧。当我们填写该科目时，会减去折旧的费用金额。

现在，我们已经掌握了足够的信息去编制过去三年的利润表中EBITDA之前的部分。

销货成本

亚马逊公司以名为“销售成本”（Cost of Sales）的科目来披露销货成本（Cost of Goods Sold，COGS），该科目在2018年、2019年以及2020年对应的金额分别为1 391.56亿美元、1 655.36亿美元、2 333.07亿美元。让我们将上述数字分别输入单元格D14、E14以及F14中。

注意还有一个指标，即第15行中的“COGS占收入的比重”。稍后，我们会讨论如何计算费用占收入的比重。它可能是也可能并非提示未来业绩的优良指标。为了讨论上述问题，让我们现在先来计算“COGS占收入的比重”这个指标。亚马逊公司2018年COGS占收入的比重是：

计算 2018 年销货成本占总收入百分比（单元格 D15）

Excel 关键输入步骤	描述
输入〈=〉	进入公式录入模式
单击单元格 D14	2018 年 COGS
输入〈/〉	除号
单击单元格 D11	2018 年总收入
按〈Enter〉	输入结束
运算公式	= D14/D11

由此可得，该比重为 59.8%。现在，我们可以复制该公式并向右填充。

毛利润

毛利润是收入扣除销货成本后的余额。

计算 2018 年毛利润（单元格 D16）

Excel 关键输入步骤	描述
输入〈=〉	进入公式录入模式
单击单元格 D11	2018 年总收入
输入〈-〉	减号
单击单元格 D14	2018 年 COGS
按〈Enter〉	输入结束
运算公式	=D11 - D14

我们可按本章之前讲解的方法计算毛利率。

计算 2018 年毛利率（单元格 D17）

Excel 关键输入步骤	描述
输入〈=〉	进入公式录入模式
单击单元格 D16	2018 年毛利润
输入〈/〉	除号
单击单元格 D11	2018 年总收入
按〈Enter〉	输入结束
运算公式	=D16/D11

我们可以同时复制上述公式并向右填充，而后继续研究营业费用（参见表 1-5）。

表1-5 亚马逊公司历史毛利润

（单位：100万美元，每股数据除外）

合并的利润表			
	实际值		
截至12月31日	**2018年**	**2019年**	**2020年**
收入			
产品净销售额	141 915.0	160 408.0	215 915.0
Y/Y 增长率		*13.0%*	*34.6%*
服务净销售额	90 972.0	120 114.0	170 149.0
Y/Y 增长率		*32.0%*	*41.7%*
总收入	**232 887.0**	**280 522.0**	**386 064.0**
Y/Y 增长率		*20.5%*	*37.6%*
销货成本			
销货成本	**139 156.0**	**165 536.0**	**233 307.0**
销货成本占收入%	*59.8%*	*59.0%*	*60.4%*
毛利润	**93 731.0**	**114 986.0**	**152 757.0**
毛利率	*40%*	*41%*	*40%*

仓储物流费用

我们在第19行直接输入历史三年的仓储物流费用，2018年、2019年和2020年的金额分别为340.27亿美元、402.32亿美元和585.17亿美元。然后按照本章之前讲解的方法，可以计算仓储物流费用占总收入的百分比。

计算2018年仓储物流费用占总收入的百分比（单元格D20）

Excel 关键输入步骤	描述
输入〈=〉	进入公式录入模式
单击单元格D19	2018年仓储物流费用
输入〈/〉	除号
单击单元格D11	2018年总收入
按〈Enter〉	输入结束
运算公式	=D19/D11

我们可以同时复制上述公式并向右填充，然后转到下一个费用科目，参见表1-6。

技术和内容开支

根据之前关于折旧的讨论，我们假设折旧费用包含在技术和内容开支中。所以在第 21 行，我们应该直接输入不包含折旧金额的技术和内容开支费用。我们之前已确定 2018 年、2019 年和 2020 年的折旧费用分别为 153.41 亿美元、217.89 亿美元和 252.51 亿美元。那么扣除折旧后的技术和内容开支费用，在 2018 年，我们应该输入 288.37 亿美元 – 153.41 亿美元，2019 年是 359.31 亿美元 – 217.89 亿美元，2020 年是427.40亿美元 – 252.51 亿美元。我们可以计算这些费用占总收入的百分比，如同我们计算仓储物流费用占总收入的百分比一样。

计算 2018 年技术和内容开支占总收入的百分比（单元格 D22）

Excel 关键输入步骤	描述
输入〈=〉	进入公式录入模式
单击单元格 D21	2018 年技术和内容开支
输入〈/〉	除号
单击单元格 D11	2018 年总收入
按〈Enter〉	输入结束
运算公式	=D21/D11

我们可以同时复制这个公式并向右填充，然后转向下一个费用科目。参见表 1 – 6。

营销费用，管理及行政费用，其他经营费用（收入）净额

接下来的三个费用行科目我们也是直接输入数据，与仓储物流费用的操作一样。对于每一个科目，我们都能计算其相应的历史比率（参见表 1 – 6）。

完成上述操作后，就可以加总以上费用行科目。

总营业费用

现在我们可以加总上述营业费用行科目，注意不要包含历史比率。

计算 2018 年总营业费用（单元格 D29）

Excel 关键输入步骤	描述
输入〈=〉	进入公式录入模式
单击单元格 D19	选择第一项“仓储物流费用”
输入〈+〉	加号
单击单元格 D21	选择下一项“技术和内容开支”
输入〈+〉	加号

（续）

Excel 关键输入步骤	描述
单击单元格 D23	选择下一项“营销费用”
输入〈+〉	加号
单击单元格 D25	选择下一项“管理及行政费用”
输入〈+〉	加号
单击单元格 D27	选择下一项“其他经营费用”
按〈Enter〉	输入结束
运算公式	=D19+D21+D23+D25+D27

复制上述公式并向右填充。

EBITDA

现在我们可以计算 EBITDA，即毛利润扣减总营业费用。

计算 2018 年 EBITDA（单元格 D30）

Excel 关键输入步骤	描述
输入〈=〉	进入公式录入模式
单击单元格 D16	2018 年毛利润
输入〈-〉	减号
单击单元格 D29	2018 年总营业费用
按〈Enter〉	输入结束
运算公式	=D16-D29

我们可计算 EBITDA 率。

计算 2018 年 EBITDA 率（单元格 D31）

Excel 关键输入步骤	描述
输入〈=〉	进入公式录入模式
单击单元格 D30	2018 年 EBITDA
输入〈/〉	除号
单击单元格 D11	2018 年总收入
按〈Enter〉	输入结束
运算公式	=D30/D11

我们可以复制公式，并向右填充（参见表1-6）。

表 1－6　亚马逊公司的历史 EBITDA

（单位：100 万美元，每股数据除外）

合并的利润表	实际值		
截至 12 月 31 日	**2018 年**	**2019 年**	**2020 年**
收入			
产品净销售额	141 915.0	160 408.0	215 915.0
Y/Y 增长率		*13.0%*	*34.6%*
服务净销售额	90 972.0	120 114.0	170 149.0
Y/Y 增长率		*32.0%*	*41.7%*
总收入	**232 887.0**	**280 522.0**	**386 064.0**
Y/Y 增长率		*20.5%*	*37.6%*
销货成本			
销货成本	**139 156.0**	**165 536.0**	**233 307.0**
销货成本占总收入%	*59.8%*	*59.0%*	*60.4%*
毛利润	**93 731.0**	**114 986.0**	**152 757.0**
毛利率	*40%*	*41%*	*40%*
营业费用			
仓储物流费用	34 027.0	40 232.0	58 517.0
仓储物流费用占总收入%	*14.6%*	*14.3%*	*15.2%*
技术和内容开支（不包含折旧与摊销）	13 496.0	14 142.0	17 489.0
技术和内容开支占总收入%	*5.8%*	*5.0%*	*4.5%*
营销费用	13 814.0	18 878.0	22 008.0
营销费用占总收入%	*5.9%*	*6.7%*	*5.7%*
管理及行政费用	4 336.0	5 203.0	6 668.0
管理及行政费用占总收入%	*1.9%*	*1.9%*	*1.7%*
其他经营费用（收入）净额	296.0	201.0	(75.0)
其他经营费用占总收入%	*0.1%*	*0.1%*	*0.0%*
总营业费用	**65 969.0**	**78 656.0**	**104 607.0**
EBITDA	**27 762.0**	**36 330.0**	**48 150.0**
EBITDA 率	*11.9%*	*13.0%*	*12.5%*

EBITDA 之外

一旦得出了 EBITDA，我们就可以继续辨析亚马逊公司利润表中的剩余科目。

折旧与摊销

我们已经确认了折旧，2018 年、2019 年以及 2020 年的折旧费用分别为 153.41 亿美元、217.89 亿美元和 252.51 亿美元，我们可在第 32 行输入上述数字。参见表 1－7。

表1-7　亚马逊公司的历史EBIT

（单位：100万美元，每股数据除外）

合并的利润表			
	实际值		
截至12月31日	2018年	2019年	2020年
EBITDA	27 762.0	36 330.0	48 150.0
EBITDA率	*11.9%*	*13.0%*	*12.5%*
折旧与摊销	15 341.0	21 789.0	25 251.0
EBIT	**12 421.0**	**14 541.0**	**22 899.0**
EBIT率	*5.3%*	*5.2%*	*5.9%*

EBIT

EBIT等于EBITDA与折旧的差额。此外，我们还可以参照之前所做来计算EBIT率。

计算2018年EBIT（单元格D33）

Excel关键输入步骤	描述
输入〈=〉	进入公式录入模式
单击单元格D30	2018年EBIT
输入〈-〉	减号
单击单元格D32	2018年折旧
按〈Enter〉	输入结束
运算公式	=D30-D32

我们可以计算EBIT率。

计算2018年EBIT率（单元格D34）

Excel关键输入步骤	描述
输入〈=〉	进入公式录入模式
单击单元格D33	2018年EBIT
输入〈/〉	除号
单击单元格D11	2018年总收入
按〈Enter〉	输入结束
运算公式	=D33/D11

参见表1-7。

其他收益

我们现在可以直接输入其他收益，在这里考虑其他收益对利润表的影响是很重要的。需注意的是，虽然费用科目会减少净利润，但每个费用行科目仍显示为正数。有时，其他行科目也许会增加净利润但也会被列为正数，例如其他收益或非经常性项目。这会导致很多混乱和错误的列报。我强烈建议，无论这些项目在原始财务报表中如何列示，都将每笔费用或导致净收入减少的科目简单地列示为正数（当然，收入除外），将每笔收益或导致净利润增加的科目列为负数。这样做，首先能确保分析财务数据的人可以一眼辨认哪些科目实际上会增加以及减少收入，其次能保持一致的公式逻辑，即 EBITDA、EBIT 和净利润总是由科目相减得到。如果不调整为这种一致的逻辑，我们编辑公式时将不得不加上一些科目并减去其他科目，这可能会导致常见的错误。在利润表的末尾，我们要确保模型中净利润与亚马逊公司报告的的净利润一致，来验证模型的逻辑是正确的。

在报表里，科目名称“其他收益”（费用）清楚地表明，费用显示在括号中。我想坚持上面所述费用科目的逻辑，将费用科目列示为正的数值。所以，在 2018 年应该直接输入“183”，2019 年与之相反，输入“(203)”，这里正的数值实际上是费用（参见表 1 –8）。

表 1 –8　亚马逊公司的历史 EBIT

（单位：100 万美元，每股数据除外）

合并的利润表			
		实际值	
截至 12 月 31 日	**2018 年**	**2019 年**	**2020 年**
EBIT	**12 421.0**	**14 541.0**	**22 899.0**
EBIT 率	*5.3%*	*5.2%*	*5.9%*
其他收益	183.0	(203.0)	(2 371.0)
利息			
利息费用	1 417.0	1 600.0	1 647.0
利息收入	(440.0)	(832.0)	(555.0)
净利息费用	**977.0**	**768.0**	**1 092.0**
税前利润（EBT）	**11 261.0**	**13 976.0**	**24 178.0**
EBT 率	*4.8%*	*5.0%*	*6.3%*

利息

与其他公司类似，亚马逊公司将利息费用与利息收入分开列报。在其他收益部分讲解过，一些公司会将利息费用列报为正数，利息收入列报为负数。我强烈建议这里保持逻辑的一致性，将费用科目列示为正数（参见表1－8）。

现在我们可以加总利息费用和利息收入，在第39行来计算净利息费用。

计算2018年净利息费用（单元格D39）

Excel关键输入步骤	描述
输入〈=〉	进入公式录入模式
单击单元格D37	2018年净利息费用
输入〈+〉	加号
单击单元格D38	2018年利息收入
按〈Enter〉	输入结束
运算公式	=D37+D38

注意，同时按住〈Alt〉和〈=〉键，能够快速按顺序加总科目（参见表1－8）。

EBT

记住公式：

$$\text{EBIT}-\text{其他收益}-\text{利息}=\text{EBT}$$

$$\text{EBT率}=\text{EBT}/\text{总收入}$$

计算EBT，并参考表1－8。

计算出的EBT应该与亚马逊公司利润表中列报的“税前利润”数值保持一致。这是一个很好的“正确性检查”，能确保模型中所有直接输入的数值是无误的，并且所有科目逻辑正确（参见表1－9）。

表1－9　亚马逊公司的历史持续经营净利润

（单位：100万美元，每股数据除外）

合并的利润表			
	实际值		
截至12月31日	2018年	2019年	2020年
税前利润（EBT）	**11 261.0**	**13 976.0**	**24 178.0**
EBT率	*4.8%*	*5.0%*	*6.3%*
所得税费用	1 197.0	2 374.0	2 863.0
综合有效税率	*10.6%*	*17.0%*	*11.8%*
持续经营净利润	**10 064.0**	**11 602.0**	**21 315.0**

所得税

记下亚马逊公司利润表上的所得税总额，列报为“预提所得税”。直接输入该数值后，可以计算出所得税率，即所得税除以 EBT，作为未来预测和进一步分析的依据。参见表 1－9。

计算 2018 年所得税率（单元格 D43）

Excel 关键输入步骤	描述
输入〈＝〉	进入公式录入模式
单击单元格 D42	2018 年所得税费用
输入〈/〉	除号
单击单元格 D40	2018 年 EBT
按〈Enter〉	输入结束
运算公式	＝D42/D40

我们可以复制公式，并向右填充。

持续经营净利润

记住，EBT－所得税＝净利润（参见表 1－9）。

非经常性项目

亚马逊公司没有明确定义任何非经常性或特殊项目。我将此部分保留在模型中，并列出一些可能会在利润表中看到的标准示例科目。在模型中将这些科目的数值填“0”。然后，可以将这些科目汇总到“非经常性项目合计”科目里。

净利润（非经常性项目之后）

现在计算非经常性项目之后的净利润，用持续经营净利润减去非经常性项目（参见表 1－10）。

利润分配

亚马逊公司利润表的下一个科目是权益法投资活动（税后），实际上是非控制性损益。注意该科目的符号，2018 年 900 万美元实际上增加了净利润。因此，为了与我们的标准操作保持一致，即费用列为正数，收入列为负数，我们在 2018 年直接输入相反符号的数值“(9)”，接下来的年份也如此操作。

尽管亚马逊公司没有支付股利，但我仍将该科目保留在第53行以展示它应该放在哪里，因为这是模型中一个相对常见的科目。在这里可以直接输入数值“0”（参见表1-10）。

净利润（披露的）

现在我们可以计算净利润（披露的），使用净利润（非经常性项目之后）减去权益法投资活动和股利分配得到。

该净利润应与亚马逊公司年报利润表中的净利润一致。这个检验方法非常好，不仅能确保每个行项目准确无误地手动输入到模型中，而且所有的收入和费用科目构建逻辑正确（参见表1-10）。

表1-10　亚马逊公司的历史净利润

（单位：100万美元，每股数据除外）

合并的利润表			
		实际值	
截至12月31日	2018年	2019年	2020年
非经常性项目			
终止经营	0.0	0.0	0.0
特殊性项目	0.0	0.0	0.0
会计变更的影响	0.0	0.0	0.0
其他项目	0.0	0.0	0.0
非经常性项目合计	**0.0**	**0.0**	**0.0**
净利润（非经常性项目之后）	**10 064.0**	**11 602.0**	**21 315.0**
权益法投资活动（税后）	(9.0)	14.0	(16.0)
普通股股利支付	0.0	0.0	0.0
净利润（披露的）	**10 073.0**	**11 588.0**	**21 331.0**

股份数和EPS

在计算EPS之前，我们可以直接在第59、60行输入亚马逊公司披露的基本股份数及稀释的股份数。然后，可用净利润（披露的）分别除以基本流通股份数净利润（披露的）与稀释的流通股份数，从而得到基本EPS与稀释的EPS。在这里计算EPS的目的在于，确保我们分析中使用的指标与公司披露的数据相符。然而，出于分析目的，我们采用常见做法，在计算EPS时使用调整后的净利润。

计算 2018 年基本 EPS（单元格 D56）

Excel 关键输入步骤	描述
输入〈=〉	进入公式录入模式
单击单元格 D54	2018 年净利润（披露的）
输入〈/〉	除号
单击单元格 D59	2018 年基本股份数
按〈Enter〉	输入结束
运算公式	=D54/D59

计算稀释的 EPS 时，我们重复同样的过程，即用稀释的股份数来代替基本股份数即可。

计算 2018 年稀释 EPS（单元格 D57）

Excel 关键输入步骤	描述
输入〈=〉	进入公式录入模式
单击单元格 D54	2018 年净利润（披露的）
输入〈/〉	除号
单击单元格 D60	2018 年稀释股份数
按〈Enter〉	输入结束
运算公式	= D54/D60

我们已有一份完整的亚马逊公司的历史利润表，现在我们准备进行预测（参见表 1-11）。

表 1-11 亚马逊公司的历史 EPS

（单位：100 万美元，每股数据除外）

合并的利润表			
	实际值		
截至 12 月 31 日	**2018 年**	**2019 年**	**2020 年**
每股收益（EPS）			
基本的	20.68	23.46	42.66
稀释的	20.15	22.99	41.83
平均流通普通股			
基本的	487	494	500
稀释的	500	504	510

请注意，尽管模型中净利润科目与亚马逊公司的财务报表一致，但每股收益略有不同。这可能是因为报表给出的股份数是四舍五入到百万位的数值。如果我们能

得到实际的股份数量，就可以将每股收益匹配到小数点位数。这并不是一个很重要的问题，因为整个模型都没有使用每股收益，这仅是估值数据的输出，该微小差异不会影响我们的分析。

利润表预测

预测不是一件容易的事。这需要我们花费大量的时间去理解和研究目标公司的核心商业模式，看它是如何创造收入的、成本架构是怎样的以及如何在未来几年超越之前的业绩。理论上，一位华尔街研究员对其研究的领域具有多年的经验并持续密切关注，因此应该能够很好地掌握其未来的走势，并据此做出预测。也就是说，有些方法已经被广泛地推广，尽管它们的使用范围比较宽泛，但足以被当作工具计算公司的整体估值。记住，一个好的模型是实用且灵活的，便于进行调整 和改进，并且随着我们对企业内部运作的认识的加深，估值结果会被逐渐修正得趋于完美。

收入

其实，收入并不是那么容易预测的。亚马逊公司披露其2020年的总收入为3 860.64亿美元，相较2019年上升了37.6%。那么我们该如何知道2021年的收入将会怎样呢？事实上，想要百分之百地确定是不可能的。我们需要给出一些前提假设，且清楚这些假设具有一定的不确定性，可能会发生变化。

因此，该如何对2021年的收入水平做出理性的预测呢？重要的是，研究并理解目标公司的业务模式，收集尽可能多的信息，以便做出最优的判断。例如，收入通常由价、量的乘积决定。因此，在预测收入时，应当专注于研究公司的定价和交易量。了解公司通过何种举措来提升2021年的交易量，这是否会增加广告及市场营销费用，是否会收购其他业务或客户，是否会提高价格，是否会面临激烈的市场竞争而不得不降价等。

除上述研究以外，我们推荐如下信息资源：

（1）投资者简报。尝试在公司网站的投资者关系页面寻找最近的投资者简报。这些简报通常会向公司股东及潜在投资者通报公司目前以及未来的业绩。简报中可能包含了高水平的预测数据。

（2）盈利电话会议。你可以很容易地在公司网站的投资者关系页面中找到下一次盈利电话会议的相关信息。在盈利电话会议中，你可以听到管理层讲解公司最近的财务状况。此外，管理层有时也会对公司的未来业绩表现做出指引。

（3）华尔街的研究。如果你可以找到华尔街已跟踪目标公司多年的分析师撰写的股票研究报告，里面应该会包含他们对公司未来业绩的估计。

（4）数据资源。诸如雅虎财经、汤姆森、First Call 以及彭博等数据资源，其中会给出华尔街的一致预期。雅虎财经是一个免费的数据资源，如果你无法获得有偿服务，那么它是个不错的参考。以上只是一些可令你获得指引的例子。我们建议你不要仅依赖一种数据资源，而是尽可能多地获取数据，并交叉检验你的研究结果，以便尽可能地令估计结果有据可依。

我们知道研究会耗费大量的时间，但为了分析，可以提出一些初始假设，并待模型完善后再进行更深入的研究。例如，我们可以假设收入能够维持 37.6% 的历史增长率直至 2021 年。

此外，也可以利用雅虎财经之类的数据源。例如，我们可以前往 finance. yahoo. com，在“财经搜索”栏中点击“AMZN”（亚马逊公司的股票代码）。那里有大量的信息可被用来设定初始假设。尽管这些不是最好的数据资源，却是免费的，因此从这里开始收集数据也是个不错的选择。

然后，在左栏中，可以选择“分析师预期”。这个数据代表了跟踪亚马逊公司的华尔街分析师们的一致预期（图 1－5）。从上面数第二张表，即名为“预测收入”的表则反映了分析师们对亚马逊公司未来收入的一致预期。在右栏中，我们可以看到分析师们对 2021 年和 2022 年公司收入的平均预期分别为 4 903. 5 亿美元和 5 816. 5 亿美元。此外，留意均值上下的估值高点与低点同样重要。

yahoo! finance　Search for news, symbols or companies

Summary　Company Outlook　Chart　Conversations　Statistics　Historical Data　Profile　Financials　**Analysis**　Options

Currency in USD

Earnings Estimate	Current Qtr. (Jun 2021)	Next Qtr. (Sep 2021)	Current Year (2021)	Next Year (2022)
No. of Analysts	36	36	46	46
Avg. Estimate	12.21	12.92	55.74	72.09
Low Estimate	9.77	6.84	42.68	45.11
High Estimate	15.18	17.7	71.13	96.53
Year Ago EPS	10.3	12.37	41.83	55.74

Revenue Estimate	Current Qtr. (Jun 2021)	Next Qtr. (Sep 2021)	Current Year (2021)	Next Year (2022)
No. of Analysts	36	36	45	45
Avg. Estimate	115.17B	118.7B	490.35B	581.65B
Low Estimate	112.15B	110.97B	473.77B	547.19B
High Estimate	120.76B	123.56B	508.88B	612.25B
Year Ago Sales	88.91B	96.14B	386.06B	490.35B
Sales Growth (year/est)	29.50%	23.50%	27.00%	18.60%

图 1－5　雅虎财经 AMZN 预测

按照初始假设，我们预计亚马逊公司未来的收入会围绕均值在一个区间内波动。（并不要求一定完全匹配）因此，根据我们之前假设亚马逊公司2021年的收入增长率为37.6%，可得到该年收入为5 312.24亿美元（3 860.64亿美元×1.376），该数值显著高于平均值，并且远大于估值高点5 088.88亿美元。因此，对于亚马逊公司而言，使用上一年度的收入增长率也许过于激进。注意，表格底部提供了2021年和2022年收入增长的一致预期，分别为27.0%和18.6%。这两个数值与上一年的37.6%相比下降了很多。看到如此高的增长率并不罕见，它们会随着时间的推移而下降；我们可以使用这两个增长率来预测未来两年的业绩。让我们暂时使用分析师的一致预期。当然，随着我们对公司的深入研究，后续假设数据会进行调整。所以，我们会注意到假设数据依赖于进一步的研究。

注意，信息总是瞬息万变的。如果你是自己通过在线搜索获得信息，那么它就可能有所不同了。如果你正在按照我们推荐的方法构建模型，那么就应该使用本书中列示的数据，以便使你的数字与我们的结论相匹配。

在模型中，我们不是要预测其明细科目，如“产品净销售额”、“服务净销售额”，而是“总收入”。具体分析到何种程度则由分析者自己决定。在很多情况下，收入可按产品、数量甚至是地域被拆解。因此，制作一份完整的收入明细表，并将其放入利润表中进行分析的情况并不少见。让我们延续收入会维持高水平的预测，直至认为有必要进行更深入的研究。

现在，我们可以将收入的预测数据输入Excel表中。

因此，我们可以在单元格G12中输入27.0%。由于该数据是直接输入的，并且是前提假设的驱动因子，所以要记得用蓝色字体标注。该比率将会决定2021年收入的预测结果。我们希望2021年公司收入能够符合先前的假设：

2021年总收入=2020年总收入×（1+假设的2021年收入增长率）

计算2021年总收入（单元格G11）

Excel关键输入步骤	描述
输入〈=〉	进入公式录入模式
单击单元格F11	2020年总收入
输入〈*〉	乘号
输入〈（1+〉	（1+x%）公式输入开始
单击单元格G12	假设的2021年收入增长率
输入〈）〉	（1+x%）公式输入结束
按〈Enter〉	输入结束
运算公式	=F11*（1+G12）

由此，我们可以得到2021年总收入为4 903.013亿美元。注意该数值非常接近图1-7中的2021年收入预测均值。

我们可以复制收入增长率公式（单元格G11），向右填充一直到2025年。然而我们不能复制单元格G12向右填充，因为要调整每一年的假设数据。

根据分析师的一致预期，我们将2022年预估的18.6%增长率录入单元格H12中，得到2022年的总收入5 814.973亿美元，该数值与分析师的估计再次相符。

未来几年应该如何预测呢？一个方法是找到总收入增长同比下降的趋势。让我们计算一下2021年和2022年的变化并进行评估。我们首先要在“Y/Y增长率（%）”行的下方新插入一行。

一种快速添加行的方法是，将光标移动到我们希望新的一行所在的位置，即第13行，右键“插入行”，该选项可能位于不同的位置，具体取决于你使用的Excel版本。以Microsoft 365为例，它位于“主页”“插入”和“插入工作表行”中。你也可以尝试使用快捷键：按住〈Shift〉的同时，单击“空格键”并松开所有键，选中整行，然后使用快捷键组合〈Ctrl〉+〈Shift〉+〈+〉插入新的一行。插入完成后，我们可以在单元格C13中将其命名为“Y/Y增长率（%）下降”。〈Ctrl〉+〈I〉是将标题变为斜体的快捷键。然后，我们可以计算2021年和2022年总收入下降百分比。

计算2021年总收入下降百分比（单元格G13）

Excel关键输入步骤	描述
输入〈=〉	进入公式录入模式
单击单元格G12	2021年总收入增长率（%）
输入〈/〉	除号
单击单元格F12	2020年总收入增长率（%）
输入〈-1〉	完成百分比变化计算
按〈Enter〉	输入结束
运算公式	=G12/F12-1

可以将这个公式向右复制一个单元格到H13中；我们不想复制公式一直到2023年，因为2022年之后要自行假设。

2021 年和 2022 年的总收入下降百分比分别为 28.2% 和 31.1%。因此，预计未来下降幅度会持续在 30% 左右，我们可以基于此继续建模，使用这种预计的下降幅度来估计未来收入的增长。

让我们简单地使用 31.1% 的作为预测下降幅度，链接单元格 I13 等于单元格 H13。即使单元格 I13 中的假设不是直接输入数值，我们仍然想将其字体设置为蓝色，表明它是一项假设驱动因子。

注意：另一种做法是在单元格 I13 中输入“31.1%”。我选择直接链接单元格，更倾向于这样做是因为能明确假设来源。请注意，如果你在模型中输入“31.1%”而不是从单元格 H13 中链接，数值会因为小数位数的四舍五入而略有不同。建议你将单元格链接起来，这样模型里的数值可以与书里保持一致。

现在可以将单元格 I13 的公式复制一直向右填充到 2025 年，因为我们将继续使用这个相同的假设。有些人可能觉得将增长率下降幅度百分比四舍五入到 30% 更容易，没有问题；这是一个很小的差异，并不会在估值分析上造成数亿美元的影响。

现在我们已经输入估计的增长率下降幅度，可以计算出 2023 年的总收入增长率。

计算 2023 年总收入增长率（单元格 I12）

Excel 关键输入步骤	描述
输入〈=〉	进入公式录入模式
单击单元格 H12	2022 年总收入增长率（%）
输入〈*〉	乘号
输入〈(1+〉	开始编辑公式中（1+x%）的部分
单击单元格 I13	2023 年预测值
输入〈)〉	完成编辑公式中（1+x%）的部分
按〈Enter〉	输入结束
运算公式	=H12*(1+I13)

通过以上计算，得到 2023 年的总收入增长率为 12.8%，总收入为 6 560.065 亿美元。

我们可以将单元格 I12 和 I13 的公式复制一直向右填充到 2025 年（参见表 1-12）。

表 1－12 亚马逊公司收入预测

（单位：100 万美元，每股数据除外）

合并利润表	实际值			预测值				
截至 12 月 31 日	**2018 年**	**2019 年**	**2020 年**	**2021 年**	**2022 年**	**2023 年**	**2024 年**	**2025 年**
收入								
产品净销售额	141 915. 0	160 408. 0	215 915. 0					
Y/Y 增长率		*13. 0%*	*34. 6%*					
服务净销售额	90 972. 0	120 114. 0	170 149. 0					
Y/Y 增长率		*32. 0%*	*41. 7%*					
总收入	**232 887. 0**	**280 522. 0**	**386 064. 0**	**490 301. 3**	**581 497. 3**	**656 006. 5**	**713 912. 0**	**757 323. 5**
Y/Y 增长率		*20. 5%*	*37. 6%*	*27. 0%*	*18. 6%*	*12. 8%*	*8. 8%*	*6. 1%*
Y/Y 增长率下降				*(28. 2%)*	*(31. 1%)*	*(31. 1%)*	*(31. 1%)*	*(31. 1%)*

销货成本

接下来看一下成本项。需要重申的是，全面了解和研究每个成本项对于估计公司未来的业绩非常重要。然而，如此深入的分析与预测收入一样不容易。有几种方法估计未来的成本，首先，要考虑成本是固定的还是可变的。固定成本是相对静态的，并且可能以一个固定的百分比逐年增长。例如租金，就可以被看作固定成本，因为它每年可能以5%～10%的速率增长，且并不依赖于收入的增长。反之，可变成本的增长通常与公司业务的增长存在直接的比例关系，而最常见的是由收入增长率决定的。换言之，如果收入以10%的速率增长，则成本也以10%的速率增长；如果收入以4%的速率下降，则成本也以4%的速率下降。

销货成本通常被视为可变动成本。如果公司收入下降，那么最有可能的是产品的销量缩减，因此成本也应随之减少。相反，如果公司收入上升，则最有可能的是产品的销量增加，因此销货成本也会以收入的一定比例上升。然而，也会有意外情况。例如，收入的上升可能是源于产品价格的上升，而非销量的上升。在这种情况下，成本可能不会上升（销货成本并无变化）。进一步分析，公司提高产品价格或许是由于上游的稀有物料供应商提价，由此导致该公司收入和成本成比例上升。在这里，对于公司商业模式和成本结构的深入理解将会派上用场。

历史趋势有助于我们明确如何做出最优的初步预测，而随着对于公司业务的深入了解，我们将会调整之前的预测。如果我们分析过去三年的销货成本与收入存在一定的比例关系，并且注意到每年该比例在60%上下徘徊。如此一致的趋势预示着销货成本是可以变动的，并且与收入同比例增减。如果该比例在过去三年没有保持一致，则需要通过进一步研究来探究该比例变动的原因。公司可能会因业务发生重大变动或者采取其他措施增加或减少与收入相关的成本。在这种情况下，我们可以通过听取最新的盈利电话会议或查阅盈利报告，从而了解公司管理层对于销货成本是升还是降的预期。

因此，为了预测下一年度的指标，我们基于历史趋势做出假设，并根据进一步研究进行调整。通常的做法如下：①取最近三年百分比的均值；②取最近三年百分比的最大值（保守做法）；③取最近三年百分比的最小值（激进做法）；④取最近一年的百分比；⑤假设百分比逐年平稳上升或下降。

以上所述只是最常用的五种方法。在实践中，你也可能发现其他趋势能够更好地拟合某家公司的历史业绩。例如，销货成本可能在下一年度以一定比例下降，然后在接下来的四年中保持稳定。

只要符合逻辑，通常会建议使用最保守的做法，因此我们将剔除上述的第三种做法。尽管我们认为取最近三年百分比的均值（可选方法①）可能是一种不错的方法，但由于注意到最近三年百分比的最大值恰巧等于最近一年的百分比，所以满足两个条件的方法（方法②和方法④）成为首选。我们认为，该比例会逐年小幅上升。但需要提醒的是，并没有确切的证据说明会出现更大幅度的增长。因此，我们以 60.4% 作为预测值，即 2021—2025 年销货成本占收入的比例。注意，上述列示的所有方法的考量都是正确的，而我们推荐的方法仅仅是一种建议。记住，重点是构造一个基于宽泛假设的完整模型，然后再通过后续研究，加深对目标公司业务的理解，并基于此对之前的假设做出调整。

在单元格 G16 中输入“ =F16”，使单元格 G16 链接单元格 F16。或者可以选择单元格 G16，输入等于符号，然后按〈Enter〉。尽管这里不是直接输入，仍将字体颜色设置为蓝色，因为它是一项假设。

现在我们可以计算预测值，预测 2021 年销货成本的公式为：

2021 年 COGS =2021 年 COGS 占收入的百分比 ×2021 年总收入

计算 2021 年 COGS（单元格 G15）

Excel 关键输入步骤	描述
输入〈 =〉	进入公式录入模式
单击单元格 G16	2021 年 COGS 占收入的百分比
输入〈 * 〉	乘号
单击单元格 G11	2021 年总收入
按〈Enter〉	输入结束
运算公式	= G16 * G11

由此可得出，2021 年 COGS 为 2 962. 999 亿美元。可以复制单元格 G15 和 G16，并向右填充至 2025 年。此外，还可以计算未来的毛利润和毛利率。由于我们已经在计算 2018—2020 年的该指标时输入了相关公式，因此同样只需要复制单元格 F17 和 F18，并向右填充至 2025 年（参见表 1 – 13）。

表 1－13　亚马逊公司毛利润预测

（单位：100 万美元，每股数据除外）

合并利润表	实际值			预测值				
截至 12 月 31 日	**2018 年**	**2019 年**	**2020 年**	**2021 年**	**2022 年**	**2023 年**	**2024 年**	**2025 年**
销货成本								
销货成本	**139 156. 0**	**165 536. 0**	**233 307. 0**	**296 299. 9**	**351 411. 7**	**396 439. 2**	**431 432. 8**	**457 667. 3**
COGS 占销售收入%	*59. 8%*	*59. 0%*	*60. 4%*	*60. 4%*	*60. 4%*	*60. 4%*	*60. 4%*	*60. 4%*
毛利润	**93 731. 0**	**114 986. 0**	**152 757. 0**	**194 001. 4**	**230 085. 6**	**259 567. 3**	**282 479. 2**	**299 656. 2**
毛利率	*40%*	*41%*	*40%*	*40%*	*40%*	*40%*	*40%*	*40%*

营业费用

在这里，我们可以重复上述对于利润表的每个成本科目所做的工作：充分研究、分析历史趋势以及考虑成本是固定的还是可变的，以便从前述的五种方法中选出预测成本的方法。

让我们分析一下公司的仓储物流费用。如果将过去三年的历史费用看作收入的一定比例，则可发现 2018 年、2019 年以及 2020 年仓储物流费用占总收入的百分比分别为 14.6%、14.3% 以及 15.2%。费用略有反弹；这里不能确定 2019 年跌至 14.3 是否是一次性下跌，或者 15.2 是否是一个可持续性增长。进一步进行研究，可能会揭示管理层对这些费用的澄清。遗憾的是，我找不到任何关于 2021 年的明确预测。三年的平均值 14.7 可能是一个较好的假设。但是，我们更倾向于取过去三年的最大值作为最保守的假设，该方法的取值与取最近一年的百分比是相同的。当不止一种方法指向相同的假设时，我总是更倾向于使用该数值。所以，让我们暂时采用取最大值或最近一年数值的方法，即 15.2。请记住，取平均值或使用其他方法不一定是错误的；随着对公司进行深入了解，我们随时可以回头调整模型。

我们采用 2020 年的 15.2% 作为未来对 2021—2025 年的预测假设。在单元格 G21 中输入“ =F21”将单元格 F21 链接到 G21 之后，可以利用如下公式进行预测：

2021 年仓储物流费用 =2021 年仓储物流费用占总收入的百分比 ×2021 年总收入

计算 2021 年仓储物流费用（单元格 G20）

Excel 关键输入步骤	描述
输入〈 = 〉	进入公式录入模式
单击单元格 G21	2021 年仓储物流费用占总收入的百分比
输入〈 * 〉	乘号
单击单元格 G11	2021 年总收入
按〈Enter〉	输入结束
运算公式	= G11 * G21

由此可得，2021 年仓储物流费用为 743.166 亿美元。我们可以复制单元格 G20 和 G21 并向右填充。

可以对每一项营业费用重复此操作，即“技术和内容开支”“营销费用”“管理及行政费用”以及“其他经营费用（收入）净额”。对于每一项费用科目，将 2020 年该项费用占总收入的百分比作为未来假设依据，使用它计算预测的费用。让我们再来操作一遍“技术和内容开支”科目。剩下的费用科目可以参考表 1 – 14。

我们采用 2020 年的 4.5% 作为未来对 2021—2025 年的预测假设。在单元格 G23

中输入“=F23”将单元格F23链接到G23之后，可以利用如下公式进行预测：

2021年技术和内容开支=2021年技术和内容开支占总收入的百分比×2021年总收入

计算2021年技术和内容开支（单元格G22）

Excel关键输入步骤	描述
输入〈=〉	进入公式录入模式
单击单元格G23	2021年技术和内容开支占总收入的百分比
输入〈*〉	乘号
单击单元格G11	2021年总收入
按〈Enter〉	输入结束
运算公式	=G11*G23

由此可得，2021年技术和内容开支为222.11亿美元。我们可以复制单元格G22和G23并向右填充。

将表1-14作为参考，对所有营业费用科目重复这个操作。

此外，我们也可以复制总营业费用、EBITDA和EBITDA率的公式，即单元格F30、F31和F32，并向右填充至2025年。现在，我们已经完成了亚马逊公司EBITDA科目以上部分的建模（参见表1-15）。

折旧与摊销

在构建完整的财务模型时，建议暂时将预期折旧一栏空着。我们将会构建折旧明细表，其中将包含与此处相关联的预期折旧。然而，我们可以复制第34、35行中EBIT和EBIT率公式，从2020年向右填充至2025年（参见表1-15）。

其他收益

接下来是“其他收益”。为了正确地预测此科目，我们需要更好地了解“其他收益”到底是什么。“其他”的描述相当模糊，可能包含很多不同的科目。进一步研究后发现年报第29页附注有说明：

“其他收益（支出）净额的主要组成部分与认股权证估值、权益证券估值与调整以及外币业务相关。”

虽然这个注解不是非常清晰，但可以感觉到，该收益与证券、外汇以及随市场波动的项目有关。很多时候，会遇到这些无法明确识别并且难以预测的科目。这种情况下，我们推荐几种可能的方法来预测此类科目。

表 1－14　亚马逊公司营业费用预测

（单位：100 万美元，每股数据除外）

合并利润表	实际值			预测值				
截至 12 月 31 日	**2018 年**	**2019 年**	**2020 年**	**2021 年**	**2022 年**	**2023 年**	**2024 年**	**2025 年**
营业费用								
仓储物流费用	34 027.0	40 232.0	58 517.0	74 316.6	88 139.5	99 433.1	108 210.0	114 790.0
仓储物流费用占总收入%	*14.6%*	*14.3%*	*15.2%*	*15.2%*	*15.2%*	*15.2%*	*15.2%*	*15.2%*
技术和内容开支	13 496.0	14 142.0	17 489.0	22 211.0	26 342.3	29 717.6	32 340.8	34 307.3
技术和内容开支占总收入%	*5.8%*	*5.0%*	*4.5%*	*4.5%*	*4.5%*	*4.5%*	*4.5%*	*4.5%*
营销费用	13 814.0	18 878.0	22 008.0	27 950.2	33 148.9	37 396.4	40 697.3	43 172.1
营销费用占总收入%	*5.9%*	*6.7%*	*5.7%*	*5.7%*	*5.7%*	*5.7%*	*5.7%*	*5.7%*
管理及行政费用	4 336.0	5 203.0	6 668.0	8 468.4	10 043.5	11 330.4	12 330.5	13 080.3
管理及行政费用占总收入%	*1.9%*	*1.9%*	*1.7%*	*1.7%*	*1.7%*	*1.7%*	*1.7%*	*1.7%*
其他经营费用（收入）净额	296.0	201.0	(75.0)	(95.3)	(113.0)	(127.4)	(138.7)	(147.1)
其他经营费用占总收入%	*0.1%*	*0.1%*	*0.0%*	*0.0%*	*0.0%*	*0.0%*	*0.0%*	*0.0%*
总营业费用	**65 969.0**	**78 656.0**	**104 607.0**	**132 850.9**	**157 561.2**	**177 750.0**	**193 439.9**	**205 202.6**

表 1-15　亚马逊公司 EBITDA 和 EBIT 预测

（单位：100 万美元，每股数据除外）

合并利润表								
	实际值			预测值				
截至 12 月 31 日	**2018 年**	**2019 年**	**2020 年**	**2021 年**	**2022 年**	**2023 年**	**2024 年**	**2025 年**
EBITDA	**27 762. 0**	**36 330. 0**	**48 150. 0**	**61 150. 5**	**72 524. 5**	**81 817. 3**	**89 039. 3**	**94 453. 6**
EBITDA 利润率	*11. 9%*	*13. 0%*	*12. 5%*	*12. 5%*	*12. 5%*	*12. 5%*	*12. 5%*	*12. 5%*
折旧与摊销	15 341. 0	21 789. 0	25 251. 0					
EBIT	**12 421. 0**	**14 541. 0**	**22 899. 0**	**61 150. 5**	**72 524. 5**	**81 817. 3**	**89 039. 3**	**94 453. 6**
EBIT 利润率	*5. 3%*	*5. 2%*	*5. 9%*	*12. 5%*	*12. 5%*	*12. 5%*	*12. 5%*	*12. 5%*

七种预测方法　我们不时地会遇到很多难以界定、甚至难以预测的科目。以“其他收益”为例，已经知道该科目可能依赖于市场波动，不是完全不能预测，但很难准确预测。但是，根据我的经验，无论最终如何对特定科目进行预测，都会采取以下七种方法：保守法（取最近三年的最大值）；激进法（取最近三年的最小值）；平均值法（取最近三年的平均值）；上一年度法（取上一年度的业绩表现）；重复周期法；年同比增长法；基于利润表或资产负债表科目的某一百分比做出预测。

上述七种方法与前面介绍的五种方法相仿。然而，那些方法仅能预测由收入驱动的相关营业费用，因此我们产生了更好的想法。上述更加完整的七种方法则适用于预测所有科目，其中包括界定模糊的科目，例如“其他收益”这种受市场波动影响的科目。

（1）保守法。更高的费用会更保守。因此，取最近三年的最大值或许不是最准确的，但却是一种保守方法。你可以利用 Excel 中的“最大值”公式，即“ = Max（x，y，z）”来得出 x、y、z 中的最大值。

（2）激进法。这可能不是最值得推荐的方法，却是一种可能用到的方法，因此我们在这里提及。预测的费用越低越激进，因此在该方法下我们会选取最近三年的最小预测值。你可以利用 Excel 中的“最小值”公式，即“ = Min（x，y，z）”来得出 x、y、z 中的最小值。

（3）平均值法。这是一种常用的方法，但需要注意的是，很多时候，最近三年的平均值并不总是下一年度的最优预示指标，尤其当最近三年中的某一年出现异常时。之所以这样说，是因为我们看到许多分析师将该方法视为最保险的方法。我们建议你在使用该方法前，最好能够通盘考虑一下其他方法。你可以利用 Excel 中的“平均值”公式，即“ = Average（ x，y，z）”来得出 x、y、z 的平均值。

（4）上一年度法。该方法基于一个隐含假设，那就是公司上一年度的业绩是未来业绩的最优预示指标。如果不能对公司或特定科目有很深入的了解，则可能无法轻易确定是否应该使用该方法。然而，综合使用该方法与保守法会得到非常有用的预测指标。换言之，如果过去一年的业绩恰恰是过去三年中最保守的，那么我们就有两种方法论指向相同的数字。我们得到的支持依据越多，就越有利。

（5）重复周期法。通常最近三年的数据会出现很大的波动，例如从正值变为负值，或者在一个较小值与较大值之间摇摆。尽管通常很难确定为何会出现如此大的波动，但一些公司可以每两到三年规划一次导致现金流出现较大变动的重要事项。例如，公司可以每三年进行一次较大的资本性支出投资，而其余年份的投资规模则较小。在这种情况下，你可能想要维持这种趋势。那么，最简单的做法就是令2021年的预测值等于其历史区间的第一年，即2018年的数值。复制该公式并向右填充，则可使2022年数据等于2019年数据，2023年数据等于2020年数据，以此类推。

（6）年同比增长法。在这里，我们可以假设一个年同比增长率，以便预测某些科目的未来走势。增长率取决于那些“其他”科目到底是什么。例如，如果其他类科目是租金，我们则可假设租金每年上涨5%。你还可以看一下历史走势，就像我们研究收入时所做的那样，利用它们的趋势进行预测。

（7）基于利润表或资产负债表科目的某一百分比做出预测。“其他”科目有时可能依赖于利润表或资产负债表其他科目的变动。例如，如果“其他”科目由雇员工资构成，则你可能想要基于SG&A（Selling General and Administrative）的一定百分比来预测该科目。有一种方法可以确定这样做是否合适，那就是看一下该科目占SG&A的历史比重。如果该比重在过去三年中趋于一致，则说明这是一个很好的预示指标。

此外，在Excel中加入注解来描述当前所使用的方法同样非常重要。一位优秀的分析师为了表述清晰，通常会明确标注细节信息以及阐释模型的假设条件。

想要确定究竟应该使用哪种方法并不是件容易的事。但是，重要的是应该明白这些“其他”科目往往对于整体估值结果并不重要。为了证明这一点，选择前述的某种方法，并标记相应科目，待建模和估值完成后再进行回顾。然后，尝试改变你的假设条件，并且观察估值结果是否会发生显著变化。如果发生显著变化，则意味着值得进行更进一步研究。

为了帮助你建立良好的思维过程，让我们演练一下如何分析“其他收益”科目。

保守法：使用保守方法，取最近三年指标的最大值，即2018年的1.83亿美元。我们偏爱保守的模型，所以该方法可能是最终会选用的方法。但是首先，还是应该考虑一下其他方法。

激进法：我们并不推荐激进法，因此略过不计。

平均值法：平均值法可能会派上用场，但是由于2020年的数值远远大于过去两年的数值。实际上2020年可能发生了非经常性或一次性事项。所以在这种情况下，均值可能无法很好地预测下一年的业绩，因为2020年的数据会影响结果的准确性。

上一年度法：可以看到上一年度的数值（23.71亿美元）看起来数额异常巨

大，并且它是一项收益，不是费用，使用该方法过于保守，因此略过。

重复周期法：重复周期法可以作为备选，因为 2018 年的 1.82 亿美元是正值，而 2019 年的数值是负值。科目数值取决于证券价值的正负波动，这种情况很常见。无论在上一年度买入证券并在下一年度卖出，或者在上一年度估值调高并在下一年调低，都可能出现这种结果，除了 2020 年不同寻常的巨额收入是个例外。

年同比增长法：这些数字呈现很大的波动性，显然不存在平稳的增长趋势。

基于利润表或资产负债表科目的某一百分比做出预测：鉴于该科目数值取决于市场估值和外币业务，与基于收入增长的经营类科目不同，我们认为这不是一个准确的方法。因此也应该将这一方法略过。

所以，只剩下保守法或重复周期法可选。由于该科目是基于市场动态、估值、外币业务，我预计它在未来会继续从正值波动为负值。虽然通常情况下我更倾向于 100% 保守的模型，但这些波动是不可避免的。为了进一步证明这一点，我从亚马逊的投资者关系网站上下载了一些历史报告，确认历史波动持续存在。唯一的例外是 2020 年 25 亿美元的巨额收入，我认为它是特殊性事项。所以，我将选择使用“重复周期法”进行预测，但只重复 2018 年和 2019 年的数值。

这并非一个容易的决定，因为没有太多的分析支持。更能让人安心的做法是，我们可以标记该假设，一旦模型完成，尝试以两种方式进行预测，看看是否会改变我们的分析结果。这样能让整个建模过程更加完整。

至此，我将在单元格 G36 链接单元格 D36，使 2021 年引用 2018 年的费用。然后我将在单元格 H36 链接单元格 E36，使 2022 年引用 2019 年的收入。现在，如果我们将其复制并一直向右填充，则 2020 年的数值就会被引用，我们想跳过该数值将其视为异常值。因此，我建议 2023 年引用 2021 年的数值，在单元格 I36 链接单元格 G36，这样就可以复制公式并向右侧填充，使其循环继续。听起来可能让人困惑，请参考表 1－16，我列出了正确的公式以供参考。

表 1－16　亚马逊公司其他收益预测

（单位：100 万美元）

	2021 年预测值	2022 年预测值	2023 年预测值	2024 年预测值	2025 年预测值
公式	= D36	= E36	= G36	= H36	= I36
数值	183	(203)	183	(203)	183

建模小贴士

我们强烈建议在模型完成之后再进行深入研究。我经常看到分析师为了更好地了解收入和成本假设，在收到模型任务后一两天仍在研究公司。因此，当被要求查看模型但你手头却没有模型可供审查时，向上级说明你仍在进行研究，这是不可原谅的。最好先建立一个包含一般假设的完整模型，然后再回头调整和完善假设。

利息收入

当构建完整的财务模型时，建议暂时将预期的利息费用和利息收入空着。我们将会构建利息费用明细表以更好地预测利息费用和利息收入。然而，我们可以复制第40、41以及42行的净利息费用、EBT和EBT率公式，从2020年开始直至2025年。参见表1-17。

所得税

我们可以将历史所得税折合成EBT的一定比例，以便对未来做出预测。然而，你可能会注意到历史税率很低且波动很大。首先，2018年的低至10.6%，在2019年上升至稍微合理的17%，在2020年回落至11.8%。注意美国的法定税率为35%。公司是否受益于税收抵扣而降低了实际税率。这需要进一步的研究。在2020年年报中使用“税率”作为关键词进行搜索会发现一些关于税收抵扣的附注，但没有对实际税率降低的具体解释。鉴于2020年的新冠疫情，公司所得税率可能不是标准税率。在2019年年报上进行相同的单词搜索，在第63页显示以下附注：

“这一金额主要包括对联邦递延所得税负债净额的重新计量，这是由于美国法定公司税率从35%降至21%的永久变化所导致的。”

因此，亚马逊公司在这里披露21%的所得税率，似乎比2020年的11.8%更合理一些。第二个强有力的证据是，在我写这本书的时候，亚马逊公司发布了它的第一季度报告。通过查阅季度报告的利润表，我计算出的隐含所得税率为20.99%，四舍五入为21%——正好等于2019年年报附注里所说的数值。

所以，我们使用21%的税率，输入到单元格G44中。然后可以计算预测的所得税费用。

表 1-17 亚马逊公司 EBT 预测

（单位：100 万美元，每股数据除外）

合并利润表								
	实际值			预测值				
截至 12 月 31 日	**2018 年**	**2019 年**	**2020 年**	**2021 年**	**2022 年**	**2023 年**	**2024 年**	**2025 年**
其他收益	183.0	(203.0)	(2 371.0)	183.0	(203.0)	183.0	(203.0)	183.0
利息								
利息费用	1 417.0	1 600.0	1 647.0					
利息收入	(440.0)	(832.0)	(555.0)					
净利息费用	**977.0**	**768.0**	**1 092.0**	**0.0**	**0.0**	**0.0**	**0.0**	**0.0**
税前利润（EBT）	**11 261.0**	**13 976.0**	**24 178.0**	**60 967.5**	**72 727.5**	**81 634.3**	**89 242.3**	**94 270.6**
EBT 利润率	*4.8%*	*5.0%*	*6.3%*	*12.4%*	*12.5%*	*12.4%*	*12.5%*	*12.4%*

计算2021年所得税费用（单元格G43）

Excel关键输入步骤	描述
输入〈=〉	进入公式录入模式
单击单元格G44	2021年税率%
输入〈*〉	乘号
单击单元格G41	2021年EBT
按〈Enter〉	输入结束
运算公式	=G44*G41

由此可得，2021年的所得税费用为128.032亿美元，我们可以复制单元格G43和G44并向右填充。

现在可以复制单元格F45（“持续经营净利润”）直至2025年。

你可能已经注意到，2021年的所得税比2020年高很多。请注意，我们的预测模型中还没有填入折旧和利息费用。一旦将这些科目补充完整，所得税费用将会减少。

非经常性项目

我们没有对亚马逊公司的非经常性项目进行预测，仅仅是复制每一项的假设数值0、非经常性项目合计以及净利润（非经常性项目之后）科目，将单元格F47到F52区域复制并向右填充。

利润分配

权益法投资活动　下一行科目“权益法投资活动（税后）”很难预测。由于它与股权投资或估值相关，就像“其他收益”科目一样，我们将不得不转向七种预测方法。它与“其他收益”的预测逻辑相同，两者都是基于股票价值的波动，而出现了数值的正负波动。因此，可以在这里使用“重复周期法”预测。

因此，我们在单元格G53输入“=D53”，然后复制单元格并向右填充。

股利　因为亚马逊公司不分配股利，我们可以简单地复制“0”并向右填充。

现在我们可以向右复制单元格F55，即净利润（披露的）科目（参见表1-18）。

表 1－18 亚马逊公司净利润预测

（单位：100 万美元，每股数据除外）

合并利润表								
	实际值			预测值				
截至 12 月 31 日	**2018 年**	**2019 年**	**2020 年**	**2021 年**	**2022 年**	**2023 年**	**2024 年**	**2025 年**
税前利润（EBT）	**11 261.0**	**13 976.0**	**24 178.0**	**60 967.5**	**72 727.5**	**81 634.3**	**89 242.3**	**94 270.6**
EBT 利润率	*4.8%*	*5.0%*	*6.3%*	*12.4%*	*12.5%*	*12.4%*	*12.5%*	*12.4%*
所得税	1 197.0	2 374.0	2 863.0	12 803.2	15 272.8	17 143.2	18 740.9	19 796.8
综合有效税率	*10.6%*	*17.0%*	*11.8%*	*21.0%*	*21.0%*	*21.0%*	*21.0%*	*21.0%*
持续经营净利润	**10 064.0**	**11 602.0**	**21 315.0**	**48 164.3**	**57 454.7**	**64 491.1**	**70 501.4**	**74 473.8**
非经常性项目								
终止经营	0.0	0.0	0.0	0.0	0.0	0.0	0.0	0.0
特殊性项目	0.0	0.0	0.0	0.0	0.0	0.0	0.0	0.0
会计变更的影响	0.0	0.0	0.0	0.0	0.0	0.0	0.0	0.0
其他项目	0.0	0.0	0.0	0.0	0.0	0.0	0.0	0.0
非经常性项目合计	**0.0**	**0.0**	**0.0**	**0.0**	**0.0**	**0.0**	**0.0**	**0.0**
净利润（非经常性项目之后）	**10 064.0**	**11 602.0**	**21 315.0**	**48 164.3**	**57 454.7**	**64 491.1**	**70 501.4**	**74 473.8**
权益法投资活动（税后）	(9.0)	14.0	(16.0)	(9.0)	14.0	(16.0)	(9.0)	14.0
普通股股利支付	0.0	0.0	0.0	0.0	0.0	0.0	0.0	0.0
净利润（披露的）	**10 073.0**	**11 588.0**	**21 331.0**	**48 173.3**	**57 454.7**	**64 491.1**	**70 501.4**	**74 459.8**

股份数

基本股份数 在计算第57行和第58行的每股收益之前，我们需要预测股份数。预测股份数的最佳方法是获取最新的基本流通股数量。该信息能从最新披露的申报档案中找到（本例指的是亚马逊公司的季报）。你可以在亚马逊公司官网的投资者关系部分选择“SEC申报档案”（SEC filings）找到此类报告（图1－6）。

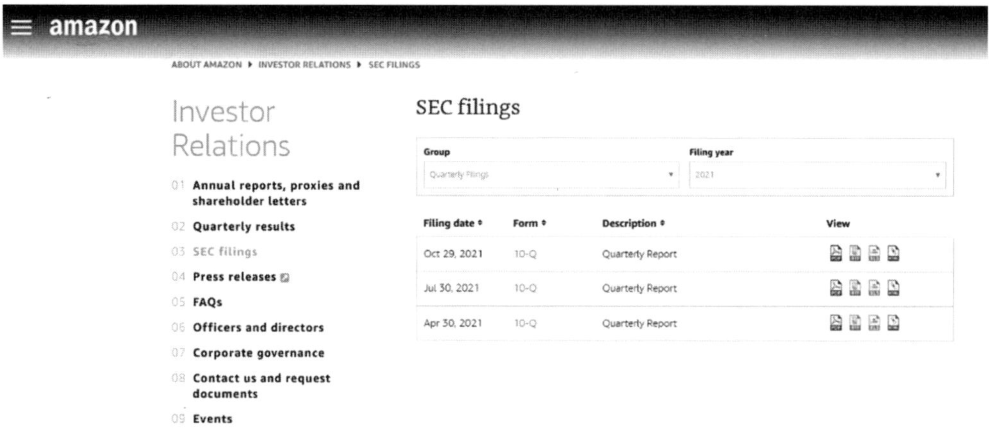

图1－6 亚马逊公司的SEC申报档案

将“分类”（Group）下拉框选择为“季度报告”，就会显示日期为2021年4月30日的季报。该报告第一页底部列出了股份数为504 323 736股（图1－7）。我们将该数值填入单元格G60作为2021年的基本股份数。请注意，我们需要将其除以1 000 000，以便与前几年的数值单位统一，或手动填入“504.323736”。

稀释的流通股及库存股法 稀释的流通股是指市场中流通的所有股份与任何可在当前行使的股票期权的总和。如果每个价内期权的持有人都选择在当前行使期权，将会怎样？市场上应该有多少股份？稀释的股份数意在估计股份的数量。我们可以通过多种资源获取亚马逊公司稀释的股份数，但最优的途径还是通过自己的计算。我们最好从查看公司最近的年报开始。尽管相较其年报，亚马逊公司披露的季报数据更新，季报中通常不包含期权和权证的细节信息，但仍然值得一看。现在，为了获得稀释的股份数，我们需要找到所有关于期权和权证持有情况的附注。遗憾的是，以“期权”作为关键词进行快速搜索，并没有找到很多有价值的信息。我们也可以使用“认股权证”或者“股票”来寻找关于期权的表格，但是仍然没有任何发现。理想的情况是，我们能找到一个列示所有价内期权的表格。本书的上一版本讲解的沃尔玛公司的案例中，就展示了一个很好的关于股票期权表的例子、以及

Washington, D.C. 20549

FORM 10-Q

(Mark One)

☒ QUARTERLY REPORT PURSUANT TO SECTION 13 OR 15(d) OF THE SECURITIES EXCHANGE ACT OF 1934

For the quarterly period ended March 31, 2021

or

☐ TRANSITION REPORT PURSUANT TO SECTION 13 OR 15(d) OF THE SECURITIES EXCHANGE ACT OF 1934

For the transition period from to .

Commission File No. 000-22513

AMAZON.COM, INC.

(Exact name of registrant as specified in its charter)

Delaware	91-1646860
(State or other jurisdiction of incorporation or organization)	(I.R.S. Employer Identification No.)

410 Terry Avenue North, Seattle, Washington 98109-5210

(206) 266-1000

(Address and telephone number, including area code, of registrant's principal executive offices)

Securities registered pursuant to Section 12(b) of the Act:

Title of Each Class	Trading Symbol(s)	Name of Each Exchange on Which Registered
Common Stock, par value $.01 per share	AMZN	Nasdaq Global Select Market

Indicate by check mark whether the registrant (1) has filed all reports required to be filed by Section 13 or 15(d) of the Securities Exchange Act of 1934 during the preceding 12 months (or for such shorter period that the registrant was required to file such reports), and (2) has been subject to such filing requirements for the past 90 days. Yes ☒ No ☐

Indicate by check mark whether the registrant has submitted electronically every Interactive Data File required to be submitted pursuant to Rule 405 of Regulation S-T during the preceding 12 months (or for such shorter period that the registrant was required to submit such files). Yes ☒ No ☐

Indicate by check mark whether the registrant is a large accelerated filer, an accelerated filer, a non-accelerated filer, a smaller reporting company, or an emerging growth company. See the definitions of "large accelerated filer," "accelerated filer," "smaller reporting company," and "emerging growth company" in Rule 12b-2 of the Exchange Act.

Large accelerated filer	☒	Accelerated filer	☐
Non-accelerated filer	☐	Smaller reporting company	☐
		Emerging growth company	☐

If an emerging growth company, indicate by check mark if the registrant has elected not to use the extended transition period for complying with any new or revised financial accounting standards provided pursuant to Section 13(a) of the Exchange Act. ☐

Indicate by check mark whether the registrant is a shell company (as defined in Rule 12b-2 of the Exchange Act). Yes ☐ No ☒

504,323,736 shares of common stock, par value $0.01 per share, outstanding as of April 21, 2021

图 1－7　亚马逊公司季报

对可转换股票期权的分析作为预测参考。我将沃尔玛公司的股票期权表（见表 1－19）放在这里，作为我们需要的信息的案例。

表 1－19 列示了所有流通的期权以及预计的行权价。如果这些期权属于价内期权（即期权是有行权价值的）或者当前的股票价格在行权价之上，那么在技术层面这些期权可以被行使，所以应该被纳入稀释的股份数中。截至 2012 年 1 月 31 日，沃尔玛公司的股价为 61. 36 美元，该价位在之前提及的所有期权的行权价格之上。然而需要注意的是，这其中仅有 1 359. 6 亿股是可以行权的。为什么不是所有股份呢？多半是由于之前列示的期权可能会包含一些限制性条款，诸如在行权时间上限制持有人行权。

表1－19　沃尔玛公司股票期权表

以1 000股计	受限股票与业绩股份奖励		受限股票权益		股票期权①	
	股份数	赠与日每股公允价值的加权平均值	股份数	赠与日每股公允价值的加权平均值	股份数	每股行权价的加权平均值
截至2011年2月1日的流通股份数	13 617	$52.33	16 838	$47.71	33 386	$49.35
股票期权赠与的	5 022	55.03	5 826	47.13	2 042	42.90
可行权的/已经行权的	(3 177)	51.26	3 733	47.26	(13 793)	50.22
丧失行权资格或已过期的	(2 142)	52.55	1 310	47.92	(1 483)	48.10
截至2012年1月31日的流通股份数	**13 320**	**$53.56**	**17 621**	**$47.76**	**20 152**	**$48.21**
2012年1月31日可行权的股份数					**13 596**	**$50.49**

①表中包含了2010年的股权激励计划、1999年的员工持股计划以及2000年的ASDA储蓄优先认股权计划发放的股票期权。

如果你还记得本章开始预测的部分，提到了一些可帮助预测的有价值的数据来源。我们最常使用的一个是公司申报档案，另一个是市场数据（我们使用雅虎财经作为一个简单的例子）。我们还没有介绍投资者简报。如果你去亚马逊公司官网投资者关系部分，单击“季度业绩”，你会找到几份申报档案，包括“简报”。投资者简报是另一个有价值的数据来源，因为有时它会涵盖公司管理层对公司的预测信息。由于我们正在寻找股票期权信息，所以希望使用最新的信息，在撰写本书时是截至2021年第一季度的简报（图1－8）。

amazon

Q1 2021 Financial Results
Conference Call Slides

图1－8　亚马逊公司2021年第一季度简报

鼠标向下滚动到第6页，这里展示了一个很有价值的股票数量表，如图1－9所示。每个条形图以橙色显示已发行的普通股份数，以蓝色显示稀释股票期权。2021年第一季度为最右侧的条形，显示有1 500万的已发行股票期权。虽然理想的情况是拥有更具体的数据，就像表1－19中的沃尔玛公司那样完整细分的表格，而且是直接来自公司的，我们便可以获得的最完美的信息。一个优秀的分析师会标记这一假设，并且在更新和更具体的数据的出现后继续进行研究。因此，让我们暂时使用该信息作为预测的稀释股份数。我们可以简单地在单元格 G61 中输入“ = G60 + 15”。在做这样的假设时，注明来源是非常重要的。

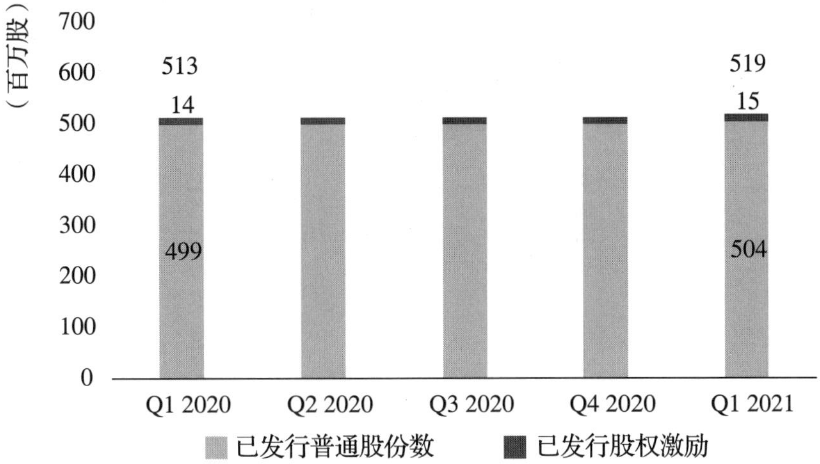

图 1 – 9 亚马逊公司的股份数

我们可以简单地让 2022 年链接 2021 年数据，使单元格 H60 等于单元格 G60、单元格 H61 等于单元格 G61，并向右复制（参见表 1 – 20）。

每股收益

我们可以沿用历史公式来计算未来的每股收益。最简单的方法是复制单元格 F57 和 F58，并向右填充（参见表 1 – 20）。

现在我们已经尽可能地将利润表构建完整了（参见表 1 – 21）。

一旦模型构建完整，我们将会继续研究现金流，并对利润表的假设做出调整。

表 1－20　亚马逊公司每股收益预测

（单位：100万美元，每股数据除外）

合并利润表	实际值			预测值				
截至12月31日	**2018年**	**2019年**	**2020年**	**2021年**	**2022年**	**2023年**	**2024年**	**2025年**
每股收益（EPS）								
基本的	20.68	23.46	42.66	95.52	113.90	127.91	139.81	147.64
稀释的	20.15	22.99	41.83	92.76	110.61	124.21	135.77	143.38
平均流通普通股								
基本的	487	494	500	504	504	504	504	504
稀释的	500	504	510	519	519	519	519	519

表 1－21　亚马逊公司利润表预测

（单位：100 万美元，每股数据除外）

合并利润表	实际值			预测值				
截至 12 月 31 日	**2018 年**	**2019 年**	**2020 年**	**2021 年**	**2022 年**	**2023 年**	**2024 年**	**2025 年**
收入								
产品净销售额	141 915.0	160 408.0	215 915.0					
Y/Y 增长率		*13.0%*	*34.6%*					
服务净销售额	90 972.0	120 114.0	170 149.0					
Y/Y 增长率		*32.0%*	*41.7%*					
总收入	**232 887.0**	**280 522.0**	**386 064.0**	**490 301.3**	**581 497.3**	**656 006.5**	**713 912.0**	**757 323.5**
Y/Y 增长率		*20.5%*	*37.6%*	*27.0%*	*18.6%*	*12.8%*	*8.8%*	*6.1%*
Y/Y 增长率下降			*(28.2%)*	*(31.1%)*	*(31.1%)*	*(31.1%)*	*(31.1%)*	
销货成本								
销货成本	**139 156.0**	**165 536.0**	**233 307.0**	**296 299.9**	**351 411.7**	**396 439.2**	**431 432.8**	**457 667.3**
COGS 占销售收入%	*59.8%*	*59.0%*	*60.4%*	*60.4%*	*60.4%*	*60.4%*	*60.4%*	*60.4%*
毛利润	**93 731.0**	**114 986.0**	**152 757.0**	**194 001.4**	**230 085.6**	**259 567.3**	**282 479.2**	**299 656.2**
毛利率	*40%*	*41%*	*40%*	*40%*	*40%*	*40%*	*40%*	*40%*
营业费用								
仓储物流费用	34 027.0	40 232.0	58 517.0	74 316.6	88 139.5	99 433.1	108 210.0	114 790.0
仓储物流费用占总收入%	*14.6%*	*14.3%*	*15.2%*	*15.2%*	*15.2%*	*15.2%*	*15.2%*	*15.2%*
技术和内容开支	13 496.0	14 142.0	17 489.0	22 211.0	26 342.3	29 717.6	32 340.8	34 307.3
技术和内容开支占总收入%	*5.8%*	*5.0%*	*4.5%*	*4.5%*	*4.5%*	*4.5%*	*4.5%*	*4.5%*

（续）

合并利润表

截至12月31日	实际值			预测值				
	2018年	**2019年**	**2020年**	**2021年**	**2022年**	**2023年**	**2024年**	**2025年**
营销费用	13 814.0	18 878.0	22 008.0	27 950.2	33 148.9	37 396.4	40 697.3	43 172.1
营销费用占总收入%	*5.9%*	*6.7%*	*5.7%*	*5.7%*	*5.7%*	*5.7%*	*5.7%*	*5.7%*
管理及行政费用	4 336.0	5 203.0	6 668.0	8 468.4	10 043.5	11 330.4	12 330.5	13 080.3
管理及行政费用占总收入%	*1.9%*	*1.9%*	*1.7%*	*1.7%*	*1.7%*	*1.7%*	*1.7%*	*1.7%*
其他经营费用（收入）净额	296.0	201.0	(75.0)	(95.3)	(113.0)	(127.4)	(138.7)	(147.1)
其他经营费用占总收入%	*0.1%*	*0.1%*	*0.0%*	*0.0%*	*0.0%*	*0.0%*	*0.0%*	*0.0%*
总营业费用	**65 969.0**	**78 656.0**	**104 607.0**	**132 850.9**	**157 561.2**	**177 750.0**	**193 439.9**	**205 202.6**
EBITDA	**27 762.0**	**36 330.0**	**48 150.0**	**61 150.5**	**72 524.5**	**81 817.3**	**89 039.3**	**94 453.6**
EBITDA 利润率	*11.9%*	*13.0%*	*12.5%*	*12.5%*	*12.5%*	*12.5%*	*12.5%*	*12.5%*
折旧与摊销	15 341.0	21 789.0	25 251.0					
EBIT	**12 421.0**	**14 541.0**	**22 899.0**	**61 150.5**	**72 524.5**	**81 817.3**	**89 039.3**	**94 453.6**
EBIT 利润率	*5.3%*	*5.2%*	*5.9%*	*12.5%*	*12.5%*	*12.5%*	*12.5%*	*12.5%*
其他收益	183.0	(203.0)	(2 371.0)	183.0	(203.0)	183.0	(203.0)	183.0
利息								
利息费用	1 417.0	1 600.0	1 647.0					
利息收入	(440.0)	(832.0)	(555.0)					
净利息费用	**977.0**	**768.0**	**1 092.0**	**0.0**	**0.0**	**0.0**	**0.0**	**0.0**
税前利润（EBT）	**11 261.0**	**13 976.0**	**24 178.0**	**60 967.5**	**72 727.5**	**81 634.3**	**89 242.3**	**94 270.6**
EBT 利润率	*4.8%*	*5.0%*	*6.3%*	*12.4%*	*12.5%*	*12.4%*	*12.5%*	*12.4%*

所得税	1 197.0	2 374.0	2 863.0	12 803.2	15 272.8	17 143.2	18 740.9	19 796.8
综合有效税率	*10.6%*	*17.0%*	*11.8%*	*21.0%*	*21.0%*	*21.0%*	*21.0%*	*21.0%*
持续经营净利润	**10 064.0**	**11 602.0**	**21 315.0**	**48 164.3**	**57 454.7**	**64 491.1**	**70 501.4**	**74 473.8**
非经常性项目								
终止经营	0.0	0.0	0.0	0.0	0.0	0.0	0.0	0.0
特殊性项目	0.0	0.0	0.0	0.0	0.0	0.0	0.0	0.0
会计变更的影响	0.0	0.0	0.0	0.0	0.0	0.0	0.0	0.0
其他项目	0.0	0.0	0.0	0.0	0.0	0.0	0.0	0.0
非经常性项目合计	**0.0**	**0.0**	**0.0**	**0.0**	**0.0**	**0.0**	**0.0**	**0.0**
净利润（非经常性项目之后）	**10 064.0**	**11 602.0**	**21 315.0**	**48 164.3**	**57 454.7**	**64 491.1**	**70 501.4**	**74 473.8**
权益法投资活动（税后）	(9.0)	14.0	(16.0)	(9.0)	14.0	(16.0)	(9.0)	14.0
普通股股利支付	0.0	0.0	0.0	0.0	0.0	0.0	0.0	0.0
净利润（披露的）	**10 073.0**	**11 588.0**	**21 331.0**	**48 173.3**	**57 454.7**	**64 491.1**	**70 501.4**	**74 459.8**
每股收益（EPS）								
基本的	20.68	23.46	42.66	95.52	113.90	127.91	139.81	147.64
稀释的	20.15	22.99	41.83	92.76	110.61	124.21	135.77	143.38
平均流通普通股								
基本的	487	494	500	504	504	504	504	504
稀释的	500	504	510	519	519	519	519	519

第二章

现金流量表

现金流量表是用以测量一家公司在一段时间内创造或花费了多少现金的报表。尽管利润表能够反映一家公司的盈利能力，但利润并不一定就意味着真正的现金收入。这是因为，利润表中计入的科目并不一定会对现金产生影响。例如，当完成一笔销售时，客户可以选择现金支付，也可选择信用支付。即如果一家公司的销售额为 1 000 万美元，并且所有客户都选择现金支付，那么公司的现金确实会增加 1 000 万美元。但是，如果一家公司赊销了 1 000 万美元的产品，那么尽管该笔金额已被计入利润表的收入项，但公司并未收到现金。而现金流量表意在明确公司真正创造了多少现金，这些现金将被分为经营活动现金流、投资活动现金流及融资活动现金流三个部分。

而且，经营活动、投资活动以及融资活动产生的（或花费的）现金总和即为给定时间内公司花费或收到的现金总额。

经营活动现金流

经营活动现金流反映了有多少现金是源于净利润或利润的。之前已经说过，确认收入时可能收到了现金，也有可能因赊销而未收到现金。尽管收入是收益的来源，但是如果部分已确认的收入是因赊销实现的，则我们需要确定收入中有多少真正收到了现金，并基于此对净利润进行调整。同理，计入利润表的费用有可能是现金支出（该费用已经支付），也有可能是非现金支出（该费用并没有真正支付）。让我们以公司开具的发票为准，一旦收到发票（相当于一张必须支付的账单），即使该笔账单并未真正支付，也需要将其计入利润表。这样做会使公司的盈利能力看上去有所下降。但是，当计算公司当前可用的现金时，该笔账单不应该从现金中扣除，因为并未真正支付。因此，计算经营活动现金流时，应当将该项费用加回到净利润中，从而有效修复该笔费用对于现金的影响。

例如：

（单位：美元）

利润表	
收入（现金收入）	10 000 000. 0
SG&A（已开票但并未支付的费用）	2 000 000. 0
净利润	8 000 000. 0
现金流	
净利润	8 000 000. 0
加回 SG&A	2 000 000. 0
经营活动现金流	10 000 000. 0

这样做是合乎逻辑的。例如，我们通过销售产品获得 1 000 万美元的现金收入；收到一张 200 万美元的发票，但尚未支付。则该发票对应金额计入利润表的成本项，但是我们在分析公司的现金流时并不会将该笔费用包含在内，因为它并未对现金流产生影响。因此，我们将该笔费用加回到净利润中。这样一来，经营活动现金流肯定会显示所有的现金依然为 1 000 万美元。

现在，假定这 1 000 万美元收入中，仅有 800 万美元为现金销售，其余 200 万美元为赊销。不管销售方式是怎样的，利润表看起来都是相同的，但现金流量表却有所不同。如果 1 000 万美元的收入中，只收回了 800 万美元的现金，我们需要将剩余未收到的 200 万美元从净利润中扣除。因此：

（单位：美元）

利润表	
收入（仅收回 800 万美元现金）	10 000 000. 0
SG&A（已开票但并未支付的费用）	2 000 000. 0
净利润	8 000 000. 0
现金流	
净利润	8 000 000. 0
扣除未以现金形式收回的收入	(2 000 000. 0)
将未支付的 SG&A 加回	2 000 000. 0
经营活动现金流	8 000 000. 0

前例所做的分析看似微不足道，但是对于了解方法论来说非常重要，因为我们会将此方法应用于更复杂的利润表。总体来说，经营活动现金流可从净利润中生成，并且移除所有非现金科目。

或者说，经营活动现金流的基本表达式如下：

净利润 + 未支付的费用 − 尚未获得的收入

但是，上式会使经营活动现金流的计算过程看起来有些复杂。为了更好地理解上式，让我们浏览一下利润表的所有科目，并且确定哪些科目可被看作现金科目，哪些可被看作非现金科目。

收入

正如我们之前所阐释的，如果收入因赊销而产生，则应将其从利润表中移除。而显示赊销比例的科目被称为应收账款。

销货成本

销货成本（COGS）是指商品被销售后结转的存货成本。例如，如果生产一把椅子的成本为50美元，售价为100美元，那么每售出一把椅子，就需要计入50美元的生产成本，这就是销货成本。然而，每售出一把椅子，存货余额也相应地减少50美元。存货的减少会导致现金流量表中的经营活动现金流增加（我们会在下一章中举例说明）。

营业费用

以200万美元的发票为例，如果该笔费用尚未支付，则需要将其加回到利润表中。而营业费用中尚未支付的部分被称为应计费用。

折旧

折旧是一项永远不需要真正支付的费用。正如之前所述，折旧是对老化资产进行的会计结算。因此，与其他任何非现金费用一样，在计算经营活动现金流时，会将其加回到净利润中。

利息

利息费用通常会以现金形式支付。一些特定的复杂债务工具也许是个例外，但是如果一个公司最终无力支付，将被视为违约。正是出于这个原因，我们通常将利息视为现金科目，因此不会将其加回到利润表的净利润中。

所得税

有些时候，税金可能会出现递延（后续将对此进一步讨论）。所得税已被我们计入费用，但尚未支付的部分被称为递延税。

表2-1总结了利润表的常见科目，以及其中可递延的项目所对应的相关科目。

表 2-1 利润表的常见科目

净利润科目	能否递延	对经营活动现金流的影响
收入	能	应收账款变动
销货成本	能	存货变动 应付账款变动
营业费用	能	应计费用变动 预付费用变动
折旧	能	折旧
利息	否	无（部分例外）
税金	能	递延税

基于表 2-1 的列示，在利润表中，我们在净利润的基础上就尚未获得或支付的收入或费用进行调整，从而考量所产生或支出的现金，具体如下：

经营活动现金流 = 净利润 +（应收账款变动 + 存货变动 + 应付账款变动 + 应计费用变动 + 预付费用变动）+ 折旧 + 递延税

尽管我们会在稍后对此进行讨论，在此先引入概念，即（应收账款变动 + 存货变动 + 应付账款变动 + 应计费用变动 + 预付费用变动）被称为营运资本变动，因此：经营活动现金流 = 净利润 + 折旧 + 递延税 + 营运资本变动

注意，每个科目的真实“变动”可能为正，也可能为负。对此，将在第五章中予以阐释。

为了保证完整性，经营活动现金流应包含对于利润表的任意或所有非现金科目所进行的调整。因此，你可能会在公式中看到“+其他非现金科目”来体现这些调整项。

经营活动现金流 = 净利润 + 折旧 + 递延税 + 其他非现金科目 + 营运资本变动

理解如何从利润表中得到经营活动现金流是非常重要的一课。随着展开更加复杂的案例学习及研究，并且出于尽职调查目的，你将会发现，重要的是理解现金流是如何从利润表科目导出的，而非死记硬背标准计算公式。本章内容将为后续的分析工作打下基础。

投资活动现金流

现在我们已经测度了经营活动现金流，还有两类活动会涉及现金的产生和支出，即投资活动和融资活动。投资活动现金流是指购买或出售资产、业务以及其他投资品或证券所产生或花费的现金。更具体地说，投资活动可分为以下几个类别：资本性支出（投资于物业、设备与机器）；购买或出售资产；购买、出售、剥离或拆分业务或者部分公司实体；投资或出售可转让债券或不可转让债券。

融资活动现金流

融资活动现金流是指从股权和债务中产生或花费的现金。具体来说，包括如下类别：募股或回购股权或优先债券；债务融资或偿还债务；股东利润分配（非控制性权益及股利）

经营活动现金流、投资活动现金流及融资活动现金流的总和，告诉我们在给定时间段内总计产生或花费了多少现金。

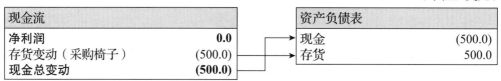

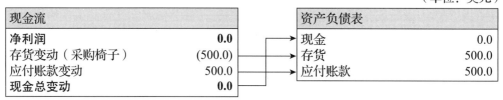

财务报表勾稽关系示例

让我们花费少许时间，通过一个略有深度的案例了解一个完整的销售流程。假设一家对椅子销售感兴趣的公司，在当地开设了一家零售商店。每把椅子定价 100 美元，而生产每把椅子所花费的原材料费用约为 50 美元。所以，我们需要做的第一件事就是采购能够生产 10 把椅子的原材料（价值 500 美元）。则报表间简单的勾稽关系为：

（单位：美元）

现金流	
净利润	**0.0**
存货变动（采购椅子）	(500.0)
现金总变动	**(500.0)**

资产负债表	
现金	(500.0)
存货	500.0

由上表可知，收益为 0。因存货花费了现金，所以现金是负的。并且，需要在资产负债表中计入一项存货资产（稍后将会全面讨论资产负债表）。

现在，资产负债表的现金余额为 –500 美元。意味着我们没有现金支付原材料的费用，但是供应商允许我们延迟支付，直到我们有足够的现金。因此，对于供应商，我们会产生一笔负债，被称作应付账款。则报表间的勾稽关系更新为：

（单位：美元）

现金流	
净利润	**0.0**
存货变动（采购椅子）	(500.0)
应付账款变动	500.0
现金总变动	**0.0**

资产负债表	
现金	0.0
存货	500.0
应付账款	500.0

在交易结束时，现金余额为 0，我们在资产负债表内拥有价值 500 美元的存货，以及欠供应商的 500 美元负债。

现在，假设我们以 100 美元的价格出售了一把椅子。则牵动利润表中的两个科目：①在收入中计入 100 美元；②在销货成本中计入 50 美元。

来看一下上述每一项交易是如何影响利润表、现金流量表和资产负债表的。我们建议每次只关注一笔交易，确保厘清其对三大财务报表的完整影响，再逐笔关注剩余的交易。

如果计入一笔 100 美元的收入，假设税率为 40%，则净利润为 60 美元。

（单位：美元）

利润表	
收入	100. 0
税金（40%）	(40. 0)
净利润	**60. 0**

下面让我们看一下现金流量表。现金流量表以净利润作为初始科目，目前净利润变动 60 美元。由于现金流量表的其他科目均未变动，因此现金总变动为 60 美元。在资产负债表中，现金的变动会影响一项资产科目，即现金科目的余额。下面，我们还将看到净利润变动是如何影响留存收益的。

（单位：美元）

现金流	
净利润	60.0
现金总变动	**60.0**

资产负债表	
现金	60.0
存货	500.0
应付账款	500.0
留存收益（净利润）	60.0

现在看一下销货成本，本案例的销货成本为 50 美元。让我们基于销货成本对财务报表进行调整，以完整地描绘销售情况。因此，在利润表中会计入一笔 50 美元的费用。由于费用可以抵税，因此税金会相应地减少 20 美元，进而导致净利润减少 30 美元：

（单位：美元）

利润表	
销货成本	(50. 0)
税金（40%）	20. 0
净利润	**(30. 0)**

接下来，我们回过头来再看现金流量表，以净利润作为初始科目，销货成本与存货相关联。为了反映出价值 50 美元的原材料已被出售，需要相应地减少资产负债表中的存货资产，进而导致对现金进行正向调整。所以，要加上 50 美元的“存货变动”。

（单位：美元）

现金流	
净利润	**(30.0)**
存货变动	50.0
现金总变动	**20.0**

资产负债表调整	
现金	20.0
存货	(50.0)
留存收益（净利润）	(30.0)

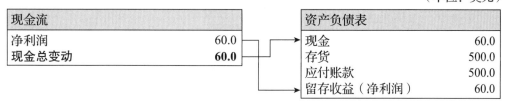

至于资产负债表，之前的现金变动会增加该表中的现金科目余额。存货会减少50美元，以反映原材料被出售；而留存收益则因为净利润变动减少了30美元而减少。

现在，我们可以将对于资产负债表的调整并入总资产负债表。

（单位：美元）

资产负债表调整	
现金	20.0
存货	(50.0)
留存收益（净利润）	(30.0)

资产负债表	
现金	80.0
存货	450.0
应付账款	500.0
留存收益（净利润）	30.0

稍后，我们将学习资产负债表平衡意味着什么。在本案例中，资产负债表就是平衡的，因为资产总额（80美元+450美元=530美元）减去负债总额（500美元）等于所有者权益（30美元）。

如果你的记账经验尚浅，则上述有些调整可能会令你困惑。暂且无须为此担忧。随着接下来的学习，特别是第三章，可以帮助你对资产负债表建立更清晰的认识，建议届时再来回顾本章的案例，相信到时应该会有更好的理解。此外，建议读者借助网站上的各章配套练习题来复习每章的内容。

注意，之前的销售属于现金销售。假设我们又出售了一把椅子，但这一次采用的是赊销方式。则利润表如下：

（单位：美元）

利润表	
收入	100.0
税金（40%）	(40.0)
净利润	**60.0**

可以看到，无论采用现金销售还是赊销，利润表看起来并没有什么不同，而现金流量表则略有不同。如果客户采用赊购方式，需要对现金流量表进行调整，因为尚未真正收到现金。事实上，我们需要将那部分尚未收到的现金从收入中扣除，并在现金流量表和资产负债表中建立应收账款科目，来反映客户欠的货款。

（单位：美元）

现金流	
净利润	60.0
应收账款变动	(100.0)
现金总变动	**(40.0)**

资产负债表调整	
现金	(40.0)
应收账款	100.0
留存收益（净利润）	60.0

可以看到现金总变动为-40美元，这说明应补缴销售税金。由于已经确认了销售收入，尽管尚未收到现金，仍需为此交纳税金。

因此，需要将上述调整项并入最初的资产负债表，可以得到：

（单位：美元）

资产负债表调整	
现金	(40.0)
应收账款	100.0
留存收益（净利润）	60.0

资产负债表	
现金	40.0
存货	450.0
应收账款	100.0
应付账款	500.0
留存收益（净利润）	90.0

由上表可知，现金余额从之前的 80 美元减少至 40 美元，新增了应收账款，并且留存收益从 30 美元增加至 90 美元。

现在，可以对销货成本以及存货进行调整。

（单位：美元）

利润表	
销货成本	(50. 0)
所得税（40%）	20. 0
净利润	**(30. 0)**

（单位：美元）

现金流	
净利润	**(30.0)**
存货变动	50.0
现金总变动	**20.0**

资产负债表调整	
现金	20.0
存货	(50.0)
留存收益	(30.0)

并且，可以更新之前的资产负债表为：

（单位：美元）

资产负债表调整	
现金	20.0
存货	(50.0)
留存收益	(30.0)

资产负债表	
现金	60.0
存货	400.0
应收账款	100.0
应付账款	500.0
留存收益（净收益）	60.0

可以看到，无论现金采购还是赊购，销货成本的变动并没有什么不同。资产负债表是平衡的，因为总资产（60 美元 + 400 美元 + 100 美元 = 560 美元）减去总负债（500 美元）等于所有者权益（60 美元）。

现在假设剩余的 8 把椅子都已被售出，其中 4 把椅子是赊销。则利润表应为：

（单位：美元）

利润表	
收入	800. 0
税金（40%）	(320. 0)
净利润	**480. 0**

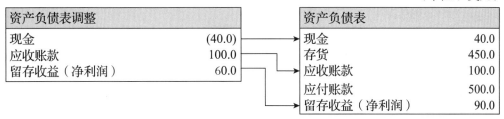

既然 4 把椅子属于赊销，则需要从现金流量表的净利润中移除 400 美元，并相应调整资产负债表。

（单位：美元）

现金流	
净利润	480.0
应收账款变动	(400.0)
现金总变动	**80.0**

资产负债表调整	
现金	80.0
应收账款	400.0
留存收益（净利润）	480.0

将上述资产负债表调整项并入总资产负债表，可以得到：

（单位：美元）

资产负债表调整	
现金	80.0
应收账款	400.0
留存收益（净利润）	480.0

资产负债表	
现金	140.0
存货	400.0
应收账款	500.0
应付账款	500.0
留存收益（净利润）	540.0

现在，我们可以调整与 400 美元的销售收入相关联的销货成本以及存货。请记住，无论现金销售还是赊销，我们仍然需要调整销货成本，并且清除存货。

（单位：美元）

利润表	
销货成本	(400.0)
所得税（40%）	160.0
净利润	**(240.0)**

现在，我们需要移除 400 美元的存货，这会导致对现金流量表的现金做正向调整。对于资产负债表，我们需要相应调整存货以及现金。

（单位：美元）

现金流	
净利润	**(240.0)**
存货变动	400.0
现金总变动	**160.0**

资产负债表调整	
现金	160.0
存货	(400.0)
留存收益（净利润）	(240.0)

将上述资产负债表调整项并入总资产负债表，可以得到：

（单位：美元）

资产负债表调整	
现金	160.0
存货	(400.0)
留存收益（净利润）	(240.0)

资产负债表	
现金	300.0
存货	0.0
应收账款	500.0
应付账款	500.0
留存收益（净利润）	300.0

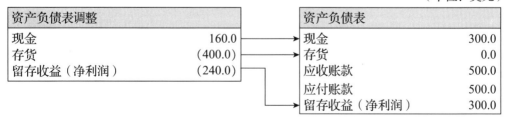

至此，我们已经将所有存货售出。可以看到，有 500 美元的应付账款已经到期，但我们只有 300 美元现金用以支付。如果我们从客户那里回收了全部应收账款，则不会有这个问题。因此，让我们假设最终所有的应收账款均可以回收，也能够支付所有应付账款。

我们回收了 500 美元的应收账款：

（单位：美元）

现金流	
净利润	**0.0**
应收账款	500.0
现金总变动	**500.0**

资产负债表调整	
现金	500.0
应收账款	(500.0)
留存收益（净利润）	0.0

由上表可知，应收资产消失，同时现金得以回收。将上述资产负债表调整项并入总资产负债表，可以得到：

（单位：美元）

资产负债表调整	
现金	500.0
应收账款	(500.0)
留存收益（净利润）	0.0

资产负债表	
现金	800.0
存货	0.0
应收账款	0.0
应付账款	500.0
留存收益（净利润）	300.0

注意，我们并未对利润表做任何改变，因为在这里并未产生任何可以创收的项目。我们只是将资产转化为现金。现在，我们已经拥有 800 美元现金，足以偿还负债。

偿还 500 美元负债：

（单位：美元）

现金流	
净利润	**0.0**
应付账款	(500.0)
现金总变动	**(500.0)**

资产负债表调整	
现金	(500.0)
应付账款	(500.0)
留存收益（净利润）	0.0

将上述资产负债表调整项并入总资产负债表，可以得到：

（单位：美元）

资产负债表调整	
现金	(500.0)
应付账款	(500.0)
留存收益（净利润）	0.0

资产负债表	
现金	300.0
存货	0.0
应收账款	0.0
应付账款	0.0
留存收益（净利润）	300.0

截至目前，我们已经回收了所有资产，并且付清了所有负债。注意，每把椅子售价100美元，成本50美元，则售出10把椅子可获得500美元（即1 000美元－500美元）的税前利润。税率以40%计算，则税后净利润为300美元（即500美元－200美元），这与资产负债表中的现金和净利润科目金额一致。

如果你还不能完全理解上述案例，请不要沮丧。继续读下去，且对所涉及的概念有更多的了解后，则会想清楚上述案例。建议你在后续阅读中不断复习该案例。

亚马逊公司现金流量表

正如我们对利润表所做的，在做出预测之前，先列示一下亚马逊公司的历史现金流数据。在利润表中，将很多科目重新归类，并且提炼出一些科目，以获得可比指标，供华尔街分析师做分析用，如EBITDA。对于现金流量表而言，我们建议逐行列示每个科目。这时可能需要对某些科目进行调整。尽管可能由于更复杂的原因需要对多行科目进行调整。但是在这一点上，按照一般准则来处理是最好的。亚马逊公司的现金流量表可在公司年报的第38页中找到（参见表2－2）。

经营活动现金流

如之前所述：

经营活动现金流＝净利润＋折旧＋递延税＋其他非现金科目＋营运资本变动

我们可以确定表2－2的第一个科目是净利润。下一个科目是“折旧与摊销”。后面几个是个非现金调整科目，以“股权激励”科目开始，接下来是两个其他非现金科目，“其他经营费用（收入）净额”和“其他费用（收入）净额”。这三行科目可以归类为“经营活动现金流”里的“其他非现金科目”。在这些科目之后，亚马逊列示了“递延所得税”科目。

最后，“营运资本变动”下包含了五个科目，这些将是我们稍后所要阐释的营运资本科目。对于历史数据部分，仅按亚马逊公司年报数据进行列示。我们已经准确识别出所有这些科目，它们构成了经营活动现金流计算公式中的净利润、折旧、递延税、其他非现金科目以及营运资本变动。

表 2－2　亚马逊公司现金流量表

（单位：100 万美元）

	财年截至 12 月 31 日		
	2018 年	**2019 年**	**2020 年**
年初现金及现金等价物余额	**21 856**	**32 173**	**36 410**
经营活动			
净利润	10 073	11 588	21 331
将持续经营产生的收益调整为经营活动产生的净现金所做的调整：			
折旧与摊销（物业及设备、资本化内容成本、经营租赁资产及其他）	15 341	21 789	25 251
股权激励	5 418	6 864	9 208
其他经营费用（收入）净额	274	164	（71）
其他费用（收入）净额	219	（249）	（2 582）
递延所得税	441	796	（554）
营运资本变动			
存货	（1 314）	（3 278）	（2 849）
应收账款及其他净额	（4 615）	（7 681）	（8 169）
应付账款	3 263	8 193	17 480
应计费用及其他	472	（1 383）	5 754
预收收入	1 151	1 711	1 265
经营活动现金流净额	30 723	38 514	66 064
投资活动			
购买物业及设备	（13 427）	（16 861）	（40 140）
物业及设备处置收入	2 104	4 172	5 096
业务收购，净现金支出	（2 186）	（2 461）	（2 325）
有价证券出售及到期所得	8 240	22 681	50 237
购买有价证券	（7 100）	（31 812）	（72 479）
投资活动现金流净额	（12 369）	（24 281）	（59 611）
融资活动			
短期债务所得款	886	1 402	6 796
短期债务偿还	（813）	（1 518）	（6 177）
长期债务所得款	182	871	10 525
长期债务偿还	（155）	（1 166）	（1 553）
融资租赁的本金偿还	（7 449）	（9 628）	（10 642）
债务融资的本金偿还	（337）	（27）	（53）
融资活动现金流净额	（7 686）	（10 066）	（1 104）
汇率对现金与现金等价物的影响	（351）	70	618
现金及现金等价物净增加与（减少）	10 317	4 237	5 967
年末现金及现金等价物余额	**32 173**	**36 410**	**42 377**

接下来进入模型“NYSF-Amazon-Template. xls”中名为“现金流量表”的工作表。

我们已经在利润表中得到净利润和折旧数据，可以直接从利润表链接这些科目到现金流量表。从另外一个工作表链接数据最简单的方式是在单元格里输入“=”符号，然后光标放到该数据工作表，或者使用〈Ctrl〉+〈Page Up〉或者〈Page Down〉按键在工作表之间切换。引用净利润数值，在单元格 D7 中输入“=”，然后使用光标选择“利润表”工作表，选择单元格 D55，单击输入键。操作后会回到“现金流量表”工作表中的单元格 D7，该单元格公式为“='利润表'! D55”。参见表 2-3。

表 2-3　亚马逊公司历史经营活动现金流

（单位：100 万美元，每股数据除外）

合并现金流量表			
	实际值		
截至 12 月 31 日	**2018 年**	**2019 年**	**2020 年**
经营活动现金流			
净利润	10 073.0	11 588.0	21 331.0
折旧与摊销	15 341.0	21 789.0	25 251.0
股权激励	5 418.0	6 864.0	9 208.0
其他经营费用（收入）净额	274.0	164.0	(71.0)
其他费用（收入）净额	219.0	(249.0)	(2 582.0)
递延所得税	441.0	796.0	(554.0)
营运资本变动			
存货变动	(1 314.0)	(3 278.0)	(2 849.0)
应收账款变动	(4 615.0)	(7 681.0)	(8 169.0)
应付账款变动	3 263.0	8 193.0	17 480.0
应计费用变动	472.0	(1 383.0)	5 754.0
预收收入变动	1 151.0	1 711.0	1 265.0
经营性营运资本净变动	**(1 043.0)**	**(2 438.0)**	**13 481.0**
经营活动现金流合计	**30 723.0**	**38 514.0**	**66 064.0**

对于利润表中的折旧与摊销科目，我们在单元格 D8 中进行同样的操作来链接数据，该单元格公式为“='利润表'! D33”。我们可以复制单元格 D7 和 D8 的公式并向右填充。这里可以一直复制到 2025 年，因为尽管现在仅仅输入了历史数据，

但后面我们还会用到利润表的预测数据。

注意：要避免在两个不同的地方输入相同的数据，这一点至关重要。这就是为什么我强烈建议从利润表链接数据到现金流量表，而不是在现金流量表中输入净利润和折旧数据。这样做不仅能避免发生错误，并且能够保证在利润表数据发生变化的时候，只要链接正确，数据也会自动更新。

现在我们可以输入经营活动现金流余下科目的数据（参见表2－3）。

我们也可以汇总营运资本的变动，即对5个营运资本科目加总求和（D14～D18），经营活动现金流是经营活动现金流部分项下科目的总和（D7～D18），而该合计值应该与亚马逊公司年报所披露的一致。

计算2018年营运资本净变动（单元格D19）

Excel关键输入步骤	描述
输入〈＝〉	进入公式录入模式
输入〈Sum（〉	开始构建“求和”公式
单击单元格D14	选择序列中的第一个单元格
输入〈：〉	代表想将序列内从第一个单元格到最后一个单元格的所有单元格包含进来
单击单元格D18	选择序列中的最后一个单元格
输入〈）〉	结束“求和”公式
按〈Enter〉	输入结束
运算公式	＝Sum（D14:D18）

注意，你也可以使用快捷键〈Alt＋＝〉来快速构建求和公式。请重复以上过程计算单元格D7～D18的总和，即复制上述公式并向右填充（参见表2－3）。

投资活动现金流

在这里，需要辨认的最重要的科目是资本性支出（capital expenditures，CAPEX）。正如我们将在本书第二部分学习的，资本性支出对于估值和现金流折现分析而言非常重要。在亚马逊公司的财报中，资本性支出以“购买物业及设备”科目来体现，剩余的科目可逐行列示。“物业及设备处置收入”是指出售或处置资产时产生的收入；“业务收购，净现金支出”是指亚马逊公司所做的投资以及业务收购。“有价证券出售及到期所得”和“购买有价证券”与能快速转换为现金的流动性金融工具的买卖和到期相关。后面我们会讨论如何更好地预测这些科目。

我们可以参照亚马逊公司年报逐行列示上述科目（参见表2－4）。然后，在单元格D27中对D22～D26进行加总，从而得到“投资活动现金流合计”。

表2-4　亚马逊公司历史投资活动现金流

（单位：100万美元，每股数据除外）

合并现金流量表	实际值		
截至12月31日	2018年	2019年	2020年
投资活动现金流			
CAPEX（购买物业及设备）	(13 427.0)	(16 861.0)	(40 140.0)
物业及设备处置收入	2 104.0	4 172.0	5 096.0
业务收购，净现金支出	(2 186.0)	(2 461.0)	(2 325.0)
有价证券出售及到期所得	8 240.0	22 681.0	50 237.0
购买有价证券	(7 100.0)	(31 812.0)	(72 479.0)
投资活动现金流合计	**(12 369.0)**	**(24 281.0)**	**(59 611.0)**

融资活动现金流

在此，我们同样会逐行列示所有科目，仅有一个例外。很多公司会将偿还债务工具及发行债务工具分别列示。如果将债务工具的发行与偿付合并起来，将会简单很多。随着我们将债务计划表的信息导入本环节中，也使得模型间的勾稽关系更加顺畅。“短期债务所得款”与“短期债务偿还”可以简单合并为“短期债务”。接下来两行，“长期债务所得款”和“长期债务偿还”也可以合并为“长期债务”。接下来的“融资租赁的本金偿还”和“债务融资的本金偿还”按照报表列示。

可以在“融资活动现金流合计”所在行中，对单元格D29～D32进行加总（参见表2-5）。

表2-5　亚马逊公司历史融资活动现金流

（单位：100万美元，每股数据除外）

合并现金流量表	实际值		
截至12月31日	2018年	2019年	2020年
融资活动现金流			
短期债务（还款）	73.0	(116.0)	619.0
长期债务（还款）	27.0	(295.0)	8 972.0
融资租赁的本金偿还	(7 449.0)	(9 628.0)	(10 642.0)
债务融资的本金偿还	(337.0)	(27.0)	(53.0)
融资活动现金流合计	**(7 686.0)**	**(10 066.0)**	**(1 104.0)**

注意，亚马逊公司现金流量表中有一个科目叫作“汇率对现金及现金等价物的影响”，这是对海外分公司数据基于外币所做的调整。通常出现在跨国公司，列在三大现金流类别后面。因此，正如亚马逊公司所做的一样，我们需要在现金流量表的融资活动现金流之后添加该科目。在这之后，便可以加总经营活动现金流、投资活动现金流、融资活动现金流以及汇率对现金及现金等价物的影响（即 D20 + D27 + D33 + D34），来计算总现金流变动。而后，我们可以复制上述公式并向右填充。

截至目前，我们已经列示了现金流量表过去三年所有科目的数据（参见表 2 – 6）。

表 2 – 6　亚马逊公司历史现金流量表

（单位：100 万美元，每股数据除外）

合并现金流量表			
		实际值	
截至 12 月 31 日	**2018 年**	**2019 年**	**2020 年**
经营活动现金流			
净利润	10 073.0	11 588.0	21 331.0
折旧与摊销	15 341.0	21 789.0	25 251.0
股权激励	5 418.0	6 864.0	9 208.0
其他经营费用（收入）净额	274.0	164.0	(71.0)
其他费用（收入）净额	219.0	(249.0)	(2 582.0)
递延所得税	441.0	796.0	(554.0)
营运资本变动			
存货变动	(1 314.0)	(3 278.0)	(2 849.0)
应收账款变动	(4 615.0)	(7 681.0)	(8 169.0)
应付账款变动	3 263.0	8 193.0	17 480.0
应计费用变动	472.0	(1 383.0)	5 754.0
预收收入变动	1 151.0	1 711.0	1 265.0
经营性营运资本净变动	**(1 043.0)**	**(2 438.0)**	**13 481.0**
经营活动现金流合计	**30 723.0**	**38 514.0**	**66 064.0**
投资活动现金流			
CAPEX（购买物业及设备）	(13 427.0)	(16 861.0)	(40 140.0)
物业及设备处置收入	2 104.0	4 172.0	5 096.0
业务收购，净现金支出	(2 186.0)	(2 461.0)	(2 325.0)
有价证券出售及到期所得	8 240.0	22 681.0	50 237.0
购买有价证券	(7 100.0)	(31 812.0)	(72 479.0)
投资活动现金流合计	**(12 369.0)**	**(24 281.0)**	**(59 611.0)**

（续）

合并现金流量表			
		实际值	
截至12月31日	2018年	2019年	2020年
融资活动现金流			
短期债务（还款）	73.0	(116.0)	619.0
长期债务（还款）	27.0	(295.0)	8 972.0
融资租赁的本金偿还	(7 449.0)	(9 628.0)	(10 642.0)
债务融资的本金偿还	(337.0)	(27.0)	(53.0)
融资活动现金流合计	**(7 686.0)**	**(10 066.0)**	**(1 104.0)**
汇率对现金及现金等价物及受限资金的影响	(351.0)	70.0	618.0
现金及现金等价物总变动	**10 317.0**	**4 237.0**	**5 967.0**

现金流量表预测

在做预测时，由于现金流量表中的很多科目源于折旧计划表、营运资本明细表或者债务计划表，因此最好先将折旧计划表以及营运资本明细表补充完整（债务计划表通常最后完成）。但是，为了延续本部分围绕现金流的主题，让我们先预测其他现金流科目，然后将目光转向折旧以及营运资本明细表，并在明细表补充完整后，再回过头来看与之相关联的现金流量表科目。

经营活动现金流

计算经营活动现金流应从利润表的净利润科目开始。我们已经链接历史净利润数据，并且已经复制公式并向右填充。

折旧与摊销　“折旧与摊销”及“递延所得税”来自折旧计划表。但是它们首先从折旧计划表链接到利润表，然后再链接到现金流量表。在构建历史数据时我们已经从利润表引用这两个科目，只需确保它们的公式向右复制到2025年。

股权激励　“股权激励”是指将股权以某种形式支付给员工。该科目作为一项减少净利润的非现金支出，是现金流量表的调整项。如果公司授予员工股票，此科目经常出现在公司现金流量表中。因为它被认为是一项工资调整，这个科目是对营业费用的调整。因此，尽管我们可以使用七种预测方法（参见第一章）来分析如何最好地预测该项目，最终可以推断出该科目占营业费用的百分比预测（或七种方法中的第七种），即“基于利润表或资产负债表科目的某一百分比做出预测”。如果你对使用该方法来预测特定科目的合理性存疑，但又不能完全确定，那么一个好的办法就是首先计算历史百分比。如果历史百分比每年都相似，那就证明这是一个很好的指标。但是，如果历史百分比差异很大，那么它可能就不是最好的方法。所以，为了验证这个方法，我们首先添加一行来计算历史百分比。

首先在第10行“股权激励”下插入一行。将光标放在第10行后，我们可以同时按下〈Shift〉和〈空格〉键选中整行，松开按键，然后按下〈Ctrl〉和〈Shift〉以及〈+〉键，在第10行插入一个空白行。在单元格C10输入行标签“股权激励占总营业费用%”。

注意，有些人可能认为使用“管理及行政费用”的百分比更合适，因为它通常包含员工工资。如果你想使用该百分比，将会得到一个大于100%的数值，因为“股权激励”的数值更大。所以最好使用营业费用总值。

我们在单元格D10计算百分比。

计算2018年股权激励占总营业费用的百分比（单元格D10）

Excel关键输入步骤	描述
输入〈=〉	进入公式录入模式
单击单元格D9	2018年股权激励
输入〈/〉	除号
单击利润表单元格D30	2018年总营业费用
按〈Enter〉	输入结束
运算公式	=D9/'利润表'! D30

你可能需要调整单元格D10的格式来显示保留一位小数的百分比。同时按下〈Ctrl〉+〈1〉，这是打开“单元格格式”框的快捷方式。在这里选择“百分比”选项框。2018年显示为8.2%。我们现在复制这个公式并向右填充到2020年，分别得到8.7%和8.8%（参见表2-7）。

历史年份的百分比看起来很接近，特别是过去两年。我认为使用去年的8.8%作为未来的预测是合理的。我们可以假设单元格G10等于单元格F10，然后使用这个百分比来反推2021年的预测值。

计算2021年股权激励（单元格G9）

Excel关键输入步骤	描述
输入〈=〉	进入公式录入模式
单击单元格G10	2021年股权激励占总营业费用%
输入〈*〉	乘号
单击利润表单元格G30	2021年总营业费用
按〈Enter〉	输入结束
运算公式	=G10*'利润表'! G30

我们可以复制单元格G9和G10的公式并一直向右填充到2025年（参见表2-7）。

表 2-7　亚马逊公司股权激励预测

（单位：100 万美元，每股数据除外）

合并现金流量表	实际值			预测值				
截至 12 月 31 日	**2018 年**	**2019 年**	**2020 年**	**2021 年**	**2022 年**	**2023 年**	**2024 年**	**2025 年**
经营活动现金流								
净利润	10 073. 0	11 588. 0	21 331. 0	48 173. 3	57 440. 7	64 507. 1	70 510. 4	74 459. 8
折旧与摊销	15 341. 0	21 789. 0	25 251. 0	0. 0	0. 0	0. 0	0. 0	0. 0
股权激励	5 418. 0	6 864. 0	9 208. 0	11 694. 2	13 869. 3	15 646. 4	17 027. 5	18 062. 9
占总营业费用%	*8. 2%*	*8. 7%*	*8. 8%*	*8. 8%*	*8. 8%*	*8. 8%*	*8. 8%*	*8. 8%*

其他经营费用　接下来是一些“其他”科目。我们将会遇到很多类似这样难以定义和预测的科目。第一个是“其他经营费用（收入)”。首先注意到利润表上有相同科目行。由于该科目是对利润表上的费用科目进行非现金调整，因此数字略有不同。在这种情况下，我会立即预测该科目，就如同已完成的利润表科目一样。有人可能会质疑，为什么不使用利润表相同科目的百分比来预测。我们也可以这样做，但实际最终得出的预测数值是一样的，因为两个都是基于总收入作为分母来预测的。

所以可以先在第 11 行“其他经营费用”下方新增一行。将光标移到第 12 行，同时按下〈Shift〉加〈空格〉键选择该行。松开按键，然后使用组合键〈Ctrl〉加〈Shift〉加〈+〉，在第 12 行添加一个空白行。然后在单元格 C12 中，输入行标签“其他经营费用（收入）占总收入%”。

我们在单元格 D12 计算百分比。

计算 2018 年其他经营费用（收入）占总收入的百分比（单元格 D12）

Excel 关键输入步骤	描述
输入〈=〉	进入公式录入模式
单击单元格 D11	2018 年其他经营费用
输入〈/〉	除号
单击利润表单元格 D11	2018 年总收入
按〈Enter〉	输入结束
运算公式	=D11/'利润表'! D11

你可能需要调整单元格 D12 的格式，使其显示为保留一位小数的百分数。现在我们复制该公式并向右填充到 2020 年，得到数值 0.1% 和 0.0%（参见表 2-8）。

可以再次看到历史年份的百分比趋向一致，尤其是过去两年。我认为使用去年的 0.0% 来预测是合理的。我们假设单元格 G12 等于单元格 F12，然后使用该百分比来反推 2021 年的预测数值。

计算 2021 年其他经营费用（单元格 G11）

Excel 关键输入步骤	描述
输入〈=〉	进入公式录入模式
单击单元格 G12	2021 年其他经营费用（收入）占总收入%
输入〈*〉	乘号
单击利润表的单元格 G11	2021 年总收入
按〈Enter〉	输入结束
运算公式	=G12*'利润表'! G11

表2－8　亚马逊公司经营活动现金流预测

（单位：100万美元，每股数据除外）

合并现金流量表	实际值			预测值				
截至12月31日	**2018年**	**2019年**	**2020年**	**2021年**	**2022年**	**2023年**	**2024年**	**2025年**
经营活动现金流								
净利润	10 073.0	11 588.0	21 331.0	48 173.3	57 440.7	64 507.1	70 510.4	74 459.8
折旧与摊销	15 341.0	21 789.0	25 251.0	0.0	0.0	0.0	0.0	0.0
股权激励	5 418.0	6 864.0	9 208.0	11 694.2	13 869.3	15 646.4	17 027.5	18 062.9
占总营业费用%	*8.2%*	*8.7%*	*8.8%*	*8.8%*	*8.8%*	*8.8%*	*8.8%*	*8.8%*
其他经营费用（收入）净额	274.0	164.0	(71.0)	(90.2)	(106.9)	(120.6)	(131.3)	(139.3)
占总收入%	*0.1%*	*0.1%*	*0.0%*	*0.0%*	*0.0%*	*0.0%*	*0.0%*	*0.0%*
其他费用（收入）净额	219.0	(249.0)	(2，582.0)	219.0	(249.0)	219.0	(249.0)	219.0
递延所得税	441.0	796.0	(554.0)					
营运资本变动								
存货变动	(1 314.0)	(3 278.0)	(2 849.0)					
应收账款变动	(4 615.0)	(7 681.0)	(8 169.0)					
应付账款变动	3 263.0	8 193.0	17 480.0					
应计费用变动	472.0	(1 383.0)	5 754.0					
预收收入变动	1 151.0	1 711.0	1 265.0					
经营性营运资本净变动	**(1 043.0)**	**(2 438.0)**	**13 481.0**	**0.0**	**0.0**	**0.0**	**0.0**	**0.0**
经营活动现金流合计	**30 723.0**	**38 514.0**	**66 064.0**	**59 996.3**	**70 954.1**	**80 251.8**	**87 157.6**	**92 602.4**

我们可以复制单元格 G11 和 G12 的公式并一直向右填充到 2025 年（参见表 2－8）。

其他费用（收入）　接下来的科目是“其他费用（收入）净额”。注意该科目也存在于利润表中，名为“其他收益（费用）”。它们指向的是同一个科目，只是符号相反，这是由现金流和利润表的性质决定的（在现金流量表中，正数表示现金流入，但在利润表中，正数表示费用）。

同时我们注意到这两个科目尽管实际数值不同，但变化趋势是一致的。即 2018 年是正数，2019 年是负数，2020 年是非常大的（假设是非正常的）负数。由于该科目也存在于利润表中，我将使用相同的逻辑进行预测。回到第一章，我们用七种方法推导出使用“重复周期法”预测，忽略 2021 年，因为它像是一次性的现金流。我们在这里使用相同的预测逻辑。所以，假设单元格 G13 等于单元格 D13，单元格 H13 等于单元格 E13。但是，对于单元格 I13，将再次等于单元格 G13。复制该单元格（I13）公式并向右填充至 2025 年。如果想更清楚地了解每个单元格中的公式，请参见表 2－8 及表 2－9 所示。

表 2－9　亚马逊公司其他费用（收入）预测

（单位：100 万美元）

	2021 年 预测值	2022 年 预测值	2023 年 预测值	2024 年 预测值	2025 年 预测值
公式	= D13	= E13	= G13	= H13	= I13
数值	219	(249)	219	(249)	219

递延所得税　由于大部分递延税通常取决于物业、设备与机器净值（Property, Plant & Equipment，PP&E）和折旧方法，我们暂时将这一行留空，并在折旧相关章节进行讨论。

营运资本变动　接下来的科目“存货变动”“应收账款变动”“应付账款变动”“应计费用变动”和“预收收入变动”都来自营运资金计划表。因此，我们现在将这些科目留空，并在完成这些预测后将它们链接起来。

我们仍然可以复制单元格 F21（经营性营运资本净变动）的公式并向右填充。

我们需要重新调整“经营活动现金流合计”的公式，因为我们在第 10 行和第 12 行插入了预测百分比假设。这些新加的百分比包含在经营活动现金流合计的公式里，它们不应该被加总进来。我们需要更改单元格 D22 的公式，将每个单独的科目行相加，跳过这些百分比。

计算2018年经营活动现金流合计（单元格D22）

Excel关键输入步骤	描述
输入〈=〉	进入公式录入模式
单击单元格D7	2018年净利润
输入〈+〉	加号
单击单元格D8	2018年折旧与摊销
输入〈+〉	加号
单击单元格D9	2018年股权激励
输入〈+〉	加号
单击单元格D11	2018年其他经营费用（收入）净额
输入〈+〉	加号
单击单元格D13	2018年其他费用（收入）净额
输入〈+〉	加号
单击单元格D14	2018年递延所得税
输入〈+〉	加号
单击单元格D21	2018年经营性营运资本净变动
按〈Enter〉	输入结束
运算公式	=D7+D8+D9+D11+D13+D14+D21

我们复制该公式并向右填充至2025年。

至此，我们已经完成经营活动现金流部分的预测（参见表2-8）。

投资活动现金流

资本性支出（CAPEX）是为数不多的管理层会经常给予引导的科目。通过输入关键词“资本性支出”进行搜索，通常可以找到公司说明。例如本书上一版里沃尔玛公司的案例，我们在其年报中找到如下注解：

我们预计2013年公司用于物业及设备的资本性支出，包括公司收购，会在130亿~140亿美元间波动。

这个信息当时是非常有用的。遗憾的是，由于新冠疫情，我们并未在亚马逊公司的财报中找到相关说明。在亚马逊公司的年报中输入关键词“资本性支出”进行搜索，我们看到如下注解：

新冠疫情和由此造成的全球性混乱已导致市场出现大幅波动。这些市场干扰可能会导致我们的应收账款违约，影响资产估值产生减值费用，进而影响租赁和融资信贷以及信贷市场其他工具的使用。我们采用一系列融资方式为公司运营和资本性支出提供资金，并期望在当前市场条件下继续保持融资的灵活性。但是，由于全球形势的急速变化，无法预测疫情产生的意外情况是否会对未来的资金流动性和资本来源产生重大影响。

这段信息没有什么帮助。在没有指引的情况下，我们仍然可以使用七种方法做出合理的假设。我们通常会分析 CAPEX 占销售额的百分比，来判断它是否合理，但这种方法被认为过于激进。虽然我们经常默认使用占销售额的百分比，但这可能不是最准确的方法。例如，一些公司会投入销售额的 10% 在资本性支出上，作为对其业务的再投资，但如果目标公司是一家在经济低迷时期拥有大量闲置产能的制造商，那么在年销售额增长 20% 的情况下大幅增加 CAPEX 投入是不太合理的。

因此，让我们看一下 CAPEX 占销售收入的历史比重，并看看该指标是否存在稳定的趋势。

我们应该在 CAPEX 下面插入一行。为此，必须首先点击第 25 行的任一单元格，按下〈Shift〉和〈空格〉键然后松开按键。然后，按住〈Ctrl〉+〈Shift〉+〈 + 〉。

可以将新增的一行标记为“CAPEX 占总收入百分比”。现在，看一下该指标的历史趋势。

计算 2018 年 CAPEX 占总收入的百分比（单元格 D25）

Excel 关键输入步骤	描述
输入〈 = 〉	进入公式录入模式
输入〈 – 〉	我们希望 CAPEX 是正的，这样可以计算得到一个正的百分比
单击单元格 D24	2018 年 CAPEX
输入〈/〉	除号
单击利润表的单元格 D11	2018 年总收入
按〈Enter〉	输入结束
运算公式	= – D24/'利润表'! D11

注意，你或许还需要调整一下单元格 D25 的格式，令其以百分比形式体现。

2018 年数值为 5.8%。如果我们将这个公式向右复制两年，会注意到 CAPEX 在 2019 年略微上升至 6.0%，然后在 2020 年跃升至 10.4%。我们需要调查 10.4% 的跃升是一次性的，还是公司准备大幅增加未来的资本性支出。遗憾的是，管理层在年报中并没有过多地谈论这个问题。但是，我们可以查阅 2021 年的一季报，看看资本性支出占总收入的百分比是否回落至约 6%。见表 2 – 10，即 2021 年一季报第 3 页的现金流量表，可以看到资本性支出为 120.82 亿美元。

表2-10　亚马逊公司的季度现金流量表

（单位：100万美元）

	3个月截至3月31日		12个月截至3月31日	
	2020年	2021年	2020年	2021年
年初现金及现金等价物余额	**36 410**	**42 377**	**23 507**	**27 505**
经营活动				
净利润	2 535	8 107	10 563	26 903
将持续经营产生的收益调整为经营活动产生的净现金所做的调整：				
折旧与摊销（物业及设备、资本化内容成本、经营租赁资产及其他）	5 362	7 508	22 297	27 397
股权激励	1 757	2 306	7 347	9 757
其他经营费用（收入）净额	67	30	244	(108)
其他费用（收入）净额	565	(1 456)	451	(4 603)
递延所得税	322	1 703	704	827
营运资本变动				
存货	1 392	(304)	(2 605)	(4 545)
应收账款及其他净额	1 262	(2 255)	(6 018)	(11 686)
应付账款	(8 044)	(8 266)	6 532	17 258
应计费用及其他	(2 761)	(4 060)	(1 213)	4 455
预收收入	607	30	1 430	1 558
经营活动现金流净额	3 064	4 213	39 732	67 213
投资活动				
购买物业及设备	(6 795)	(12 082)	(20 365)	(45 427)
物业及设备处置收入	1 367	895	4 970	4 624
业务收购，净现金支出	(91)	(630)	(1 384)	(2 864)
有价证券出售及到期所得	11 626	17 826	31 664	56 437
购买有价证券	(15 001)	(14 675)	(39 938)	(72 153)
投资活动现金流净额	(8 894)	(8 660)	(25 053)	(59 383)
融资活动				
短期债务所得款	617	1 926	1 934	8 105
短期债务偿还	(631)	(2 001)	(1 860)	(7 547)
长期债务所得款	76	111	842	10 560
长期债务偿还	(36)	(39)	(1 140)	(1 556)
融资租赁的本金偿还	(2 600)	(3 406)	(10 013)	(11 448)
债务融资的本金偿还	(17)	(67)	(43)	(103)
融资活动现金流净额	(2 591)	(3 476)	(10 280)	(1 989)
汇率对现金及现金等价物的影响	(484)	(293)	(401)	809
现金及现金等价物净增加与（减少）	(8 905)	(8 222)	3 998	6 650
年末现金及现金等价物余额	**27 505**	**34 155**	**27 505**	**34 155**

表2－11所示为季报的第4页，我们看到2021年一季度总收入是1 085.18亿美元，使用CAPEX除以收入得到11.1%。这样看起来至少在一季度，亚马逊公司仍继续保持强劲支出。另外，在季报中使用关键词搜索“资本性支出”，显示如下注解：

在2020年一季度和2021年一季度的现金资本性支出分别为54亿美元和112亿美元，主要反映为支持物流运营和技术基础设施（其中大部分为支持AWS）的业务持续增长而增加的产能投资，我们预计这部分投资还将持续。

表2－11　亚马逊公司的季度利润表

（单位：100万美元，每股数据除外）

	3个月截至3月31日	
	2020年	**2021年**
产品净销售额	41 841	57 491
服务净销售额	33 611	51 027
总收入	75 452	108 518
营业费用		
销售费用	44 257	62 403
仓储物流费用	11 531	16 530
技术和内容开支	9 325	12 488
营销费用	4 828	6 207
管理费用	1 452	1 987
其他经营费用（收入）净额	70	38
总营业费用	71 463	99 653
营业收入	3 989	8 865
利息收入	202	105
利息费用	(402)	(399)
其他收入（费用）净额	(406)	1 697
营业外收入（费用）合计	(606)	1 403
税前利润	3 383	10 268
所得税	(744)	(2 156)
权益法投资活动（税后）	(104)	(5)
净利润	2 535	8 107
基本每股收益	5.09	16.09
稀释每股收益	5.01	15.79
用于计算每股收益的加权平均股份数：		
基本的	498	504
稀释的	506	513

我对这部分信息的理解是，资本性支出源于基础设施的投资，这是合理的，因为亚马逊公司的业务在新冠疫情期间依旧稳定增长，并且将来可能会持续这种增长。所以，使用11.1%作为可获得的最新信息。

我们在单元格 G25 中输入“11.1%”然后预测 2021 年的 CAPEX。

在输入“11.1%”的时候，确保单元格格式为百分比形式。如果单元格没有调整格式，输入“11.1%”，Excel 会自动转化百分比为小数 0.111，如果 Excel 设置为保留一位小数，会显示为 0.1。

2021 年 CAPEX（单元格 G24）

Excel 关键输入步骤	描述
输入〈=〉	进入公式录入模式
输入〈-〉	CAPEX 应该是负的；是现金流出
单击单元格 G25	2021 年 CAPEX 占总收入%
输入〈*〉	乘号
单击利润表的单元格 G11	2021 年总收入
按〈Enter〉	输入结束
运算公式	= -G25 * '利润表'! G11

得到 2021 年的 CAPEX 为 -544.23 亿美元。复制单元格 G24 和 G25 的公式并向右填充到 2025 年。我们也许还想继续深入挖掘并评估 11.1% 的支出是否会真的持续下去；我们也许希望逐年减小该数值。目前暂且使用这个假设，可以完成模型后再重新审视（参见表 2-12）。

物业及设备处置收入 该部分收入与公司变卖或处置其拥有的部分物业或设备有关。虽然无法确切知道公司具体做了些什么，用关键词搜索也没有揭示更多信息，但多数情况是变卖一些公司想要重置的老旧设备。此外还需注意，该笔收入也可能是因公司终止或正计划终止某项业务，从而出售部分设备而产生的。显然，这部分收入在无公司进一步指引的情况下是无从知晓或很难预测的。我们同样建议，对该部分收入做保守估计。然而，既然上述处置行为不会重复发生，那么认为取最近三年该指标的最小值仍不够保守，更保守的方法可能意味着不再有物业及设备被处置。如果想要采用最保守的方法，则可假设在未来该部分收入为 0。注意，如果公司除年报以外还发布季度报告，就可能会提供更多、更新的信息。我们采用最为保守的做法，将每年的预测值设为“0”。

基于可用现金的科目 现金流量表中的一些科目受公司可用现金的影响。一项投资，如买入证券，并不一定会对公司经营起到驱动作用。但如果公司拥有盈余现金，那么进行上述投资可能是明智的。另一个例子是股权回购。一家公司可以回购自己的股份，以达到增加其股权价值的目的。然而，如果公司没有盈余现金，那么这样做就未必是最优或者最可行的决定了。这些基于可用现金的科目几乎是无法预

表 2－12 亚马逊公司的 CAPEX

（单位：100 万美元，每股数据除外）

合并现金流量表	实际值			预测值				
截至 12 月 31 日	2018 年	2019 年	2020 年	2021 年	2022 年	2023 年	2024 年	2025 年
投资活动现金流								
CAPEX（购买物业及设备）	（13 427. 0）	（16 861. 0）	（40 140. 0）	（54 423. 4）	（64 546. 2）	（72 816. 7）	（79 244. 2）	（84 062. 9）
占总收入%	*5. 8%*	*6. 0%*	*10. 4%*	*11. 1%*	*11. 1%*	*11. 1%*	*11. 1%*	*11. 1%*

测的。最好的做法就是将这些科目标记为红色，金额暂且设为“0”。一旦模型构建完毕以及我们对于公司的现金流状况有了更好的认识，再进行调整。此外，进一步研究目标公司，旁听公司最近的电话会议，关注公司是否就现金管理或未来的现金举措进行了讨论等，也显得尤为重要。

业务收购，净现金支出　“业务收购，净现金支出投资与公司收购”是“基于可用现金的科目”的很好例子，很难对此进行预测。大多数公司的投资活动与亚马逊公司一样，具有较大的波动性。预测该类活动的难点在于，公司只有在拥有盈余现金时才会进行大额投资。以亚马逊公司为例，其在2017年进行了一项巨额投资，收购了Whole Foods。下一次巨额收购会何时发生？公司的战略是什么？使用关键词“收购”进行搜索，在年报第54页找到附注5（图2-1）。

附注5——并购、商誉和收购的无形资产

2018年并购活动

2018年4月12日，我们以约8.39亿美元的净现金对价收购了Ring Inc，并于2018年9月11日，以约7.53亿美元的净现金对价收购了PillPack Inc，以扩大我们的产品和服务范围。2018年，我们还以5 700万美元的总价收购了其他一些公司。

2019年并购活动

2019年，我们以3.15亿美元的总净现金对价收购了一些公司。

2020年并购活动

2020年，我们以12亿美元的总净现金对价收购了一些公司，其中11亿美元资本化成本用于研发无形资产（“IPR&D”）。

所有收购业务发生主要是为了获取技术，以及使公司能够更有效地为客户服务。收购的相关成本在发生时计入费用。

由于2020年发生的单个以及整体的并购业务对我们的合并报表业绩影响并不重大，因此并未列报预计的经营业绩。

图2-1　亚马逊公司的收购活动

因此，使用保守方法或最小值法得到的24.61亿美元的结果，预示着亚马逊会在未来进行如此规模的收购。我们不能假设亚马逊公司每年都持续有此规模的收购意愿或财务实力，尤其是在新冠疫情期间。亚马逊公司的例子说明，除了选用之前介绍的预测方法以外，哪些地方还需回过头来做进一步研究。

尽管这里有现金流出的假设是谨慎的，让我们暂时将该科目金额设为“0”。请注意，重要的是，对于应该通过何种分析来帮助判断、哪些地方值得花费时间进行更深入的研究，我们应该有一个高层次的认识。稍后，我们将会看到，CAPEX作为投资现金流的科目之一，对于估值结果会产生重大影响。这种影响也会因分析而异，值得庆幸的是，在亚马逊公司的案例中，尽管该科目很难预测，但是它应该不会对我们的整体估值分析产生重大影响。

有价证券　以投资为目的购买和出售证券相关的科目，经常出现在“投资活动现金流”部分。有价证券可以相对容易地在公开交易场所买卖。这一行科目和下一行“购买有价证券”科目分别与此类证券的出售或到期以及购买有关。使用“有价证券”关键词进行搜索可以看到以下简要说明：

截至2019年12月31日和2020年12月31日，我们的现金、现金等价物、受限资金和有价证券主要包括现金、AAA级货币市场基金、美国和外国政府和机构证券以及其他投资级证券。

通过对证券的购买和出售进行合并考虑，我们对有价证券账户的影响会有更直观的认识。在2018年，“有价证券的出售及到期所得”和“购买有价证券”的合计值为11.40亿美元。2019年为－91.31亿美元，2020年为－222.42亿美元。因此，分析有价证券买卖的净差额，得到2018年为正的现金流，2019年为负的现金流，2020年为更大的负的现金流（参见表2－13）。

表2－13　亚马逊公司的有价证券净差额

（单位：100万美元）

	2018年	2019年	2020年	2021年第一季度
有价证券出售（购买）净额	1 140	(9 131)	(22 242)	3 151

正如在“其他费用”科目中讨论的那样，我们建议基于市场动态预测，你经常会看到上下波动。然而，这两个科目的净额似乎正在经历从正变为负的趋势，我希望在某个时点看到转正。所以，我参考了第一季度的报告以确认这种趋势是否会持续下去。见表2－13，2021年第一季度的净额为31.51亿美元。因此在预测时，不能假设这是一个由正转负的线性趋势，它更倾向于与“其他收益”科目一样出现正负波动。我预测在2020年由于新冠疫情会出现异常现金流出。我将跳过2020年，遵循“重复周期”法使用2018年和2019年数据预测。注意，这里也可以使用平均值法或保守法，但是我倾向于重复周期法。这些方法之间的差异不会对公司的整体估值产生很大的影响。我们可以在完成整个模型后重新评估假设，见表2－14和表2－15。

表2-14 亚马逊公司的有价证券出售及到期所得预测

（单位：100万美元）

	2021年预测值	2022年预测值	2023年预测值	2024年预测值	2025年预测值
公式	=D28	=E28	=G28	=H28	=I28
数值	8 240	22 681	8 240	22 681	8 240

表2-15 亚马逊公司购买有价证券预测

（单位：100万美元）

	2021年预测值	2022年预测值	2023年预测值	2024年预测值	2025年预测值
公式	=D29	=E29	=G29	=H29	=I29
数值	(7 100)	(31 812)	(7 100)	(31 812)	(7 100)

我们需要再次小心避免将资本性支出假设加总到“投资活动现金流合计”中。因此，需要修改单元格D30的公式，跳过第25行，将每个单独的科目行加总。

重新计算2018年投资活动现金流合计（单元格D30）

Excel关键输入步骤	描述
输入〈=〉	进入公式录入模式
单击单元格D24	2018年CAPEX
输入〈+〉	加号
单击单元格D26	2018年物业及设备处置收入
输入〈+〉	加号
单击单元格D27	2018年业务收购，净现金支出
输入〈+〉	加号
单击单元格D28	2018年有价证券出售及到期所得
输入〈+〉	加号
单击单元格D29	2018年购买有价证券
输入〈+〉	加号
按〈Enter〉	输入结束
运算公式	=D24+D26+D27+D28+D29

现在，我们可以复制公式并向右填充至2025年（参见表2-16）。

表 2－16　亚马逊公司的投资活动现金流预测

（单位：100 万美元，每股数据除外）

合并现金流量表								
	实际值			预测值				
截至 12 月 31 日	**2018 年**	**2019 年**	**2020 年**	**2021 年**	**2022 年**	**2023 年**	**2024 年**	**2025 年**
投资活动现金流								
CAPEX（购买物业及设备）	(13 427.0)	(16 861.0)	(40 140.0)	(54 423.4)	(64 546.2)	(72 816.7)	(79 244.2)	(84 062.9)
占总收入%	*5.8%*	*6.0%*	*10.4%*	*11.1%*	*11.1%*	*11.1%*	*11.1%*	*11.1%*
物业及设备处置收入	2 104.0	4 172.0	5 096.0	0.0	0.0	0.0	0.0	0.0
业务收购，净现金支出	(2 186.0)	(2 461.0)	(2 325.0)	0.0	0.0	0.0	0.0	0.0
有价证券出售及到期所得	8 240.0	22 681.0	50 237.0	8 240.0	22 681.0	8 240.0	22 681.0	8 240.0
购买有价证券	(7 100.0)	(31 812.0)	(72 479.0)	(7 100.0)	(31 812.0)	(7 100.0)	(31 812.0)	(7 100.0)
投资活动现金流合计	**(12 369.0)**	**(24 281.0)**	**(59 611.0)**	**(53 283.4)**	**(73 677.2)**	**(71 676.7)**	**(88 375.2)**	**(82 922.9)**

融资活动现金流

请记住，需从三个方面方法考量融资活动，即发行或回购股权、发行或偿还债务以及利润分配。

上述所有与债务有关的科目，我们暂且设为空。这些科目的预测值最终可以从债务计划表中得出，我们将在后文阐释。因此在这里，短期债务、长期债务、融资租赁的本金偿还以及债务融资的本金偿还将设为空。注意，因为融资租赁和债务融资仍属于付息证券，所以将其视为债务，以便在债务计划表中对其建模。另外亚马逊公司并没有披露任何利润分配信息。如何分析及预测股利分配，请参考本书第一版中的沃尔玛公司案例。

我们现在复制单元格 D36 的公式并向右填充到 2025 年。

汇率对现金的影响 该科目的金额很小，并且经常波动。尽管平均值法或“保守法”在此同样适用，但鉴于该科目的波动性，我们使用重复周期法。该科目的金额非常小，因此对总体现金流影响不大。让我们将单元格 G37 与 D37 关联起来（即在单元格 G37 中输入“ = D37”），复制单元格 G37 的公式并向右填充到 2025 年（参见表 2 – 17）。

至此，对于现金流的预测工作已经完成，我们可以复制单元格 F38 中有关现金及现金等价物总额的计算公式，并向右填充直至 2025 年（参见表 2 – 18）。

在现金流量表中的最后一行，有一个名为“偿还债务之前的现金流”的科目。该科目需要利用债务计划表得出，因此暂且将其搁置，在第七章进行讨论。

表 2-17　亚马逊公司的融资活动现金流预测

（单位：100 万美元，每股数据除外）

合并现金流量表	实际值			预测值				
截至 12 月 31 日	**2018 年**	**2019 年**	**2020 年**	**2021 年**	**2022 年**	**2023 年**	**2024 年**	**2025 年**
融资活动现金流								
短期债务（还款）	73.0	（116.0）	619.0					
长期债务（还款）	27.0	（295.0）	8 972.0					
融资租赁的本金偿还	（7 449.0）	（9 628.0）	（10 642.0）					
债务融资的本金偿还	（337.0）	（27.0）	（53.0）					
融资活动现金流合计	**（7 686.0）**	**（10 066.0）**	**（1 104.0）**	**0.0**	**0.0**	**0.0**	**0.0**	**0.0**
汇率对现金与现金等价物及受限资金的影响	**（351.0）**	**70.0**	**618.0**	**（351.0）**	**70.0**	**618.0**	**（351.0）**	**70.0**

表 2－18　亚马逊公司的现金流量表预测

（单位：100 万美元，每股数据除外）

合并现金流量表	实际值			预测值				
截至 12 月 31 日	**2018 年**	**2019 年**	**2020 年**	**2021 年**	**2022 年**	**2023 年**	**2024 年**	**2025 年**
经营活动现金流								
净利润	10 073.0	11 588.0	21 331.0	48 173.3	57 440.7	64 507.1	70 510.4	74 459.8
折旧与摊销	15 341.0	21 789.0	25 251.0	0.0	0.0	0.0	0.0	0.0
股权激励	5 418.0	6 864.0	9 208.0	11 694.2	13 869.3	15 646.4	17 027.5	18 062.9
占总营业费用%	*8.2%*	*8.7%*	*8.8%*	*8.8%*	*8.8%*	*8.8%*	*8.8%*	*8.8%*
其他经营费用（收入）净额	274.0	164.0	(71.0)	(90.2)	(106.9)	(120.6)	(131.3)	(139.3)
占总收入%	*0.1%*	*0.1%*	*0.0%*	*0.0%*	*0.0%*	*0.0%*	*0.0%*	*0.0%*
其他费用（收入）净额	219.0	(249.0)	(2，582.0)	219.0	(249.0)	219.0	(249.0)	219.0
递延所得税	441.0	796.0	(554.0)					
营运资本变动								
存货变动	(1 314.0)	(3 278.0)	(2 849.0)					
应收账款变动	(4 615.0)	(7 681.0)	(8 169.0)					
应付账款变动	3 263.0	8 193.0	17 480.0					
应计费用变动	472.0	(1 383.0)	5 754.0					
预收收入变动	1 151.0	1 711.0	1 265.0					
经营性营运资本净变动	**(1 043.0)**	**(2 438.0)**	**13 481.0**	**0.0**	**0.0**	**0.0**	**0.0**	**0.0**
经营活动现金流合计	**30 723.0**	**38 514.0**	**66 064.0**	**59 996.3**	**70 954.1**	**80 251.8**	**87 157.6**	**92 602.4**

投资活动现金流								
CAPEX（购买物业及设备）	（13 427. 0）	（16 861. 0）	（40 140. 0）	（54 423. 4）	（64 546. 2）	（72 816. 7）	（79 244. 2）	（84 062. 9）
占总收入%	*5. 8%*	*6. 0%*	*10. 4%*	*11. 1%*	*11. 1%*	*11. 1%*	*11. 1%*	*11. 1%*
物业及设备处置收入	2 104. 0	4 172. 0	5 096. 0	0. 0	0. 0	0. 0	0. 0	0. 0
业务收购，净现金支出	（2 186. 0）	（2 461. 0）	（2 325. 0）	0. 0	0. 0	0. 0	0. 0	0. 0
有价证券出售及到期所得	8 240. 0	22 681. 0	50 237. 0	8 240. 0	22 681. 0	8 240. 0	22 681. 0	8 240. 0
购买有价证券	（7 100. 0）	（31 812. 0）	（72 479. 0）	（7 100. 0）	（31 812. 0）	（7 100. 0）	（31 812. 0）	（7 100. 0）
投资活动现金流合计	**（12 369. 0）**	**（24 281. 0）**	**（59 611. 0）**	**（53 283. 4）**	**（73 677. 2）**	**（71 676. 7）**	**（88 375. 2）**	**（82 922. 9）**
融资活动现金流								
短期债务（还款）	73. 0	（116. 0）	619. 0					
长期债务（还款）	27. 0	（295. 0）	8 972. 0					
融资租赁的本金偿还	（7 449. 0）	（9 628. 0）	（10 642. 0）					
债务融资的本金偿还	（337. 0）	（27. 0）	（53. 0）					
融资活动现金流合计	**（7 686. 0）**	**（10 066. 0）**	**（1 104. 0）**	**0. 0**	**0. 0**	**0. 0**	**0. 0**	**0. 0**
汇率对现金与现金等价物及受限资金的影响	（351. 0）	70. 0	618. 0	（351. 0）	70. 0	618. 0	（351. 0）	70. 0
现金及现金等价物总变动	**10 317. 0**	**4 237. 0**	**5 967. 0**	**6 361. 9**	**（2 653. 2）**	**9 193. 1**	**（1 568. 6）**	**9 749. 5**

第三章

资产负债表

资产负债表反映了公司在特定时点的财务状况。资产负债表显示的业绩可主要分为三类，即资产、负债以及所有者权益，而公司的总资产价值通常等于其负债价值与所有者权益的总和。

资产 = 负债 + 所有者权益

资产

资产是指公司拥有的、用以创造经济利益的资源，例如现金、存货、应收账款以及物业都属于资产。资产可被分为两大类，即流动资产与非流动资产。

流动资产

流动资产是指预计能在一年内产生经济利益的资产。最常见的流动资产包括现金及现金等价物、应收账款、存货以及预付费用。

现金及现金等价物　现金是指持有的货币。现金等价物是指可随时转化为现金的资产，例如持有的货币市场头寸、短期政府债券或国库券、有价证券以及商业票据。现金等价物常常被认为等同于现金，因为在必要时很容易变现。

应收账款　应收账款（AR）是指赊销形成的销售收入。该部分收入虽已被确认，但客户尚未支付货款。这部分销售额将计入资产项的应收账款中，直至客户支付货款。例如，如果 AR 增加了 100 美元，则销售额必然会有等额上涨。因此，收入相应增加 100 美元。

（单位：美元）

利润表	
收入	100.0
税金（40%）	(40.0)
净利润	**60.0**

净利润增加60美元，将流向现金流量表。然后，由于AR增加100美元，将导致现金流出100美元，所以我们需要在现金流量表中扣除100美元的AR。加之净利润增加60美元，我们得到的现金变动总额为-40美元。

（单位：美元）

现金流	
净利润	60.0
应收账款变动	(100.0)
现金总变动	**(40.0)**

资产负债表	
现金	(40.0)
应收账款	100.0
留存收益（净利润）	60.0

在资产负债表中，现金减少了40美元，AR增加了100美元，而留存收益增加了60美元。注意，现金流量表中应收账款的变动与资产负债表中应收账款之间的关系为：现金减少，则资产增加，资产负债表保持平衡，即总资产（-40美元+100美元=60美元）减去负债（0）等于留存收益（60美元）。

当客户全额付款时，公司收到现金，则资产负债表中的AR被移除。

（单位：美元）

现金流	
净利润	**0.0**
应收账款变动	100.0
现金总变动	**100.0**

资产负债表	
现金	100.0
应收账款	(100.0)
留存收益（净利润）	0.0

存货　存货是指随时可被出售的物料与货品。当公司购买了稀缺物料，则存货会随之等量增加。一旦货品被卖出，并且确认了收入，则存货会减少且确认销货成本（COGS）。例如，一家销售座椅的公司，如果存货增加了50美元，则表明公司很有可能是采购了存货，导致了现金流出。即现金减少了50美元，存货增加了50美元。注意，现金流量表中的存货变动与资产负债表的存货科目间的关系为：现金减少，则资产增加。

（单位：美元）

现金流	
净利润	**0.0**
存货变动	(50.0)
现金总变动	**(50.0)**

资产负债表	
现金	(50.0)
存货	50.0
留存收益（净利润）	0.0

如果存货减少了50美元，则很有可能是被销售出去了，应计提COGS。注意，附加费用会影响所得税且导致净利润为-30美元。

出售一项资产会导致现金增加，加之净利润为 –30 美元，则得到现金的总变动为 20 美元。

（单位：美元）

利润表	
COGS	(50.0)
所得税（40%）	20.0
净利润	**30.0**

现金流	
净利润	**(30.0)**
存货变动	50.0
现金总变动	**20.0**

资产负债表	
现金	20.0
存货	(50.0)
留存收益（净利润）	(30.0)

如上表所示，存货被移除了，净利润影响了留存收益，资产负债表保持平衡，即总资产（20 美元 – 50 美元 = –30 美元）减去负债（0）等于留存收益（–30 美元）。

预付费用 预付费用是因公司在生成账单之前支付费用而产生的资产科目。我们假设预付了 100 美元的租金，则等额的现金流入了预付费用科目。注意，现金流量表的预付费用变动与资产负债表的预付费用科目的关系为：现金减少，则资产增加。

（单位：美元）

现金流	
净利润	**0.0**
预付费用变动	(100.0)
现金总变动	**(100.0)**

资产负债表	
现金	(100.0)
预付费用	100.0
留存收益（净利润）	0.0

当费用真正发生，预付费用将结转至 SG&A 中，则税后净利润为 –60 美元。

（单位：美元）

利润表	
SG&A	(100.0)
税金（40%）	40.0
净利润	**(60.0)**

上述 –60 美元的净利润将结转至资产负债表的留存收益中。资产项下预付费用的减少，将导致由此变动引起的现金流入。

（单位：美元）

现金流	
净利润	（60.0）
预付费用变动	100.0
现金总变动	**40.0**

资产负债表	
现金	40.0
预付费用	（100.0）
留存收益（净利润）	（60.0）

因为总资产（40 美元 - 100 美元 = -60 美元）减去负债（0）等于所有者权益（-60 美元），所以资产负债表是平衡的。

非流动资产

非流动资产是指那些预计无法在一年内转化为现金的资产。最常见的非流动资产包括物业、设备与机器以及无形资产。

物业、设备与机器（Property，Plant & Equipment，PP&E）　PP&E 是指公司购买的用于未来经营的资产，也被称为“固定资产”。例如，建筑物工厂以及机器设备就属于 PP&E。

无形资产　无形资产是指那些没有实物形态的非货币性资产。例如，专利、商标、版权等知识产权、商誉以及品牌都属于无形资产。

负债

负债是指公司的任意债务或财务责任。负债分为两种，即流动负债与非流动负债。

流动负债

流动负债是指一年以内到期的公司债务或责任。流动负债包括应付账款、应计负债以及短期债务。

应付账款　应付账款是指公司未履行的对供应商的还款责任。例如，如果公司从供应商那里赊购了 500 美元的稀有物料，则公司发生了一笔 500 美元的应付账款。因此，公司需要加计应付账款 500 美元，直至将这笔款项支付给供应商。

（单位：美元）

现金流	
净利润	**0.0**
应付账款变动	500.0
现金总变动	**500.0**

资产负债表	
现金	500.0
应付账款	500.0
留存收益（净利润）	0.0

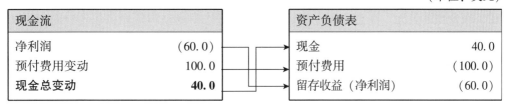

一旦支付了欠供应商的货款，应付账款将减少 500 美元，并且资产负债表中的现金减少 500 美元。注意，现金流量表中的应付账款变动与资产负债表中的应付账款科目之间的关系为：现金增加，则负债增加。

应计负债 应计负债是指已经产生但尚未支付的费用。例如，如果公司已经收到了价值 1 000 美元的公用事业费账单，并将其在 SG&A 项下进行了费用化处理，则应同时在资产负债表中的应计负债科目中计入 1 000 美元。

（单位：美元）

利润表	
SG&A	（1 000. 0）
所得税（40%）	400. 0
净利润	**（600. 0）**

上述 –1 000 美元的 SG&A 税后令净利润减少 600 美元，并转入现金流量表。注意，现金流量表中应计负债的变动与资产负债表的应计负债科目之间的关系为：现金增加，则负债增加。

（单位：美元）

现金流	
净利润	**（600. 0）**
应计负债变动	1 000. 0
现金总变动	**400. 0**

资产负债表	
现金	400. 0
应计负债	1 000. 0
留存收益（净利润）	（600. 0）

一旦账单被支付，则资产负债表中的应计负债会减少，现金也相应减少1 000 美元。

（单位：美元）

现金流	
净利润	**0. 0**
应计负债变动	（1 000. 0）
现金总变动	**（1 000. 0）**

资产负债表	
现金	（1 000. 0）
应计负债	（1 000. 0）
留存收益（净利润）	0. 0

短期债务 短期债务是指未来一年内到期的债务。

非流动负债

非流动负债是指期限超过一年的债务或责任。常见的非流动负债包括长期债务与递延税。

长期债务 长期债务是指剩余期限超过一年的债务。

递延税 递延税是由于遵照通用会计原则（GAAP）计算的净利润与为报税而计算的净利润之间因计算时点的不同而导致差异所产生的。递延税可以是一项资产，也可以是一项负债（参见第四章的“递延税”部分）。

现在，也许是时候回顾一下第二章所介绍的“财务报表勾稽关系示例”了。该部分内容非常重要，它可以帮助我们大体了解销售是如何影响三大财务报表的。但现在，相信你应该对各科目都有了更加全面的了解。

亚马逊公司的资产负债表

现在，我们应该输入亚马逊公司的历史数据。其中，资产负债表的科目可参照公司年报进行列示。在此过程中，可以进行一些调整，但需逐行进行。我们使用在亚马逊公司年报第 41 页中找到的资产负债表（参见表 3－1）。请参阅模型中的“资产负债表”工作表。注意，资产负债表仅包含两个历史年份数据，不像利润表和现金流量表中包含三个历史年份数据。这很常见。我们可以通过历史报告得到 2018 年的数据，但这对我们的分析而言并不是必要的。我们将只关注 2019 年和 2020 年的数据。

流动资产

我们可以直接输入“现金及现金等价物”和“有价证券”的数据。资产负债表的资产部分几乎都是以现金及容易转换为现金的证券作为开始的科目。因此，在 2019 年和 2020 年的“现金及现金等价物”科目中，分别在单元格 D8 和 E8 中输入 360.92 亿美元和 421.22 亿美元。“有价证券”科目也如此操作，在单元格 D9 和 E9 中分别输入 189.29 亿美元和 422.74 亿美元（参见表 3－2）。

接下来输入“库存”和“应收账款净值及其他”的数据。我们将在预测营运资金计划表时，再详细地讨论这些科目。最后，我们将历史流动资产汇总，在单元格 D12 中输入“＝SUM（D8：D11）”，或者使用组合键〈Alt〉+〈＝〉。我们复制该公式并向右填充（参见表 3－2）。

非流动资产

非流动资产部分的第一个科目为物业、设备与机器净值。在折旧计划里预测折旧时，该科目是最重要的。目前，我们可以分别在单元格 D13 和 E13 中直接输入 2019 年和 2020 年的数值，即 727.05 亿美元和 1 131.14 亿美元。

表3-1　亚马逊公司资产负债表

（单位：100万美元，每股数据除外）

	截至12月31日	
	2019年	**2020年**
资产		
流动资产		
现金及现金等价物	36 092	42 122
有价证券	18 929	42 274
存货	20 497	23 795
应收账款净值及其他	20 816	24 542
流动资产合计	**96 334**	**132 733**
物业、设备与机器净值	72 705	113 114
经营租赁	25 141	37 553
商誉	14 754	15 017
其他资产	16 314	22 778
资产合计	**225 248**	**321 195**
负债与所有者权益		
流动负债		
应付账款	47 183	72 539
应计费用及其他	32 439	44 138
预收收入	8 190	9 708
流动负债合计	**87 812**	**126 385**
长期租赁负债	39 791	52 573
长期债务	23 414	31 816
其他长期负债	12 171	17 017
承诺及或有事项（附注7）		
股东权益		
优先股（面值为0.01美元；额定股份5亿股，未发行）		
普通股（面值为0.01美元；额定股份50亿股，截至2019年与2020年12月31日分别发行5.21亿股、5.27亿股，流通股份数分别为4.98亿股、5.03亿股）	5	5
库存股	（1 837）	（1 837）
超面值缴入的资本	33 658	42 865
累计其他综合收益（损失）	（986）	（180）
留存收益	31 220	52 551
股东权益合计	**62 060**	**93 404**
负债及所有者权益合计	**225 248**	**321 195**

表 3 – 2　亚马逊公司历史流动资产

（单位：100 万美元，每股数据除外）

合并资产负债表	实际值	
截至 12 月 31 日	2019 年	2020 年
资产		
流动资产		
现金及现金等价物	36 092. 0	42 122. 0
有价证券	18 929. 0	42 274. 0
存货	20 497. 0	23 795. 0
应收账款净值及其他	20 816. 0	24 542. 0
流动资产合计	**96 334. 0**	**132 733. 0**

经营租赁　亚马逊公司拥有大量的融资租赁和经营租赁。2020 年年报第 48 页的注释简要描述了这些租赁的性质：

我们将合同期限超过 12 个月的租赁归类为经营租赁或融资租赁。融资租赁通常指那些允许在整个资产的预估寿命内使用或支付的租赁。通过融资租赁获得的资产被记录在“物业、设备及机器净值”科目中。其他租赁均归类为经营租赁。关于资产租赁期限，一般而言，设备为 1 ~ 10 年，物业为 1 ~ 20 年。

部分经营租赁在此作为资产入账。我们在 2019 年和 2020 年分别输入 251. 41 亿美元和 375. 53 亿美元。

商誉　商誉通常是由收购行为产生的无形资产，单独予以列示。我们在 2019 年与 2020 年分别输入 147. 54 亿美元与 150. 17 亿美元。

其他资产　我们同样可以直接输入其他资产的数据。尽管无法百分之百清晰地界定该科目是由哪些明细科目组成，但进一步研究的确表明该科目可能由若干科目组成，包含无形资产和股权投资。在亚马逊公司 2020 年年报的第 49 页是这样说的：

合并资产负债表的“其他资产”主要包括：与视频和音乐内容相关的扣除累计摊销后的金额、扣除累计摊销后的并购无形资产、股权投资、认股权证资产、长期递延所得税资产以及预付租赁款项。

因此，我们可在 2019 年与 2020 年对应的单元格中分别输入 163. 14 亿美元与 227. 78 亿美元。

然后，我们可加总资产负债表的资产类科目，即在单元格 D17 中应该输入“=SUM（D12：D16）”。参见表3-3，我们可以复制该公式并向右填充。

表3-3　亚马逊公司历史资产合计

（单位：100万美元，每股数据除外）

合并资产负债表		
	实际值	
截至12月31日	**2019年**	**2020年**
资产		
流动资产		
现金及现金等价物	36 092.0	42 122.0
有价证券	18 929.0	42 274.0
存货	20 497.0	23 795.0
应收账款净值及其他	20 816.0	24 542.0
流动资产合计	**96 334.0**	**132 733.0**
物业、设备与机器净值	72 705.0	113 114.0
经营租赁	25 141.0	37 553.0
商誉	14 754.0	15 017.0
其他资产	16 314.0	22 778.0
资产合计	**225 248.0**	**321 195.0**

流动负债

现在，我们可以列示亚马逊公司的历史负债项了。

我们逐行输入“应付账款”“应计费用”和“预收收入”这些流动负债科目，如同在流动资产部分所做的操作一样。我们将在构建经营性营运资本明细表时，学习如何预测这些流动负债科目。

短期债务　注意我们在模型中添加了一行科目“短期债务”。亚马逊公司并没有在流动负债部分列示短期债务。这很不寻常，因为公司确实有债务；它曾经将某些债务认定为短期债务，但并没有在其资产负债表中单独列示出来。我们将此科目预留下来供将来参考，在详细地研究公司的债务后，我们将重新审视该科目。

我们在单元格 D24 中加总流动负债，输入“=SUM（D20：D23）”，复制该公式并向右填充（参见表3-4）。

表 3－4　亚马逊公司历史负债合计

（单位：100 万美元，每股数据除外）

合并资产负债表	实际值	
截至 12 月 31 日	**2019 年**	**2020 年**
负债		
流动负债		
应付账款	47 183.0	72 539.0
应计费用及其他	32 439.0	44 138.0
短期债务	0.0	0.0
预收收入	8 190.0	9 708.0
流动负债合计	**87 812.0**	**1 26 385.0**
长期租赁负债	39 791.0	52 573.0
长期债务	23 414.0	31 816.0
其他长期负债	12 171.0	17 017.0
负债合计	**163 188.0**	**227 791.0**

非流动负债

亚马逊公司有三个非流动负债科目："长期租赁负债""长期债务"和"其他长期负债"。前两个科目与公司的债务责任有关，我们将在构建债务计划表时对其进行深入研究。现在按照披露形式进行列示。

其他长期负债　"其他长期负债"包含多项负债。我们再次看到许多科目名为"其他"，指代内容含糊不清，也可能是多个单独科目合并而成。2020 年年报第 50 页注释说道：

> 合并资产负债表的"其他长期负债"主要包括：债务融资、资产报废债务责任、递延所得税负债、预收收入、税收或有事项以及数字视频和音乐内容相关的负债。

我们先简单处理，按照报表形式输入这三行科目，在单元格 D28 中加总所有负债，输入"＝SUM（D24：D27）"，复制该公式并向右填充（参见表 3－4）。

股东权益

资产负债表的股东权益部分可分为两个部分来考虑。

1. 所有者权益，可包括优先股、普通股和库存股。
2. 收益。可包括：
   a. 留存收益。这是指公司净利润中未分配给公司股权持有人的部分。
   b. 其他综合收益或损失。这些尚未实现的收益或损失并不包含在标准净利润中，可能是由于可供出售证券、衍生品、国外分支机构而进行的外币调整或者养老金调整等造成的。

尽管亚马逊公司列示了优先股科目，但显示为零，我们在该行中输入数字0。

接下来的科目是“普通股”“超面值缴入的资本”和“库存股”。

普通股和超面值缴入的资本 我们建议将这两个科目“普通股”与“超面值缴入的资本”合并处理。股票都有一个面值，反映了其初始价值。这个面值是名义上的，例如，0.01美元每股或0.1美元每股。一旦股份在市场中发行了，发行价扣除面值的余额即为“超面值缴入的资本”。例如，假设我们希望在市场上发行500股。如果假定发行价为每股20美元，则可募集到的总资本为20美元×500股（或10 000美元）。然而，如果我们发行的股票每股面值为0.1美元，发行500股，应在资产负债表的股东权益中分两个科目记录：即面值为50美元（500股×0.10美元），并将该面值与募集资金总额的差值计入“超面值缴入的资本”中。该科目也通常被称为额外实收资本（APIC）。

基于建模考虑，为了简化问题，只要面值与APIC对应的是同一款证券，则可将两者合并处理。因此在资产负债表中，我们得到2019年的普通股价值为5亿美元+336.58亿美元，2020年的普通股价值为5亿美元+428.65亿美元。

库存股、累计其他综合损失和留存收益 我们按照亚马逊公司列报的那样输入“库存股”“累计其他综合收益（损失）”和“留存收益”。然后，在第35行加总第30行至第34行，得到“股东权益合计”。

最后，我们将第35行和第28行相加来计算负债及所有者权益合计。因此，在单元格D36中输入“=D35+D28”，复制此公式并向右填充。注意第38行“是否平衡”，是为了进行检测以确保资产合计等于负债及所有者权益合计。这里应显示为“Y”（参见表3-5）。

表 3 – 5　亚马逊公司历史资产负债表

（单位：100 万美元，每股数据除外）

合并资产负债表	实际值	
截至 12 月 31 日	**2019 年**	**2020 年**
资产		
流动资产		
现金及现金等价物	36 092. 0	42 122. 0
有价证券	18 929. 0	42 274. 0
存货	20 497. 0	23 795. 0
应收账款净值及其他	20 816. 0	24 542. 0
流动资产合计	**96 334. 0**	**132 733. 0**
物业、设备与机器净值	72 705. 0	113 114. 0
经营租赁	25 141. 0	37 553. 0
商誉	14 754. 0	15 017. 0
其他资产	16 314. 0	22 778. 0
资产合计	**225 248. 0**	**321 195. 0**
负债		
流动负债		
应付账款	47 183. 0	72 539. 0
应计费用及其他	32 439. 0	44 138. 0
短期债务	0. 0	0. 0
预收收入	8 190. 0	9 708. 0
流动负债合计	**87 812. 0**	**1 26 385. 0**
长期租赁负债	39 791. 0	52 573. 0
长期债务	23 414. 0	31 816. 0
其他长期负债	12 171. 0	17 017. 0
负债合计	**163 188. 0**	**227 791. 0**
股东权益		
优先股	0. 0	0. 0
普通股面值 + 超面值缴入的资本	33 663. 0	42 870. 0
库存股	(1 837. 0)	(1 837. 0)
累计其他综合收益（损失）	(986. 0)	(180. 0)
留存收益	31 220. 0	52 551. 0
股东权益合计	**62 060. 0**	**93 404. 0**
负债及所有者权益合计	**225 248. 0**	**321 195. 0**
补充数据：		
是否平衡？(Y/N)	**Y**	**Y**

第四章

折旧计划表

折旧是对资产老化的会计处理。

折旧可以抵减所得税，它允许纳税人收回特定资产的成本。这是一项针对物业劳损、退化以及陈旧的年度津贴。

大部分有形物业（土地除外），比如建筑、机器、车辆、家具以及设备，均是可折旧的。同样，特定无形物业，比如专利、版权及计算机软件也是可折旧的。

——摘自 IRS. gov

因此，换言之，随着公司拥有并使用资产，资产很可能会减值。我们尚未讨论资产负债表，但如果一项资产的价值下降，资产负债表必然会存在另一个科目发生价值变动，以抵消资产减值。会计准则认为，由于资产的老化或“磨损”在一定程度上与利用资产产生收益有关，所以资产减值可以被费用化。如果真是如此，则净利润会减少，进而使得资产负债表的所有者权益中的留存收益减少。在第五章，我们将会学习净利润是如何影响留存收益的。

让我们来看一个例子，一项资产的折旧费用为 5 000 美元。按照如下示例，折旧费用将会降低税后净利润。净利润会影响现金流量表，但是折旧属于非现金费用，应被加回到现金中。

（单位：美元）

利润表	
折旧	(5 000.0)
税金(40%)	2 000.0
净利润	**(3 000.0)**

现金流	
净利润	**(3 000.0)**
折旧	5 000.0
现金总变动	**2 000.0**

在资产负债表中，净利润影响着留存收益。折旧将会降低被计提折旧的资产价值（PP&E，代表“物业、设备与机器净值”，它是资产负债表中的科目，通常包含公司资产）。

（单位：美元）

现金流	
净利润	**(3 000.0)**
折旧	5 000.0
现金总变动	**2 000.0**

资产负债表调整	
现金	2 000.0
PP&E	(5 000.0)
留存收益（净利润）	(3 000.0)

计提资产折旧的方法不止一种，每种方法在特定条件下均有其优势。我们将在本章中介绍最常用的方法，并学习如何使用它们。折旧方法主要分为两种，直线折旧法和加速折旧法。

直线折旧法

直线折旧法是将资产的价值等额均摊到资产的使用年限中。例如，假设我们花费 50 000 美元购入一辆轿车，它的使用年限为 10 年，则每年的折旧为 5 000 美元。因此，一年后计提折旧 5 000 美元，届时资产价值下降至 45 000 美元。在接下来的一年中，会再次计提折旧 5 000 美元，而资产价值会相应下降至 40 000 美元。直至 10 年后，资产价值被全部计提折旧，余额为零。

我们也可以设置一个资产剩余价值（也被称作残值），这是资产在使用年限结束时剩余的一个较小的价值。例如，一辆轿车在使用 10 年后被以 1 000 美元的价格卖掉，这 1 000 美元就是剩余价值。在这个例子中，10 年后，这辆车的价值应该为 1 000 美元，而不是零。为了将剩余价值嵌入折旧计算公式，我们需要对扣除剩余价值后的资产价值 49 000 美元（即 50 000 美元 − 1 000 美元）计提折旧。那么现在每年计提的折旧费用应为 4 900 美元，这意味着下一年资产的价值下降为 44 100 美元。10 年后，这辆车的最终价值为 1 000 美元。直线折旧法的计算公式如下：

折旧额 =（资产公允价值 − 剩余价值）/使用年限

加速折旧法

加速折旧法允许在资产使用初期计提更多的折旧费用，而在使用年限后期计提较少的折旧费用。使用加速折旧法的最主要原因在于，较高的折旧费用可以降低需纳税的净利润，进而减少税金。加速折旧法的方式不止一种，最常见的有余额递减法、年限总和法以及修正的成本加速回收系统（MACRS）。

余额递减法

余额递减法规定每年按资产余额的某个百分比计提折旧。每一年，净资产余额被扣除折旧费用。

上述使用的百分比等于 1 除以资产使用年限，再乘以加速乘数，即：

$$1/使用年限 \times 加速乘数$$

加速乘数通常为2.0或1.5。

在之前轿车的例子中，资产的使用年限为10年。如果假设加速乘数为2.0，那么余额递减百分比为：

$$1/10 \times 2 = 20\%$$

我们将以每年净资产余额的20%来计算轿车的加速折旧额。因此，可以得到50 000美元的20%为10 000美元。则净资产余额为40 000美元（即50 000美元－10 000美元）。第二年，我们将继续用20%乘以净资产余额40 000美元，得到8 000美元。则新的净资产余额为32 000美元（即40 000美元－8 000美元）。第三年，我们用20%乘以32 000美元，得到6 400美元（参见表4－1）。

表4－1　余额递减法示例

（单位：美元）

截至12月31日	2021年估计值	2022年估计值	2023年估计值	2024年估计值	2025年估计值
物业、设备与机器净值	50 000.00	40 000.00	32 000.00	25 600.00	20 480.00
加速折旧	20%	20%	20%	20%	20%
折旧费用	10 000.00	8 000.00	6 400.00	5 120.00	4 096.00

年限总和法

使用年限总和法，首先需要将资产的使用年限从第一年至最后一年加总求和。例如，使用年限为10年的资产，其年限总和为55（即1＋2＋3＋4＋5＋6＋7＋8＋9＋10）。则第一年计提折旧的百分比为10/55（或18.18%），第二年计提折旧的百分比为9/55（或16.36%），第三年为8/55（或14.54%），以此类推。上述百分比乘以资产的基础价值即得到每年的折旧额。这里与余额递减法不同的是，无须逐年在资产余额中扣除当年计提的折旧额。

第一年折旧额＝50 000美元×18.18%（或9 090美元）

第二年折旧额＝50 000美元×16.36%（或8 180美元）

第三年折旧额＝50 000美元×14.54%（或7 270美元）

第四年折旧额＝50 000美元×12.73%（或6 365美元）

第五年折旧额＝50 000美元×10.91%（或5 455美元）

注意，在表4－2中计算未来的折旧额时，都是基于最初的资产基础价值。这与余额递减法不同，后者每一年都需要重新计算净资产余额。

表 4－2　年限总和法示例

（单位：美元）

截至 12 月 31 日	2021 年 估计值	2022 年 估计值	2023 年 估计值	2024 年 估计值	2025 年 估计值
物业、设备与机器净值	50 000. 0				
加速折旧	18. 18%	16. 36%	14. 54%	12. 73%	10. 91%
折旧费用	9 090. 0	8 180. 0	7 270. 0	6 365. 0	5 455. 0

修正的成本加速回收系统

修正的成本加速回收系统（MACRS）是美国税收制度下的一种折旧计提方法。该方法会基于资产使用年限预先设定一个百分比，而后每年基于资产的基础价值使用上述百分比（你可以在 irs. gov 查阅这些百分比）。

这里有一些惯用的方法，每种方法所计算的百分比各有不同，包括半年法以及季度中期法。这些方法的不同之处在于，资产被置换的时点以及计提折旧的起始点。在半年法中（参见表 4－3），假设在服役期间资产不会被置换，并且直至每年年中才会计提折旧。

表 4－3　半年法的 MACRS

年份	成本回收期的折旧比率（%）					
	3 年	5 年	7 年	10 年	15 年	20 年
1	33. 33	20. 00	14. 29	10. 00	5. 00	3. 75
2	44. 45	32. 00	24. 49	18. 00	9. 50	7. 219
3	14. 81	19. 20	17. 49	14. 40	8. 55	6. 677
4	7. 41	11. 52	12. 49	11. 52	7. 70	6. 177
5		11. 52	8. 93	9. 22	6. 93	5. 713
6		5. 76	8. 92	7. 37	6. 23	5. 285
7			8. 93	6. 55	5. 90	4. 888
8			4. 46	6. 55	5. 90	4. 522
9				6. 56	5. 91	4. 462
10				6. 55	5. 90	4. 461
11				3. 28	5. 91	4. 462
12					5. 90	4. 461
13					5. 91	4. 462
14					5. 90	4. 461
15					5. 91	4. 462
16					2. 95	4. 461
17						4. 462
18						4. 461
19						4. 462
20						4. 461
21						2. 231

当我们看表4－3中“3年”的百分比时，注意到第一个百分比（33.33%）确实比下一年44.45%要低，而这并非加速计提。年中法假设资产并未投入使用，因此直至年中时才会计提折旧，所以需要对第一个百分比进行调整。

季度中期法（参见表4－4），假设资产于每季度中期开始计提折旧。因此在该方法下，初始的折旧比率58.55%比半年法的比率要高。因为资产是在第一季度而非在年中投入使用的，因此开始计提折旧的时点要早于年中法，这也导致在第一年末，季度中期法计提的折旧额比年中法要高。

表4－4　采用季度中期法并在第一季度投入使用的MACRS

年份	成本回收期的折旧比率（%）					
	3年	5年	7年	10年	15年	20年
1	58.33	35.00	25.00	17.50	8.75	6.56
2	27.78	26.00	21.43	16.50	9.13	7.000
3	12.35	15.60	15.31	13.20	8.21	6.482
4	1.54	11.01	10.93	10.56	7.39	5.996
5		11.01	8.75	8.45	6.65	5.546
6		1.38	8.74	6.76	5.99	5.130
7			8.75	6.55	5.90	4.746
8			1.09	6.55	5.91	4.459
9				6.56	5.90	4.459
10				6.55	5.91	4.459
11				0.82	5.90	4.459
12					5.91	4.460
13					5.90	4.459
14					5.91	4.460
15					5.90	4.459
16					0.74	4.460
17						4.459
18						4.460
19						4.459
20						4.460
21						0.565

此外，还有在季度中期法下资产分别在第二、三、四季度投入使用的折旧计提表。

究竟使用哪张折旧计提表，取决于资产是何时投入使用的，然而该信息通常无从知晓。因此，我们通常默认使用季度中期法时资产是在第一季度投入使用，这也就导致在第一年时计提的折旧费用最高。通常情况下，最好咨询资产评估师以及专业税务人员，以确保自己所使用的折旧方法是正确的。

对于一项使用年限为10年的资产而言，使用表4-4中的折旧比率，第一年我们用17.5%乘以资产价值。第二年，折旧比率变为16.5%，参见表4-5：

第一年折旧额=50 000美元×17.50%（或8 750美元）

第二年折旧额=50 000美元×16.50%（或8 250美元）

第三年折旧额=50 000美元×13.20%（或6 600美元）

第四年折旧额=50 000美元×10.56%（或5 280美元）

第五年折旧额=50 000美元×8.45%（或4 225美元）

表4-5 修正的加速成本回收系统

（单位：美元）

截至12月31日	2021年估计值	2022年估计值	2023年估计值	2024年估计值	2025年估计值
物业、设备与机器净值	50 000.0				
加速折旧	17.50%	16.50%	13.20%	10.56%	8.45%
折旧费用	8 750.0	8 250.0	6 600.0	5 280.0	4 225.0

注意，通常情况下，遵照美国通用会计准则（GAAP）而披露的利润表与以报税为目的披露的利润表存在差异，这主要是由于计提折旧的方法有所不同。美国GAAP常用的折旧法包括直线法、余额递减法以及年限总和法。而以报税为目的时，则使用修正的加速成本回收系统（MACRS）。使用不同的折旧法将会使得GAAP下披露的净利润和税务报表中披露的净利润存在差异，从而导致递延税负债的出现。对此，我们将在下一部分进行讨论。

递延税

递延税资产

递延税资产是指公司资产负债表中可被用于抵减所得税费用的资产科目。递延税资产通常在获得净营业损失（NOL）后产生，即当公司的费用超过其销售额时出现。IRS允许公司利用损失来抵减其他年份应纳税收入。NOL可用于抵减过去2~5年的数据或可用于抵减未来20年的数据。注意，公司对NOL进行向前扣减或向后扣减所选择的年限取决于一些商业因素，这需要IRS根据个案具体情况进行判定。更多有关具体标准的信息可以在www.irs.gov上找到。我们始终建议读者就相关信息咨询注册会计师或专业税务人员。

NOL 向前扣减示例

（单位：美元）

利润表	2018 年	2019 年	2020 年
EBT	750.0	1 500.0	(1 000.0)
税金（40%）	(300.0)	(600.0)	0.0
净利润	**450.0**	**900.0**	**(1 000.0)**

示例中的公司在2020年遭受了净损失。因此，它们用该笔损失对过去两年进行向前扣减，即允许公司通过获得前两年已交税金的退税来抵消2020年的损失。1 000美元的损失则成为用以抵减其他年份税金的余额。

（单位：美元）

用 NOL 抵减 2018 年税金	
期初余额	1 000.0
应纳税收入	750.0
退税（40%）	300.0
NOL 余额	250.0

首先，我们用1 000美元的损失对2018年750美元的应纳税收入进行冲减，从而获得300美元的退税。这样一来，还有250美元（即1 000美元 - 750美元）的剩余损失可用于冲减2019年的应纳税收入。

（单位：美元）

用 NOL 抵减 2019 年税金	
期初余额	250.0
应纳税收入	1 500.0
退税（40%）	100.0
NOL 余额	0.0

2019年，公司的应纳税收入为1 500美元。然而，剩余250美元的损失，只能抵减1 500美元中的250美元应纳税收入。所以可获得退税100美元（即250美元×40%）。加之2018年获得的300美元退税，共计获得400美元退税。

如果该公司在过往年份中只有少量或没有应纳税收入，那么可以基于多种考虑，利用净营业损失抵减公司未来20年的应纳税收入。让我们再看一个例子，当利用NOL向过去两年进行抵减后仍然有剩余时。

（单位：美元）

利润表	2018 年	2019 年	2020 年
EBT	100.0	200.0	(1 000.0)
税金（40%）	(40.0)	(80.0)	0.0
净利润	**60.0**	**120.0**	**(1 000.0)**

在上例中，公司同样在2020年遭受净损失。公司申请了将损失向前扣减，即通过获得两年前已交税金的退税来抵消2020年的损失。

（单位：美元）

用 NOL 抵减 2018 年税金	
期初余额	1 000.0
应纳税收入	100.0
退税（40%）	40.0
NOL 余额	900.0

首先，我们用1 000美元的损失抵减2018年100美元的应纳税收入，可得到40美元的退税。这样，还有900美元（即1 000美元－100美元）的剩余损失可用于抵减2011年应纳税收入。

（单位：美元）

用 NOL 抵减 2019 年税金	
期初余额	900.0
应纳税收入	200.0
退税（40%）	80.0
NOL 余额	700.0

2019年，我们拥有200美元的应纳税收入。利用NOL进行抵减后可获得80美元退税，那么包括2018年退税在内我们总计获得120美元退税。注意，我们还剩余700美元的NOL。这部分NOL可用于抵减未来的应纳税收入。那么，这笔700美元的余额就成为递延税资产，直到它发挥抵减作用或者不再可用。

递延税负债

递延税负债是由于GAAP下披露的利润表与为报税所披露的利润表之间存在的暂时性记账差异造成的。造成递延税负债的常见原因之一在于，GAAP下披露的利润表与以报税为目的披露的利润表所采用的折旧方法不同。例如，GAAP允许公司使用直线法计提折旧，而报税则要求公司使用MACRS方法计提折旧。由此就产生了递延税负债，它在短期内降低了税负。

让我们举一个简单的例子，假设一家公司的息税、折旧与摊销前的利润（EBITDA）为100 000美元。那么在GAAP下，假设使用直线折旧法，则每年计提折旧5 000美元（即50 000美元/10）。此外，按报税要求，我们使用MACRS法计提折旧。对于一项使用年限为10年的资产，使用加速折旧法，第一年计提的折旧费用为8 750美元（直线折旧法下为5 000美元）。GAAP下与以报税为目的所披露的利润表请参见表4－6。

表4－6　符合GAAP与税务要求的利润表

（单位：美元）

利润表	GAAP（直线折旧法）	税务（MACRS折旧法）
EBITDA	100 000.0	100 000.0
折旧	(5 000.0)	(8 750.0)
EBIT	95 000.0	91 250.0
利息	0.0	0.0
EBT	95 000.0	91 250.0
税率（40%）	(38 000.0)	(36 500.0)
净利润	**57 000.0**	**54 750.0**

由表4－6可知，在左列中显示的GAAP下利润表的折旧费用较低，税前利润为95 000美元。然而，右列中所显示的用于报税的利润表计提的折旧费用较高，因为折旧是加速计提的。这就导致其EBT较低，为91 250美元，因此税金比GAAP下计算的税金低1 500美元（即38 000美元－36 500美元）。现在，我们可以在公司年报或者10K报告中看到，GAAP下披露的税金为38 000美元，这是一个较大的数额。而计入IRS税收档案的较低税金才是我们真正需要支付的。因此，报表中的税金与真实支付的税金之间的差异（1 500美元）就成了一项非现金科目。就像一些我们尚未用现金支付的费用一样，这部分非现金税金被加回到现金流量表的净利润中。这就是递延税负债。

注意，有很多方法可以在短期内释放现金。我们之前所计算的1 500美元递延税同样可以用加速折旧费用与直线折旧费用的差额再乘以税率得到。

递延税负债＝(加速折旧费－直线折旧费)×税率%

或者

(8 750美元－5 000美元)×40%＝1 500美元

在建模过程中，我们使用这个方法构建预测的直线折旧明细表以及加速折旧明细表。然后，我们从加速折旧费用中扣除直线折旧费，并用差额乘以税率，从而来预测递延税。下面，我们将以亚马逊公司为例来演示如何进行上述操作。

预测折旧费用

现在，我们可以预测直线折旧费用、加速折旧费用以及递延税。构建独立的折旧明细表的目的在于，让我们可以使用多种折旧方法，对资产折旧和递延税直接进行预测，从而无须在利润表、现金流量表以及资产负债表中进行循环计算。

直线折旧

在计提折旧时，既要考虑公司目前已经拥有的资产，还要考虑其未来可能投入建设（CAPEX）予以改善的资产。这将生成一张与现实“联动”的明细表，即每当发生 CAPEX 用于改善资产时，将会更新明细表中的折旧数据。

从资产净值出发。我们已经在资产负债表的单元格 E13 中输入亚马逊公司的资产净值：1 131. 14 亿美元。

我们从亚马逊公司 2020 年年报第 48 页的附注中可以确定公司使用的是直线折旧法进行折旧：

> 使用直线法对资产在预估使用寿命期间内进行折旧与摊销（通常情况下，建筑物取剩余使用年限与 40 年的孰低值，服务器 2020 年 1 月 1 日之前是 3 年，2020 年 1 月 1 日之后是 4 年，网络设备是 5 年，重型设备是 10 年，其他物流设备是 3 ~ 10 年）。

现在，我们可以预测资产净值的折旧费用。遗憾的是，由于物业净值汇总了不同类别、不同使用年限的资产价值，因此预测折旧费用非常困难。上面的附注表明资产的使用年限从 3 年到 40 年不等。想要预测未来的折旧费用，最好的办法就是获得公司所拥有的资产清单，其中包含每项资产的使用年限、初始购入价值以及购买年份。然而，上述信息几乎无从获得。

此外，还有一种推荐的做法，就是将总的物业净值按照资产类别来划分，将其按照每一类别资产的使用年限进行划分，取其加权平均值。但是这样做有一个问题，就是我们无法知晓这些资产究竟是何时购买的。

另一种预测折旧费用的方法是分析过往计提折旧的趋势。亚马逊公司 2018 年、2019 年以及 2020 年计提的折旧费用分别为 153. 41 亿美元、217. 89 亿美元以及 252. 51亿美元。注意到从 2018 年到 2019 年有非常显著的 42. 0% 的上升，而 2019 年到 2020 年的变动尽管相对合理也高达 15. 9% 。问题是，未来的趋势会怎样？合理假设 42. 0% 是一个异常值，但未来增长会继续保持在 15. 9% 吗？我们可以从 2021 年一季报中寻找线索。请参见表 4 – 7。

表4-7　亚马逊公司的季度现金流量表

（单位：100万美元）

	3个月截至3月31日		12个月截至3月31日	
	2020年	2021年	2020年	2021年
年初现金及现金等价物余额	**36 410**	**42 377**	**23 507**	**27 505**
经营活动				
净利润	2 535	8 107	10 563	26 903
将持续经营产生的收益调整为经营活动产生的净现金所做的调整：				
折旧与摊销（物业及设备、资本化内容成本、经营租赁资产及其他）	5 362	7 508	22 297	27 397
股权激励	1 757	2 306	7 347	9 757
其他经营费用（收入）净额	67	30	244	(108)
其他费用（收入）净额	565	(1 456)	451	(4 603)
递延所得税	322	1 703	704	827
营运资本变动				
存货	1 392	(304)	(2 605)	(4 545)
应收账款及其他净额	1 262	(2 255)	(6 018)	(11 686)
应付账款	(8 044)	(8 266)	6 532	17 258
应计费用及其他	(2 761)	(4 060)	(1 213)	4 455
预收收入	607	30	1 430	1 558
经营活动现金流净额	3 064	4 213	39 732	67 213
投资活动				
购买物业及设备	(6 795)	(12 082)	(20 365)	(45 427)
物业及设备处置收入	1 367	895	4 970	4 624
业务收购，净现金支出	(91)	(630)	(1 384)	(2 864)
有价证券出售及到期所得	11 626	17 826	31 664	56 437
购买有价证券	(15 001)	(14 675)	(39 938)	(72 153)
投资活动现金流净额	(8 894)	(8 660)	(25 053)	(59 383)
融资活动				
短期债务所得款	617	1 926	1 934	8 105
短期债务偿还	(631)	(2 001)	(1 860)	(7 547)
长期债务所得款	76	111	842	10 560
长期债务偿还	(36)	(39)	(1 140)	(1 556)
融资租赁的本金偿还	(2 600)	(3 406)	(10 013)	(11 448)
债务融资的本金偿还	(17)	(67)	(43)	(103)
融资活动现金流净额	(2 591)	(3 476)	(10 280)	(1 989)
汇率对现金及现金等价物的影响	(484)	(293)	(401)	809
现金及现金等价物净增加与（减少）	(8 905)	(8 222)	3 998	6 650
年末现金及现金等价物余额	**27 505**	**34 155**	**27 505**	**34 155**

我们可以采用两种方法预测：截至 2021 年 3 月 31 日，过去 12 个月的折旧为 27 397 美元，比 2020 年增长 8.5%。或者，我们可以只用三个月的数值乘以 4，这种计算方法更激进，但也能得到一个很有用的数据值 300.32 亿美元（75.08 亿美元 ×4），比 2020 年增长 18.9%。这个增长率虽然很高，但并未高达 42.0%。这样我们便可以证明 2019 年的增长率是异常值，未来的增长率应该在 9% 到 18% 之间。注意，这个范围正好接近 2020 年 15.9% 的增长率。

我们希望将该趋势延续至未来。因此，我们对资产使用年限做了一个宽泛的假设，并构建直线折旧计划表；然后再调整相关假设，使得计提的折旧费用接近延续历史计提趋势所预计的折旧费用水平。

注意，通常情况下折旧费用不会大幅减少，除非公司变卖了某些资产，或者其大部分资产已经被完全计提折旧。反过来，如果折旧费用大幅上升也是非同寻常的，除非公司收购了另一家公司或购入了一项资产。据上文所述，我们应该进行相关研究，以便确认公司未发生诸如上述的重大事项。

下面让我们通过建模来估计折旧费用。在这里，我们建议将物业净值的数据从资产负债表提取出来，并导入折旧计划表中。我们从折旧计划表的单元格 G6 开始，输入“=”，然后切换到资产负债表的单元格 E13，再按〈Enter〉，从而将 2020 年的 PP&E 净值与折旧计划表相关联。请注意，我们已将 2020 年资产负债表中的 PP&E 净值与 2021 年折旧计划表关联起来了，这是有意而为之。我们假设 2020 年末的 PP&E 净值等于 2021 年初的 PP&E 净值，而 2021 年初的 PP&E 净值将决定 2021 年度发生的折旧费用。

现在，我们可以对 PP&E 计提折旧了。此前，我们已讨论过亚马逊公司的 PP&E 使用年限的跨度很大。让我们暂取上述时间跨度的中点，即 20 年。稍后我们再对此进行调整。这里的使用年限在两行进行列示（在“折旧”选项卡的第 10、11 行），对应 PP&E 以及 CAPEX。我们可以在单元格 G10 中输入假设的资产使用年限，即 20 年。

我们将在第 13 ~ 18 行列出 PP&E 和每年 CAPEX 的预计折旧。直线折旧的公式是（资产价值 - 残值）/使用年限。对于庞大的资产组合，通常会假设残值为零。因此，我们可以简单地使用 PP&E 除以假设的使用年限 20。

PP&E 折旧（单元格 G13）

Excel 关键输入步骤	描述
输入〈=〉	进入公式录入模式
单击单元格 G6	PP&E 净值
输入〈/〉	除号
单击单元格 G10	2021 年 PP&E 使用年限
按〈Enter〉	输入结束
运算公式	=G6/G10

由上表可得，PP&E 每年计提的折旧费用为56.557 亿美元。

注意，如果我们复制该公式并向右填充，正如我们在利润表与现金流量表中对大部分公式所做的那样，将会得到错误的信息。这是因为在复制公式并向右填充的过程中，引用的单元格也会向右平移。换言之，原本的公式“ = G6/G10”会变成“ = H6/H10”，以此类推。而实际上我们希望在复制公式并向右填充的过程中锁定所引用的单元格。为达到这样的效果，可以在最初引用过的单元格列名称前添加“ $ ”。符号“ $ ”能够锁定所引用的单元格。如果需要对单元格 G13 进行编辑，可通过以下三种途径：①双击单元格；②单击“F2”；③直接在表格顶端的菜单下的公式工具栏中编辑单元格。

现在，我们可以在每个引用的单元格列名称前添加“ $ ”，即将初始公式“ = G6/G10”变为“ = $ G6/ $ G10”。这样，我们就可以复制该公式并向右填充了。

注意，如果我们不这么做，而是在列名称和行名称前都添加“ $ ”，即令初始公式变为“ = $ G $ 6/ $ G $ 10”。这样一来，就进一步锁定了单元格所在的行，但在这里是否锁定行并不会令结果有什么不同，因为我们并不打算复制该公式并向其他行填充。

锁定公式引用 来看一个例子，某单元格的公式为“ = B1”，当复制该公式并向右填充时，第二列单元格中引用的位置将变为“C1”，第三列单元格中引用的位置将变为“D1”，以此类推（图4 – 1）。

然而，如果我们在“B”之前添加符号“ $ ”，将公式变为“ = $ B1”，则再次复制该公式并向右填充时，将能锁定 B 列（图4 – 2）。也就是说，在第二、三列的单元格中依旧会引用 B 列的单元格，但是上述做法只能帮助我们锁定引用的列坐标，而无法锁定引用的行坐标。因此，如果我们复制该公式并向下填充，则行坐标依旧会发生变动，例如在第二行中则读取“ = $ B2”。

	A	B	C	D
1	数值	10	20	30
2		40	50	60
3	公式	=B1	=C1	=D1
4		=B2	=C2	=D2
5	结果	10	20	30
6		40	50	60

图4 – 1 未锁定引用单元格的公式

	A	B	C	D
1	数值	10	20	30
2		40	50	60
3	公式	=$B1	=$B1	=$B1
4		=$B2	=$B2	=$B2
5	结果	10	10	10
6		40	40	40

图4 – 2 锁定引用单元格列坐标的公式

我们可以在行引用时添加“ $ ”，以锁定行坐标。如果我们将初始公式改为“ = $ B $ 1”，那么无论我们复制公式向右填充还是向下填充，总会读取“ = $ B $ 1”（图4 – 3）。

	A	B	C	D
1	数值	10	20	30
2		40	50	60
3	公式	=$B$1	=$B$1	=$B$1
4		=$B$2	=$B$2	=$B$2
5	结果	10	10	10
6		10	10	10

图 4-3　锁定引用单元格行、列坐标的公式

在单元格的编辑模式下，单击"F4"可以快速为所引用的行、列坐标添加"$"。在复制折旧公式并向右填充以后，折旧计划表见下表 4-8。

表 4-8　亚马逊公司 PP&E 折旧

（单位：100 万美元，每股数据除外）

折旧					
	预测值				
截至 12 月 31 日	**2021 年**	**2022 年**	**2023 年**	**2024 年**	**2025 年**
物业、设备与机器 2021 年初值	**113 114.0**				
资本性支出每年年初值					
直线折旧法					
使用年限					
PP&E 年限	20				
CAPEX 年限					
折旧					
现有 PP&E	5 655.7	5 655.7	5 655.7	5 655.7	5 655.7
2021 年 CAPEX					
2022 年 CAPEX					
2023 年 CAPEX					
2024 年 CAPEX					
2025 年 CAPEX					
账面折旧合计					

现在，我们可以开始输入 CAPEX 的假设条件及折旧费用。请记住，我们已经在现金流量表中对 CAPEX 做出了预测，因此我们在此使用这些预测值，并使之与折旧计划表关联起来。注意，现金流量表中 CAPEX 的预测值是负的。当我们把该数据与折旧计划表关联起来时，应该翻转其符号，使其在折旧计划表显示为正。我们希望将上述公式插入第七行，因此在单元格 G7 中，我们输入"= -"（请注意"="后面的"-"号），然后选中现金流量表中 2021 年度的 CAPEX，即现金流量

表的单元格G24，按下〈Enter〉。这样，在折旧计划表中就可显示出正的2021年的CAPEX。我们可以复制该公式，并向右填充。由于在这里，我们希望在向右填充的过程中，引用的单元格也随之向右平移，因此并未在引用公式中添加“$”。

现在，我们可用2021年544.234亿美元的初始价值，对每一年的CAPEX计提折旧。计提折旧的时点非常重要。我们假设CAPEX发生于2021年初，那么到2021年末，共计一整年的折旧期。现在，我们需要对CAPEX的使用年限做出假设。正如之前我们所讨论的，资产的使用年限跨度很大。让我们取一个中间值，即20年，就像我们之前对PP&E的处理方式一样，稍后再进行调整。

表格中第11行对应的是CAPEX的使用年限，因此我们将20输入到单元格G11中。然后，则可在第14行编写2021年CAPEX折旧费用的计算公式。

2021年CAPEX折旧（单元格G14）

Excel关键输入步骤	描述
输入〈=〉	进入公式录入模式
单击单元格G7	2021年CAPEX
按〈F4〉	在单元格中添加“$”
输入〈/〉	除号
单击单元格G11	2021年CAPEX使用年限
按〈F4〉	在单元格中添加“$”
按〈Enter〉	输入结束
运算公式	=$G$7/$G$11

由上表可知，2021年CAPEX的折旧费用为27.212亿美元。很显然，后续20年每年都需要计提该笔费用，因此我们需要复制该公式并向右填充（参见表4-9）。

表4-9 亚马逊公司2021年CAPEX折旧

（单位：100万美元，每股数据除外）

折旧					
	预测值				
截至12月31日	**2021年**	**2022年**	**2023年**	**2024年**	**2025年**
物业、设备与机器2021年初值	**113 114.0**				
资本性支出每年年初值					
直线折旧法	**54 423.4**	**64 546.2**	**72 816.7**	**79 244.2**	**84 062.9**
使用年限					
PP&E年限	20				
CAPEX年限	20				

（续）

折旧					
	预测值				
截至12月31日	2021年	2022年	2023年	2024年	2025年
折旧					
现有PP&E	5 655.7	5 655.7	5 655.7	5 655.7	5 655.7
2021年CAPEX	2 721.2	2 721.2	2 721.2	2 721.2	2 721.2
2022年CAPEX					
2023年CAPEX					
2024年CAPEX					
2025年CAPEX					
账面折旧合计					

下面，我们继续对2022年的CAPEX计提折旧。注意，因为2022年的CAPEX直到2022年才会发生，因此对其计提折旧也应该从2022年开始。因此，在2021年，不对该笔资本性支出计提折旧费用，或者说在单元格G15中没有任何公式。我们会在单元格H15中输入公式。让我们继续使用20年的假设，但很重要的一点是，应该将这一假设与之前对CAPEX使用年限的假设区分开来。

因此，让我们在单元格H11输入数字20。然后，可以在第15行构建2022年CAPEX折旧费用的计算公式。

2022年CAPEX折旧（单元格H15）

Excel关键输入步骤	描述
输入〈=〉	进入公式录入模式
单击单元格H7	2022年CAPEX
按〈F4〉	在单元格中添加“$”
输入〈/〉	除号
单击单元格H11	2022年CAPEX使用年限
按〈F4〉	在单元格中添加“$”
按〈Enter〉	输入结束
运算公式	=$H$7/$H$11

显然，在未来20年的使用年限中，每年都需要计提折旧费用，因此我们需要复制上述公式并向右填充（参见表4-10）。

表4-10 亚马逊公司2022年CAPEX折旧

（单位：100万美元，每股数据除外）

折旧					
	预测值				
截至12月31日	2021年	2022年	2023年	2024年	2025年
物业、设备与机器2021年初值	**113 114.0**				
资本性支出每年年初值					
直线折旧法	**54 423.4**	**64 546.2**	**72 816.7**	**79 244.2**	**84 062.9**
使用年限					
PP&E年限	20				
CAPEX年限	20	20			
折旧					
现有PP&E	5 655.7	5 655.7	5 655.7	5 655.7	5 655.7
2021年CAPEX	2 721.2	2 721.2	2 721.2	2 721.2	2 721.2
2022年CAPEX		3 227.3	3 227.3	3 227.3	3 227.3
2023年CAPEX					
2024年CAPEX					
2025年CAPEX					
账面折旧合计					

我们继续使用上述模型计算2023年的CAPEX折旧费用，依然假设使用年限为20年，并在单元格Ill中输入数字20。

2023年CAPEX折旧（单元格116）

Excel关键输入步骤	描述
输入〈=〉	进入公式录入模式
单击单元格I7	2023年CAPEX
按〈F4〉	在单元格中添加“$”
输入〈/〉	除号
单击单元格I11	2023年CAPEX使用年限
按〈F4〉	在单元格中添加“$”
按〈Enter〉	输入结束
运算公式	=$I$7/$I$11

然后，复制上表中的公式并向右填充（参见表4-11）。

表4－11　亚马逊公司2023年CAPEX折旧

（单位：100万美元，每股数据除外）

折旧					
			预测值		
截至12月31日	2021年	2022年	2023年	2024年	2025年
物业、设备与机器2021年初值	113 114.0				
资本性支出每年年初值					
直线折旧法	54 423.4	64 546.2	72 816.7	79 244.2	84 062.9
使用年限					
PP&E年限	20				
CAPEX年限	20	20	20		
折旧					
现有PP&E	5 655.7	5 655.7	5 655.7	5 655.7	5 655.7
2021年CAPEX	2 721.2	2 721.2	2 721.2	2 721.2	2 721.2
2022年CAPEX		3 227.3	3 227.3	3 227.3	3 227.3
2023年CAPEX			3 640.8	3 640.8	3 640.8
2024年CAPEX					
2025年CAPEX					
账面折旧合计					

至于2024年的CAPEX，依然假设使用年限为20年，并在单元格J11中输入数字20。

2024年CAPEX折旧（单元格J17）

Excel关键输入步骤	描述
输入〈＝〉	进入公式录入模式
单击单元格J7	2024年CAPEX
按〈F4〉	在单元格中添加“$”
输入〈/〉	除号
单击单元格J11	2024年CAPEX使用年限
按〈F4〉	在单元格中添加“$”
按〈Enter〉	输入结束
运算公式	＝$J$7/$J$11

复制上述公式并向右填充（参见表4－12）。

表4-12 亚马逊公司2024年CAPEX折旧

（单位：100万美元，每股数据除外）

折旧					
	预测值				
截至12月31日	**2021年**	**2022年**	**2023年**	**2024年**	**2025年**
物业、设备与机器2021年初值	**113 114.0**				
资本性支出每年年初值					
直线折旧法	**54 423.4**	**64 546.2**	**72 816.7**	**79 244.2**	**84 062.9**
使用年限					
PP&E年限	20				
CAPEX年限	20	20	20	20	
折旧					
现有PP&E	5 655.7	5 655.7	5 655.7	5 655.7	5 655.7
2021年CAPEX	2 721.2	2 721.2	2 721.2	2 721.2	2 721.2
2022年CAPEX		3 227.3	3 227.3	3 227.3	3 227.3
2023年CAPEX			3 640.8	3 640.8	3 640.8
2024年CAPEX				3 962.2	3 962.2
2025年CAPEX					
账面折旧合计					

至于2025年的CAPEX，依然延续20年的假设使用年限，并在单元格K11中输入数字20。

2025年CAPEX折旧（单元格K18）

Excel关键输入步骤	描述
输入〈=〉	进入公式录入模式
单击单元格K7	2025年CAPEX
按〈F4〉	在单元格中添加“$”
输入〈/〉	除号
单击单元格K11	2025年CAPEX使用年限
按〈F4〉	在单元格中添加“$”
按〈Enter〉	输入结束
运算公式	=$K$7/$K$11

现在，可以汇总每一年的折旧费用，即加总第13~18行的数值，在单元格G19输入“=SUM（G13：G18）”（参见表4-13）。可以复制该公式并向右填充。

表 4－13 亚马逊公司账面折旧总额

（单位：100 万美元，每股数据除外）

折旧					
	预测值				
截至 12 月 31 日	2021 年	2022 年	2023 年	2024 年	2025 年
物业、设备与机器 2021 年初值	113 114.0				
资本性支出每年年初值					
直线折旧法	54 423.4	64 546.2	72 816.7	79 244.2	84 062.9
使用年限					
PP&E 年限	20				
CAPEX 年限	20	20	20	20	20
折旧					
现有 PP&E	5 655.7	5 655.7	5 655.7	5 655.7	5 655.7
2021 年 CAPEX	2 721.2	2 721.2	2 721.2	2 721.2	2 721.2
2022 年 CAPEX		3 227.3	3 227.3	3 227.3	3 227.3
2023 年 CAPEX			3 640.8	3 640.8	3 640.8
2024 年 CAPEX				3 962.2	3 962.2
2025 年 CAPEX					4 203.1
账面折旧合计	8 376.9	11 604.2	15 245.0	19 207.2	23 410.3

由此可得，2021 年折旧费用为 83.769 亿美元。现在，可以分析如何将该数据与历史折旧进行比较。

我们在之前的讨论中，根据历史趋势和最新季度报告的数据预计增长率将在 9%～18%之间。预测的 2021 年折旧比上一年急剧下降，因此需要对资产使用年限的假设做出调整。调整主要基于两个变量，即 PP&E 净值的使用年限以及 CAPEX 的使用年限。需要注意的是，PP&E 净值的折旧费用在 2021 年的折旧费用总额中占了更大的比重。因此，我们建议首先尝试缩短 PP&E 的使用年限。如果将使用年限缩短至 15 年（单元格 G10），则得到折旧费用总额为 102.621 亿美元，依旧低于此前预计的区间。如果进一步将使用年限缩短至 10 年，得到的折旧费用总额为 140.326 亿美元，这一结果更接近了，但是仍然低于预期。让我们将使用年限假设为 5，得到折旧费用总额为 253.44 亿美元，该结果与前一年的数值相当接近。如果再缩短 1～4 年，结果为 309.997 亿美元，比上一年增长 22.8%，有点太高了。因此，我们又回到 5 年，该结果显示出折旧费用平稳增长。但是仍能调整 CAPEX 的使用年限让结果符合整体的目标趋势。此时我们将单元格 G10 的数字锁定在“5”。

现在来看一下CAPEX使用年限假设。如果降低年限，这将使折旧费用总额达到预计的区间。我们可以尝试在单元格G11中输入15，得到262.51亿美元，比上一年增长4.0%。让我们将使用年限降低到10年，使增长率进一步变大，得到折旧费用总额为280.651亿美元，比2020年增长11.1%。现在该增长率处于9%~18%的范围之内。尽管该结果没问题，但我还是想让增长率达到预计区间的中间值，所以让我们将使用年限降低到9年。这样折旧费用总额为286.698亿美元，比2020年增长了13.5%。如果我们进一步将其降低到8年，增长率是16.5%，该增长率也在预计区间内但是处于高值。所以让我们锁定在"9"，更接近区间的中间值。这是可行的。我们在单元格G11中输入"9"并复制向右填充，参见表4-14。

表4-14 亚马逊公司调整后的账面折旧总额

（单位：100万美元，每股数据除外）

折旧					
	预测值				
截至12月31日	2021年	2022年	2023年	2024年	2025年
物业、设备与机器2021年初值	113 114.0				
资本性支出每年年初值					
直线折旧法	54 423.4	64 546.2	72 816.7	79 244.2	84 062.9
使用年限					
PP&E年限	5				
CAPEX年限	9	9	9	9	9
折旧					
现有PP&E	22 622.8	22 622.8	22 622.8	22 622.8	22 622.8
2021年CAPEX	6 047.0	6 047.0	6 047.0	6 047.0	6 047.0
2022年CAPEX		7 171.8	7 171.8	7 171.8	7 171.8
2023年CAPEX			8 090.7	8 090.7	8 090.7
2024年CAPEX				8 804.9	8 804.9
2025年CAPEX					9 340.3
账面折旧合计	28 669.8	35 841.6	43 932.4	52 737.3	62 077.6

上述过程表明，调整PP&E的使用年限会对折旧费用总额产生影响。因此，如果折旧费用总额显著偏低或偏高，则应该首先调整PP&E的使用年限假设。此外，CAPEX的使用年限假设也会影响折旧费用总额的增长率，因此，如果折旧费用总额在未来增长过快或过慢，则应该调整CAPEX的使用年限。想要熟练掌握上述操作，确实需要进行一些练习。需要重申的是，在这里介绍的折旧费用预测方法并不

一定是最准确的。想要获得最准确的结果，需要掌握所有购入资产的详细数据，包括逐项资产的购入成本、购入日期以及使用年限。鉴于上述数据难以获得，我们需要重点关注折旧费用所表现出的大趋势。

现在，我们可在利润表中引用直线法得到的折旧总额。因此，可以在利润表此前留白的单元格 G33 中输入“＝”，返回折旧计划表，选定单元格 G19 并按〈Enter〉。然后，我们可以复制利润表单元格 G33 的公式，并向右填充。表 4－15 是引用了折旧费用的利润表。注意，一旦链接了折旧数据，其下所有的科目（EBIT、EBT 和净利润）数值都会更新为扣除折旧费用后的数值。

注意，折旧费用也会链接到现金流量表，因为之前我们已从利润表中链接折旧费用科目（参见表 4－16）。

预测递延税

最后，我们需要考虑递延税。如前所述，我们经常根据 GAAP 与税务会计差异计算递延税。但是，由于公司可能只报告一组财务数据，所以这些差异可能并不存在。因此，现实中公司未来将如何处理递延税是无法确定的。这些差异是否会消失，我们并不知道。使用关键词“递延税”进行搜索，在 2020 年报第 63 页会发现如下表格（参见表 4－17）。

从表 4－17 中可以看出，亚马逊公司的递延税来自折旧与摊销之外的许多科目；例如，亏损结转和税收抵免形式存在的损失。通常的做法是对加速折旧建模来计算递延税。但是表 4－17 显示出递延税也来自其他科目，所以简单地对加速折旧进行建模并不能展现全部的情况。如果您想知道如何构建加速折旧模型，请参阅本书第 1 版中的沃尔玛公司案例。

与“其他”科目行非常相似，递延税科目来源于各种科目，使用年报中提供的有限信息很难建模。所以，我们参考第一章的“七种预测方法”。因为这是一个未知数，我觉得最好采取最保守的方法预测，这也与“上一年度法”预测结果相同（两种方法指向相同的结果）。可以肯定地说，递延税科目对整体估值没有太大影响，因此可以暂时使用这一假设，并在有需要时再进行调整。估值分析结束后，我们可以进一步尝试使用不同的预测方法，看看是否会改变整体估值，以确定是否值得修改假设。我们在单元格 G13 输入“＝F13”，并复制公式向右填充到 2025 年（参见表 4－16）。

现在我们可以着手生成营运资本明细表，这将帮助我们完成现金流量表。

表 4－15　亚马逊公司利润表预测（更新折旧费用）

（单位：100 万美元，每股数据除外）

合并利润表	实际值			预测值				
截至 12 月 31 日	**2018 年**	**2019 年**	**2020 年**	**2021 年**	**2022 年**	**2023 年**	**2024 年**	**2025 年**
收入								
产品净销售额	141 915. 0	160 408. 0	215 915. 0					
Y/Y 增长率		*13. 0%*	*34. 6%*					
服务净销售额	90 972. 0	120 114. 0	170 149. 0					
Y/Y 增长率		*32. 0%*	*41. 7%*					
总收入	**232 887. 0**	**280 522. 0**	**386 064. 0**	**490 301. 3**	**581 497. 3**	**656 006. 5**	**713 912. 0**	**757 323. 5**
Y/Y 增长率		*20. 5%*	*37. 6%*	*27. 0%*	*18. 6%*	*12. 8%*	*8. 8%*	*6. 1%*
Y/Y 增长率下降				*(28. 2%)*	*(31. 1%)*	*(31. 1%)*	*(31. 1%)*	*(31. 1%)*
销货成本								
销货成本	**139 156. 0**	**165 536. 0**	**233 307. 0**	**296 299. 9**	**351 411. 7**	**396 439. 2**	**431 432. 8**	**457 667. 3**
COGS 占销售收入%	*59. 8%*	*59. 0%*	*60. 4%*	*60. 4%*	*60. 4%*	*60. 4%*	*60. 4%*	*60. 4%*
毛利润	**93 731. 0**	**114 986. 0**	**152 757. 0**	**194 001. 4**	**230 085. 6**	**259 567. 3**	**282 479. 2**	**299 656. 2**
毛利率	*40%*	*41%*	*40%*	*40%*	*40%*	*40%*	*40%*	*40%*
营业费用								
仓储物流费用	34 027. 0	40 232. 0	58 517. 0	74 316. 6	88 139. 5	99 433. 1	108 210. 0	114 790. 0
仓储物流费用占总收入%	*14. 6%*	*14. 3%*	*15. 2%*	*15. 2%*	*15. 2%*	*15. 2%*	*15. 2%*	*15. 2%*
技术和内容开支	13 496. 0	14 142. 0	17 489. 0	22 211. 0	26 342. 3	29 717. 6	32 340. 8	34 307. 3
技术和内容开支占总收入%	*5. 8%*	*5. 0%*	*4. 5%*	*4. 5%*	*4. 5%*	*4. 5%*	*4. 5%*	*4. 5%*

营销费用	13 814.0	18 878.0	22 008.0	27 950.2	33 148.9	37 396.4	40 697.3	43 172.1
营销费用占总收入%	*5.9%*	*6.7%*	*5.7%*	*5.7%*	*5.7%*	*5.7%*	*5.7%*	*5.7%*
管理及行政费用	4 336.0	5 203.0	6 668.0	8 468.4	10 043.5	11 330.4	12 330.5	13 080.3
管理费用占总收入%	*1.9%*	*1.9%*	*1.7%*	*1.7%*	*1.7%*	*1.7%*	*1.7%*	*1.7%*
其他经营费用（收入）净额	296.0	201.0	(75.0)	(95.3)	(113.0)	(127.4)	(138.7)	(147.1)
其他经营费用占总收入%	*0.1%*	*0.1%*	*0.0%*	*0.0%*	*0.0%*	*0.0%*	*0.0%*	*0.0%*
总营业费用	**65 969.0**	**78 656.0**	**104 607.0**	**132 850.9**	**157 561.2**	**177 750.0**	**193 439.9**	**205 202.6**
EBITDA	**27 762.0**	**36 330.0**	**48 150.0**	**61 150.5**	**72 524.5**	**81 817.3**	**89 039.3**	**94 453.6**
EBITDA 利润率%	*11.9%*	*13.0%*	*12.5%*	*12.5%*	*12.5%*	*12.5%*	*12.5%*	*12.5%*
折旧和摊销	15 341.0	21 789.0	25 251.0	28 669.8	35 841.6	43 932.4	52 737.3	62 077.6
EBIT	**12 421.0**	**14 541.0**	**22 899.0**	**32 480.7**	**36 682.8**	**37 884.9**	**36 302.0**	**32 375.9**
EBIT 利润率%	*5.3%*	*5.2%*	*5.9%*	*6.6%*	*6.3%*	*5.8%*	*5.1%*	*4.3%*
其他收益	**183.0**	**(203.0)**	**(2 371.0)**	**183.0**	**(203.0)**	**183.0**	**(203.0)**	**183.0**
利息								
利息费用	1 417.0	1 600.0	1 647.0					
利息收入	(440.0)	(832.0)	(555.0)					
净利息费用	**977.0**	**768.0**	**1 092.0**	**0.0**	**0.0**	**0.0**	**0.0**	**0.0**
税前利润（EBT）	**11 261.0**	**13 976.0**	**24 178.0**	**32 297.7**	**36 885.8**	**37 701.9**	**36 505.0**	**32 192.9**
EBT 利润率	*4.8%*	*5.0%*	*6.3%*	*6.6%*	*6.3%*	*5.7%*	*5.1%*	*4.3%*
所得税	1 197.0	2 374.0	2 863.0	6 782.5	7 746.0	7 917.4	7 666.0	6 760.5
综合有效税率	*10.6%*	*17.0%*	*11.8%*	*21.0%*	*21.0%*	*21.0%*	*21.0%*	*21.0%*
持续经营净利润	**10 064.0**	**11 602.0**	**21 315.0**	**25 515.1**	**29 139.8**	**29 784.5**	**28 838.9**	**25 432.4**

（续）

合并利润表

	实际值			预测值				
截至12月31日	**2018年**	**2019年**	**2020年**	**2021年**	**2022年**	**2023年**	**2024年**	**2025年**
非经常性项目								
终止经营	0.0	0.0	0.0	0.0	0.0	0.0	0.0	0.0
特殊性项目	0.0	0.0	0.0	0.0	0.0	0.0	0.0	0.0
会计变更的影响	0.0	0.0	0.0	0.0	0.0	0.0	0.0	0.0
其他项目	0.0	0.0	0.0	0.0	0.0	0.0	0.0	0.0
非经常性项目合计	**0.0**	**0.0**	**0.0**	**0.0**	**0.0**	**0.0**	**0.0**	**0.0**
净利润（非经常性项目之后）	**10 064.0**	**11 602.0**	**21 315.0**	**25 515.1**	**29 139.8**	**29 784.5**	**28 838.9**	**25 432.4**
权益法投资活动（税后）	(9.0)	14.0	(16.0)	(9.0)	14.0	(16.0)	(9.0)	14.0
普通股股利支付	0.0	0.0	0.0	0.0	0.0	0.0	0.0	0.0
净利润（披露的）	**10 073.0**	**11 588.0**	**21 331.0**	**25 524.1**	**29 125.8**	**29 800.5**	**28 847.9**	**25 418.4**
每股收益（EPS）								
基本的	20.68	23.46	42.66	50.61	57.75	59.09	57.20	50.40
稀释的	20.15	22.99	41.83	49.15	56.08	57.38	55.55	48.95
平均流通普通股								
基本的	487	494	500	504	504	504	504	504
稀释的	500	504	510	519	519	519	519	519

表 4-16　亚马逊公司经营活动现金流预测（更新折旧费用）

（单位：100 万美元，每股数据除外）

合并现金流量表	实际值			预测值				
截至 12 月 31 日	**2018 年**	**2019 年**	**2020 年**	**2021 年**	**2022 年**	**2023 年**	**2024 年**	**2025 年**
经营活动现金流								
净利润	10 073.0	11 588.0	21 331.0	25 524.1	29 125.8	29 800.5	28 847.9	25 418.4
折旧与摊销	15 341.0	21 789.0	25 251.0	28 669.8	35 841.6	43 932.4	52 737.3	62 077.6
股权激励	5 418.0	6 864.0	9 208.0	11 694.2	13 869.3	15 646.4	17 027.5	18 062.9
占总营业费用%	*8.2%*	*8.7%*	*8.8%*	*8.8%*	*8.8%*	*8.8%*	*8.8%*	*8.8%*
其他经营费用（收入）净额	274.0	164.0	(71.0)	(90.2)	(106.9)	(120.6)	(131.3)	(139.3)
占总收入%	*0.1%*	*0.1%*	*0.0%*	*0.0%*	*0.0%*	*0.0%*	*0.0%*	*0.0%*
其他费用（收入）净额	219.0	(249.0)	(2 582.0)	219.0	(249.0)	219.0	(249.0)	219.0
递延所得税	441.0	796.0	(554.0)	(554.0)	(554.0)	(554.0)	(554.0)	(554.0)
营运资本变动								
存货变动	(1 314.0)	(3 278.0)	(2 849.0)					
应收账款变动	(4 615.0)	(7 681.0)	(8 169.0)					
应付账款变动	3 263.0	8 193.0	17 480.0					
应计费用变动	472.0	(1 383.0)	5 754.0					
预收收入变动	1 151.0	1 711.0	1 265.0					
经营性营运资本净变动	**(1 043.0)**	**(2 438.0)**	**13 481.0**	**0.0**	**0.0**	**0.0**	**0.0**	**0.0**
经营活动现金流合计	**30 723.0**	**38 514.0**	**66 064.0**	**65 463.0**	**77 926.8**	**88 923.6**	**97 678.4**	**105 084.7**

表4-17　亚马逊公司的递延税

（单位：100万美元）

财务年度截至12月31日	2019年	2020年
递延所得税资产：		
亏损结转—美国联邦/州	188	245
亏损结转—国外	3 232	3 876
应计负债、准备金及其他费用	1 373	2 457
股权激励	1 585	2 033
折旧与摊销	2 385	1 886
经营租赁负债	6 648	10 183
其他项目	728	559
税收抵免	772	207
递延所得税资产合计	**16 911**	**21 446**
减计价备抵	(5 754)	(5 803)
递延所得税资产净额	**11 157**	**15 643**
递延所得税负债：		
折旧与摊销	(5 507)	(5 508)
经营租赁资产	(6 331)	(9 539)
其他项目	(640)	(1 462)
递延所得税资产（负债）净额	**(1 321)**	**(866)**

第五章

营运资本

营运资本是测度公司流动资产与流动负债差额的指标。

营运资本 = 流动资产 – 流动负债

资产 资产是创造经济利益的源泉，包括现金、存货、应收账款以及物业等。

流动资产 流动资产是指预计在未来一年内可以创造经济利益的资产，包括现金、存货以及应收账款等。

负债 负债是公司承担的某种债务或财务责任，包括应付账款、应计费用、长期债务以及递延税负债等。

流动负债 流动负债是指在未来一年内到期的债务或财务责任，包括应付账款、应计费用等。

因此，营运资本，或者说流动资产与流动负债的差值，有助于我们确定流动资产创造的现金是否超过了未来 12 个月内将要到期的流动负债。如果营运资本是正的，即流动资产大于流动负债，则我们可能拥有足够的资金来覆盖将要到期的负债。如果营运资本是负的，即流动资产小于流动负债，则我们将没有足够的资金用于偿还流动负债，这就是营运资本赤字。鉴于以上原因，营运资本被看作是代表公司近期流动性的指标。

经营性营运资本

为了建模，我们仅仅关注营运资本的狭义概念，即经营性营运资本。经营性营运资本同样被定义为流动资产与流动负债的差值。然而，我们并未将现金及现金等价物当作流动资产，并且也没有将短期债务包含在流动负债中。

现金等价物 现金等价物是随时可以变现的资产，例如货币市场头寸、短期政府债券或国库券、可交易的有价证券以及商业票据。人们通常将现金等价物等同于现金，因为必要时它们可以随时变现。

因此，在移除现金及现金等价物后，我们得到的流动资产包括应收账款、存货以及预付费用。

在移除短期债务后，我们得到的流动负债包括应付账款和应计费用。

注意，还存在着其他类型的流动资产与流动负债，上述这些则是最为常见的。

上述每一项科目都与公司的日常经营密不可分。例如，应收账款是收入中尚未收回的现金，而应计费用则是费用中公司并未真正支付的部分。鉴于此，经营性营运资本能够很好地测度公司日常经营所产生的现金。从另一个角度来看，经营性营运资本有助于追踪公司对日常经营产生的现金的管理能力。经营性营运资本与营运资本不同，因为后者包含了现金、现金等价物以及短期债务，因此营运资本可能无法对日常经营做出清晰的测度。

我们该如何判断某一科目的表现是否真的良好呢？以应收账款为例，如果该科目逐年上升，可能说明公司存在日益严重的资金回收问题。然而，这也可能是标志着公司业务增长的正向指标。因此，孤立地分析这些营运资本科目从而判断它们的表现是不够的，还需要将这些科目与利润表的相关科目进行比对。我们从“天数”的角度来追踪回收应收账款或是支付应付账款的效率。天数则通过用应收或应付账款除以利润表的相关科目，再乘以360而得到。

例如，假设2020年公司的应收账款余额为25 000美元，收入为100 000美元。

（单位：美元）

利润表	
收入	100 000.0
COGS	10 000.0
营业费用	85 000.0
EBITDA	**5 000.0**

（单位：美元）

经营性营运资本	
应收账款	25 000.0
存货	7 500.0
预付费用	1 000.0
应付账款	12 500.0
应计费用	15 000.0
净营运资本	**6 000.0**

用应收账款除以收入可以得到25%。也就是说，2020年的收入中有25%还没有收回。我们用该百分比乘以全年的天数，即可得到应收账款未收回前的流转天数：25%×360天=90天，由此可知，2020年收入回收的天数为90天。根据经验，很多公司要求客户在收到货品后30天内付款。然而，由于业务的不同，有时也能够接受60天、90天或者更长的赊账时间。因商业模式以及出售的产品有所不同，90天可被认为过久，也可被认为是正常的。请注意，我们在乘以全年的天数时，用

的是 360 天而非 365 天。实际上无论使用 360 天还是 365 天都是可以的，只是我们通常会用 360 天，因为它是 12 的整数倍，如果我们希望将一年折算成 12 个月时，建模过程会更简单。

$$应收账款周转天数 = \frac{应收账款}{收入} \times 360\ 天$$

注意，为了便于阐释清楚，我们对前提假设进行了简化。计算中，我们取上一年的应收账款余额作为分子。实际分析时，取分析年份的年末余额与上一年年末余额的均值显得很重要。由于资产负债表科目的账面价值反映了某一特定时点的余额，因此当年与上一年余额的均值能够更好地反映全年的表现。然而，鉴于利润表和现金流量表已能够反映全年的情况，因此无须计算平均值。2020 年应收账款流转天数的完整公式为：

$$2020\ 年应收账款周转天数 = \frac{平均值（2020\ 年应收账款，2019\ 年应收账款）}{2020\ 年收入} \times 360\ 天$$

让我们来看另一个关于负债（应计费用）的例子。假设 2020 年的应计费用余额为 15 000 美元，其中包括了尚未支付的办公室租金。2020 年利润表中计入的营业费用为 85 000 美元。用 15 000 美元除以 85 000 美元可得到 17.6%。也就是说，2020 年尚有 17.6% 的费用并未真正支付。我们用该百分比乘以全年的天数，可以得到应付账款的流转天数：17.6% ×360 天 =63.4 天。也就是说，2020 年的费用需要 63.4 天才会付清。这一结果对于本案例而言有些过久了，尤其是租金，通常每隔 30 天就要支付一次。

$$应计费用周转天数 = \frac{应计费用}{营业费用} \times 360\ 天$$

为了教学，我们再次简化前提假设。在实际分析时，需要取当年以及上一年的应计费用的均值。

$$2020\ 年应计费用周转天数 = \frac{平均值（2020\ 年应计费用，2019\ 年应计费用）}{2020\ 年营业费用} \times 360\ 天$$

亚马逊公司的经营性营运资本

现在，让我们看一下亚马逊公司的营运资本（参见表 5 - 1）。我们利用亚马逊公司年报第 41 页的资产负债表，来判别哪些是流动资产、哪些是流动负债。

表5-1　亚马逊公司资产负债表

（单位：100万美元，每股数据除外）

	截至12月31日	
	2019年	**2020年**
资产		
流动资产		
现金及现金等价物	36 092	42 122
有价证券	18 929	42 274
存货	20 497	23 795
应收账款净值及其他	20 816	24 542
流动资产合计	**96 334**	**132 733**
物业、设备与机器净值	72 705	113 114
经营租赁	25 141	37 553
商誉	14 754	15 017
其他资产	16 314	22 778
资产合计	**225 248**	**321 195**
负债与所有者权益		
流动负债		
应付账款	47 183	72 539
应计费用及其他	32 439	44 138
预收收入	8 190	9 708
流动负债合计	**87 812**	**126 385**
长期租赁负债	39 791	52 573
长期债务	23 414	31 816
其他长期债务	12 171	17 017
承诺及或有事项（附注7）		
股东权益		
优先股（面值为0.01美元；额定股份5亿股，未发行）		
普通股（面值为0.01美元；额定股份50亿股，截至2019年与2020年12月31日分别发行5.21亿股、5.27亿股，流通股份数分别为4.98亿股、5.03亿股）	5	5
库存股	(1 837)	(1 837)
超面值缴入的资本	33 658	42 865
累计其他综合收益（损失）	(986)	(180)
留存收益	31 220	52 551
股东权益合计	**62 060**	**93 404**
负债及所有者权益合计	**225 248**	**321 195**

从资产负债表的顶端开始，我们知道现金及现金等价物并未包含在经营性营运资本中。有价证券也不属于经营性营运资本，因为它可以被视为另一种形式的现金等价物，如前所述，它可以容易地转换为现金。

而接下来的两个科目（“存货”以及“应收账款净值及其他”）则属于经营性营运资本的科目。

在负债这边，“应付账款”“应计费用及其他”以及“预收收入”都属于经营性营运资本科目。

至此，我们从资产负债表遴选出如下科目，用于构建经营性营运资本明细表：

- 存货
- 应收账款净值及其他
- 应付账款
- 应计费用及其他
- 预收收入

现在，我们可以着手在模型中构建经营性营运资本明细表，并对其进行修订，以便将上述科目都包含其中。

存货

我们已经将存货数据输入资产负债表，可以将上述数据与经营性营运资本明细表关联起来。让我们切换至名为“经营性营运资本”的工作表。在明细表的顶端（单元格E7），我们可以将2019年的存货与资产负债表关联起来，即输入“=”，然后切换至资产负债表，选中单元格D10，按〈Enter〉。我们可以复制该公式并向右填充，从而得到2020年的数据（参见表5-2）。

我们也应该计算存货的历史周转天数，这有助于做出更好的预期假设。与之前的示例保持一致，我们可以利用如下公式计算存货的历史周转天数：

$$2020\text{年存货周转天数}=\frac{\text{平均值（2020年存货，2019年存货）}}{2020\text{年COGS}}\times 360\text{天}$$

因此，在经营性营运资本明细表的单元格F8中，我们可以进行如下操作：

2020年存货周转天数（单元格F8）

Excel关键输入步骤	描述
输入〈=〉	进入公式录入模式
输入〈Average（〉	构建求均值公式
单击单元格F7	2020年存货
输入〈,〉	将我们希望求均值的数字隔开
单击单元格E7	2019年存货
输入〈)〉	完成“求均值”公式
输入〈/〉	除以
切换至利润表，并单击单元格F15	2020年COGS
输入“*360”	乘以360
按〈Enter〉	输入结束
运算公式	=Average（F7，E7）/'利润表'! F15*360

表 5－2　亚马逊公司历史经营性营运资本中的存货

（单位：100 万美元，每股数据除外）

经营性营运资本明细表（OWC）								
	实际值			预测值				
截至 12 月 31 日	**2018 年**	**2019 年**	**2020 年**	**2021 年**	**2022 年**	**2023 年**	**2024 年**	**2025 年**
流动资产								
存货		20 497.0	23 795.0					
周转天数								
应收账款净值及其他								
周转天数								
流动资产合计								
流动负债								
应付账款								
周转天数								
应计费用及其他								
周转天数								
预收收入								
周转天数								
流动负债合计								
经营性营运资本合计								
经营性营运资本净变动								
是否匹配？（Y/N）								

由此可得，2020 年存货周转天数为 34.2 天。

需要注意的是，不要复制 2020 年的公式。因为在预测 2021 年的存货周转天数时，我们会给出自己的假设。因此，上表中的公式仅仅用于计算历史指标。

应收账款净值及其他

对于经营性营运资本的剩余科目，可以进行同样的操作。我们需要谨慎了解经营性营运资本会涉及利润表中的哪些科目。有些科目是显而易见的。例如，应收账款往往与收入相关，而存货与 COGS 相关。

因此，我们可以将资产负债表第 11 行的“应收账款”与经营性营运资本关联起来。在经营性营运资本明细表的单元格 E9 中，我们可以输入“=”，然后切换至资产负债表，选中单元格 D11，按下〈Enter〉。我们可以复制该公式并填充至右侧 2020 年的单元格中。现在，我们可以计算应收账款周转天数：

$$2020\text{ 年应收账款周转天数} = \frac{\text{平均值（2020 年应收账款，2019 年应收账款）}}{\text{2020 年总收入}} \times 360\text{ 天}$$

因此，在经营性营运资本明细表的单元格 F10 中，我们可以进行如下操作：

2020 年应收账款周转天数（单元格 F10）

Excel 关键输入步骤	描述
输入〈=〉	进入公式录入模式
输入〈Average（〉	构建求均值公式
单击单元格 F9	2020 年应收账款
输入〈,〉	将我们想要求均值的数字隔开
单击单元格 E9	2019 年应收账款
输入〈)〉	完成“求均值”公式
输入〈/〉	除号
切换至利润表，并单击单元格 F11	2020 年总收入
输入“*360”	乘以 360
按〈Enter〉	输入结束
运算公式	=Average（F9，E9）/'利润表'！F11*360

由此可得，2020 年应收账款周转天数为 21.1 天。现在，我们可以在第 11 行中汇总以上两个流动资产科目，请注意不要将“周转天数”包含进来，因此单元格 E11 应输入“=E7+E9”。

我们可以复制单元格 E11 的公式并向右填充，这样一来，所构建的表应该与表 5-3 一致。

表 5-3 亚马逊公司历史营运资本中的流动资产

（单位：100 万美元，每股数据除外）

经营性营运资本明细表（OWC）

	实际值			预测值				
截至 12 月 31 日	**2018 年**	**2019 年**	**2020 年**	**2021 年**	**2022 年**	**2023 年**	**2024 年**	**2025 年**
流动资产								
存货		20 497.0	23 795.0					
周转天数			*34.2*					
应收账款净值及其他		20 816.0	24 542.0					
周转天数			*21.1*					
流动资产合计		**41 313.0**	**48 337.0**					
流动负债								
应付账款								
周转天数								
应计费用及其他								
周转天数								
预收收入								
周转天数								
流动负债合计								
经营性营运资本合计								
经营性营运资本净变动								
是否匹配？（Y/N）								

应付账款

现在，可以参照以上所述对“应付账款”“应计费用及其他”以及“预收收入”三个负债科目进行相同的操作。首先，我们将“应付账款”与资产负债表的第 20 行关联起来。在经营性营运资本明细表的单元格 E13 中，可以输入“=”，然后切换至资产负债表，选中单元格 D20，按〈Enter〉。我们可以复制该公式并向右填充至 2020 年。尽管应付账款通常与 COGS 相关，但是还应该稍加研究，以便确认这一点是值得的。很遗憾，由于我们的研究无法显示更多的信息，因此维持这一默认假设。我们可以通过如下公式计算历史应付账款周转天数：

$$2020\text{ 年应付账款周转天数}=\frac{\text{平均值（2020 年应付账款，2019 年应付账款）}}{\text{2020 年 COGS}}\times 360\text{ 天}$$

2020 年应付账款周转天数（单元格 F14）

Excel 关键输入步骤	描述
输入〈=〉	进入公式录入模式
输入〈Average（〉	构建求均值公式
单击单元格 F13	2020 年应付账款
输入〈,〉	将我们想要求均值的数字隔开
单击单元格 E13	2019 年应付账款
输入〈)〉	完成“求均值”公式
输入〈/〉	除号
切换至利润表，并单击单元格 F15	2020 年 COGS
输入“*360”	乘以 360
按〈Enter〉	输入结束
运算公式	= Average（F13，E13）/'利润表'!F15 * 360

由此可得，2020 年应付账款周转天数为 92.4 天，现在我们来看应计费用。

应计费用及其他

首先，我们将“应计费用”与资产负债表的第 21 行关联起来。在经营性营运资本明细表的单元格 E15 中，我们可以输入“=”，然后切换至资产负债表，选中单元格 D21，按〈Enter〉。我们可以复制该单元格并向右填充至 2020 年。应计费用通常与某项营业费用有关，但我们不知道具体是哪项营业费用。通过进一步研究，我们在亚马逊公司 2020 年年报的第 50 页找到了如下注释：

合并资产负债表的“应计费用及其他”科目主要是指：租赁和资产报废相关的债务责任、工资和相关费用、税务相关负债、未兑换礼品卡、客户债务、流动负债、收购的数字媒体内容及其他运营费用。

这是若干营业费用科目的组合，因此，在这种情况下，可以关联的不是一个特定的营业费用科目，我们将使用利润表第30行的“总营业费用”。

我们可以通过如下公式计算应计费用的历史周转天数：

$$2020\text{年应计费用周转天数}=\frac{\text{平均值（2020年应计费用，2019年应计费用）}}{\text{2020年总营业费用}}\times 360\text{天}$$

2020年应计费用周转天数（单元格F16）

Excel关键输入步骤	描述
输入〈=〉	进入公式录入模式
输入〈Average(〉	构建求均值公式
单击单元格F15	2020年应计费用
输入〈,〉	将我们想要求均值的数字隔开
单击单元格E15	2019年应计费用
输入〈)〉	完成“求均值”公式
输入〈/〉	除号
切换至利润表，并单击单元格F30	2020年总营业费用
输入“*360”	乘以360
按〈Enter〉	输入结束
运算公式	=Average（F15，E15）/'利润表'!F30*360

由此可得，2020年应计费用的周转天数为131.8天。

预收收入

现在还剩下“预收收入”科目，我们将“预收收入”与资产负债表的第23行关联起来。在经营性营运资本明细表的单元格E17中，我们可以输入“=”，然后切换至资产负债表，选中单元格D23，按〈Enter〉。我们可以复制该单元格并向右填充至2020年。预收收入与收入或销售额相关。我们可以通过如下公式计算预收收入的历史周转天数：

$$2020\text{年预收收入周转天数}=\frac{\text{平均值（2020年预收收入，2019年预收收入）}}{\text{2020年总收入}}\times 360\text{天}$$

2020 年预收收入周转天数（单元格 F18）

Excel 关键输入步骤	描述
输入〈=〉	进入公式录入模式
输入〈Average（〉	构建求均值公式
单击单元格 F17	2020 年预收收入
输入〈,〉	将我们想要求均值的数字隔开
单击单元格 E17	2019 年预收收入
输入〈)〉	完成“求均值”公式
输入〈/〉	除号
切换至利润表，并单击单元格 F11	2020 年总收入
输入“*360”	乘以 360
按〈Enter〉	输入结束
运算公式	=Average（F17，E17）/'利润表'!F11*360

由此可得，2020 年预收收入的周转天数为 8.3 天。现在，我们可以在第 19 行中对“流动负债”的三个科目进行汇总，请注意不要将“天数”包含其中。单元格 E19 应输入“=E13+E15+E17”。

通过从流动资产中扣除流动负债，可在“流动负债合计”下方得到“经营性营运资本合计”。因此，在单元格 E20 中，我们输入“=E11-E19”。我们可以同时复制单元格 E19 及 E20，并向右填充，从而得到表 5-4。

现在，我们可以开始着手预测经营性营运资本明细表了。

预测经营性营运资本

为了预测经营性营运资本，我们将 2020 年各科目的周转天数作为下一年度经营性营运资本的提示性指标。此外，如果时间充裕的话，建议从亚马逊公司的历史年报中挖掘 2018 年及更早年份的历史数据，以便对各指标周转天数的历史趋势有更多的理解。我们将使用 2020 年的周转天数作为分析使用。

应收账款

我想跳过存货先看一下应收账款，因为在开始预测时该科目更容易理解。亚马逊公司 2020 年应收账款的周转天数为 21.1 天。请记住，应收账款周转天数通常为 30 天，该数值较为接近。我们将使用这个假设进行预测，于是我们在单元格 G10 中输入“=F10”，复制该公式并向右填充。为了利用预测的应收账款周转天数来估计应收账款，我们需要将此前应收账款周转天数的计算公式进行变形：

表 5-4　亚马逊公司历史营运资本明细表

（单位：100 万美元，每股数据除外）

经营性营运资本明细表（OWC）	实际值			预测值				
截至 12 月 31 日	**2018 年**	**2019 年**	**2020 年**	**2021 年**	**2022 年**	**2023 年**	**2024 年**	**2025 年**
流动资产								
存货		20 497.0	23 795.0					
周转天数			*34.2*					
应收账款净值及其他		20 816.0	24 542.0					
周转天数			*21.1*					
流动资产合计		**41 313.0**	**48 337.0**					
流动负债								
应付账款		47 183.0	72 539.0					
周转天数			*92.4*					
应计费用及其他		32 439.0	44 138.0					
周转天数			*131.8*					
预收收入		8 190.0	9 708.0					
周转天数			*8.3*					
流动负债合计		**87 812.0**	**126 385.0**					
经营性营运资本合计		**（46 499.0）**	**（78 048.0）**					
经营性营运资本净变动								
是否匹配？（Y/N）								

$$2020\text{ 年应收账款周转天数} = \frac{\text{平均值（2020 年应收账款，2019 年应收账款）}}{\text{2020 年总收入}} \times 360\text{ 天}$$

2021 年应收账款周转天数的计算公式应为：

$$2021\text{ 年应收账款周转天数} = \frac{\text{平均值（2021 年应收账款，2020 年应收账款）}}{\text{2021 年总收入}} \times 360\text{ 天}$$

至此，我们已知应收账款的周转天数（我们的预期假设），并且希望能推算出 2021 年的应收账款。因此，我们可以在上式的等号两边同时除以 360，由此得到：

$$\frac{\text{2021 年应收账款周转天数}}{360\text{ 天}} = \frac{\text{平均值（2021 年应收账款，2020 年应收账款）}}{\text{2021 年总收入}}$$

然后在等式两边乘以 2021 年总收入，可得到：

$$\frac{\text{2021 年应收账款周转天数}}{360\text{ 天}} \times 2021\text{ 年总收入}$$

$$= \text{平均值（2021 年应收账款，2020 年应收账款）}$$

因此，如果要计算 2021 年的应收账款，则公式为：

$$\frac{\text{2021 年应收账款周转天数}}{360\text{ 天}} \times 2021\text{ 年总收入}$$

请注意，我们可对该公式中的“平均值（2021 年应收账款，2020 年应收账款）”做进一步调整。然而，对于常规预测而言，我们所选择的周转天数因素应已能够反映预测指标的平均情况。因此，对于均值的调整看起来有些过度了。然而，一些高级的分析（例如，反推管理层的预期），只能通过如下公式推导而得。因此我们进行如下分析，以供参考。

首先，将“均值”公式转化为数学运算式：

$$\frac{\text{2021 年应收账款周转天数}}{360\text{ 天}} \times 2021\text{ 年总收入}$$

$$= \frac{\text{2021 年应收账款} + \text{2020 年应收账款}}{2}$$

在上式的等号两边同时乘以 2，即得到：

（2021 年应收账款周转天数/360 × 2021 年总收入）× 2 = 2021 年应收账款 + 2020 年应收账款

然后，等式两边同时减去 2020 年的应收账款，则：

$$2021\text{ 年应收账款} = \left(\frac{\text{2021 年应收账款周转天数}}{360\text{ 天}} \times 2021\text{ 年总收入}\right) \times 2 - 2020\text{ 年应收账款}$$

我们继续使用公式“2021 年应收账款周转天数/360 × 2021 年总收入”来预测 2021 年的应收账款。这样做更易于理解。记住，在最初的基础公式（应收账款/收入 × 360）中，“应收账款/收入”给了我们一个百分比，这个百分比回答了“账面上显示的收入中尚未收回的比重是多少？”回忆一下本章的第一个例子，账面显示收入为100 000美元，应收账款为25 000美元，也就是说有25%的收入尚未收回。然后我们用360乘以应收账款占收入的比重，从而得到周转天数。具体到本案例，用360乘以25%，即等于90天。现在，公式（2021年应收账款周转天数/360 × 2021年总收入）中，“2021年应收账款周转天数/360”的部分（90/360），即25%。我们可简单地用该百分比乘以预期的收入，从而得到未来应收账款的估计值。

2021年应收账款（单元格G9）

Excel关键输入步骤	描述
输入〈=〉	进入公式录入模式
单击单元格G10	2021年应收账款周转天数
输入〈/360〉	除以360
输入〈*〉	乘号
切换至利润表，并单击单元格G11	2021年总收入
按〈Enter〉	输入结束
运算公式	=G10/360*'利润表'! G11

由此可得，2021年应收账款为288.023亿美元。我们可以复制该公式并向右填充直至2025年，从而完成对于应收账款的预测（参见表5－5）。

存货

可以针对营运资本中的每一个科目进行重复性操作。但要记住，由于每个科目均与利润表的不同科目相关联，因此对于存货，我们有如下计算公式：

$$2021\text{年存货}=\frac{2021\text{年存货周转天数}}{360\text{天}}\times 2021\text{年 COGS}$$

在单元格G8中，我们可以使用34.2天，引用单元格F8作为假设来预测存货，即在单元格G8中输入“=F8”。

2021年存货（单元格G7）

Excel关键输入步骤	描述
输入〈=〉	进入公式录入模式
单击单元格G8	2021年存货周转天数
输入〈/360〉	除以360
输入〈*〉	乘号
切换至利润表，并单击单元格G15	2021年COGS
按〈Enter〉	输入结束
运算公式	=G8/360*'利润表'! G15

表 5-5　亚马逊公司预测的经营性营运资本中的应收账款

（单位：100 万美元，每股数据除外）

经营性营运资本明细表（OWC）								
	实际值			预测值				
截至 12 月 31 日	**2018 年**	**2019 年**	**2020 年**	**2021 年**	**2022 年**	**2023 年**	**2024 年**	**2025 年**
流动资产								
存货		20 497. 0	23 795. 0					
周转天数			*34. 2*					
应收账款净值及其他		20 816. 0	24 542. 0	28 802. 3	34 159. 6	38 536. 5	41 938. 1	44 488. 3
周转天数			*21. 1*	*21. 1*	*21. 1*	*21. 1*	*21. 1*	*21. 1*
流动资产合计		**41 313. 0**	**48 337. 0**					
流动负债								
应付账款		47 183. 0	72 539. 0					
周转天数			*92. 4*					
应计费用及其他		32 439. 0	44 138. 0					
周转天数			*131. 8*					
预收收入		8 190. 0	9 708. 0					
周转天数			*8. 3*					
流动负债合计		**87 812. 0**	**126 385. 0**					
经营性营运资本合计		**（46 499. 0）**	**（78 048. 0）**					
经营性营运资本净变动								
是否匹配？（Y/N）								

由此可得，2021年存货为281.254亿美元。我们可以复制单元格G7与G9并向右填充至2025年。也可以复制之前计算的单元格F11中的流动资产合计值，并向右填充至2025年，完成流动资产的预测（参见表5－6）。

应付账款

现在，我们可以从应付账款开始，对流动负债类科目重复之前的操作。

$$2021\text{年应付账款}=\frac{2021\text{年应付账款周转天数}}{360\text{天}}\times 2021\text{年 COGS}$$

因此，我们可以在单元格G14中使用92.4天，引用单元格F14作为预测假设。注意，92.4天很长，但仍接近30～90天的区间范围。在单元格G14中输入“=F14”。

2021年应付账款（单元格G13）

Excel关键输入步骤	描述
输入〈=〉	进入公式录入模式
单击单元格G14	2021年应付账款周转天数
输入〈/360〉	除以360
输入〈*〉	乘号
切换至利润表，并单击单元格G15	2021年COGS
按〈Enter〉	输入结束
运算公式	=G14/360*'利润表'！G15

由此可得，2021年应付账款为760.235亿美元。我们可以复制单元格G13与G14并向右填充。

应计费用

记住我们是基于总营业费用来计算应计费用，我们使用如下计算公式：

$$2021\text{年应计费用}=\frac{2021\text{年应计费用周转天数}}{360\text{天}}\times 2021\text{年总营业费用}$$

因此，我们可以在单元格G16中引用F16作为预测假设。注意131.8天相当长，远远超出30～90天的区间。一些流动负债科目可能有更长的天数——可能是亚马逊公司有更长的支付周期，或者是一些没有回款的科目导致整个天数增加。无论什么原因，为保持预测一致性，让我们锁定这个假设。如果在没有充分理由的情况下，把天数降到90，应计费用会下降，会导致大量现金流入，这不是正确的做法。因此我们在单元格G16中输入“=F16”。

表 5－6　亚马逊公司预测的经营性营运资本中的流动资产

（单位：100 万美元，每股数据除外）

经营性营运资本明细表（OWC）								
	实际值			预测值				
截至 12 月 31 日	**2018 年**	**2019 年**	**2020 年**	**2021 年**	**2022 年**	**2023 年**	**2024 年**	**2025 年**
流动资产								
存货		20 497.0	23 795.0	28 125.4	33 356.7	37 630.9	40 952.5	43 442.8
周转天数			*34.2*	*34.2*	*34.2*	*34.2*	*34.2*	*34.2*
应收账款净值及其他		20 816.0	24 542.0	28 802.3	34 159.6	38 536.5	41 938.1	44 488.3
周转天数			*21.1*	*21.1*	*21.1*	*21.1*	*21.1*	*21.1*
流动资产合计		**41 313.0**	**48 337.0**	**56 927.8**	**67 516.3**	**76 167.4**	**82 890.7**	**87 931.1**
流动负债								
应付账款		47 183.0	72 539.0					
周转天数			*92.4*					
应计费用及其他		32 439.0	44 138.0					
周转天数			*131.8*					
预收收入		8 190.0	9 708.0					
周转天数			*8.3*					
流动负债合计		**87 812.0**	**126 385.0**					
经营性营运资本合计		**（46 499.0）**	**（78 048.0）**					
经营性营运资本净变动								
是否匹配？（Y/N）								

2021年应计费用（单元格G15）

Excel关键输入步骤	描述
输入〈=〉	进入公式录入模式
单击单元格G16	2021年应计费用周转天数
输入〈/360〉	除以360
输入〈*〉	乘号
切换至利润表，并单击单元格G30	2021年总营业费用
按〈Enter〉	输入结束
运算公式	=G16/360*'利润表'!G30

由此可得，2021年应计费用为486.264亿美元。我们可以复制单元格G15与G16并向右填充至2025年（参见表5-7）。

预收收入

预收收入是指销售并未完成但是款项已收到。因此，根据定义，该科目与收入相关，我们注意到8.3天是非常短的。考虑到可能只有很少的销售属于预收收入，该数值是合理的。所以我们可以锁定这个假设，让单元格G18等于F18，使用如下公式：

$$2021\text{年预收收入}=\frac{2021\text{年预收收入周转天数}}{360\text{天}}\times 2021\text{年总收入}$$

2021年预收收入（单元格G17）

Excel关键输入步骤	描述
输入〈=〉	进入公式录入模式
单击单元格G18	2021年预收收入周转天数
输入〈/360〉	除以360
输入〈*〉	乘号
切换至利润表，并单击单元格G11	2021年总收入
按〈Enter〉	输入结束
运算公式	=G18/360*'利润表'!G11

由此可得，2021年预收收入为113.652亿美元。我们可以复制单元格G17与G18，并向右填充至2025年。此外，同样可以复制此前已经计算过的流动负债合计值（单元格F19）与经营性营运资本合计值（单元格F20），并向右填充直至2025年，以得到经营性营运资本明细表（参见表5-7）。

表 5－7　亚马逊公司预测的经营性营运资本明细表

（单位：100 万美元，每股数据除外）

经营性营运资本明细表（OWC）								
	实际值			预测值				
截至 12 月 31 日	**2018 年**	**2019 年**	**2020 年**	**2021 年**	**2022 年**	**2023 年**	**2024 年**	**2025 年**
流动资产								
存货		20 497. 0	23 795. 0	28 125. 4	33 356. 7	37 630. 9	40 952. 5	43 442. 8
周转天数			*34. 2*	*34. 2*	*34. 2*	*34. 2*	*34. 2*	*34. 2*
应收账款净值及其他		20 816. 0	24 542. 0	28 802. 3	34 159. 6	38 536. 5	41 938. 1	44 488. 3
周转天数			*21. 1*	*21. 1*	*21. 1*	*21. 1*	*21. 1*	*21. 1*
流动资产合计		**41 313. 0**	**48 337. 0**	**56 927. 8**	**67 516. 3**	**76 167. 4**	**82 890. 7**	**87 931. 1**
流动负债								
应付账款		47 183. 0	72 539. 0	76 023. 5	90 163. 8	101 716. 8	110 695. 3	117 426. 5
周转天数			*92. 4*	*92. 4*	*92. 4*	*92. 4*	*92. 4*	*92. 4*
应计费用及其他		32 439. 0	44 138. 0	48 626. 4	57 670. 9	65 060. 5	70 803. 3	75 108. 7
周转天数			*131. 8*	*131. 8*	*131. 8*	*131. 8*	*131. 8*	*131. 8*
预收收入		8 190. 0	9 708. 0	11 365. 2	13 479. 2	15 206. 3	16 548. 5	17 554. 8
周转天数			*8. 3*	*8. 3*	*8. 3*	*8. 3*	*8. 3*	*8. 3*
流动负债合计		**87 812. 0**	**126 385. 0**	**136 015. 1**	**161 313. 9**	**181 983. 6**	**198 047. 2**	**210 090. 1**
经营性营运资本合计		**（46 499. 0）**	**（78 048. 0）**	**（79 087. 3）**	**（93 797. 6）**	**（105 816. 2）**	**（115 156. 5）**	**（122 159. 0）**
经营性营运资本净变动								
是否匹配?（Y/N）								

营运资本与现金流量表

阐释营运资本科目与现金流科目之间的关系，意义重大。请记住，构建营运资本明细表的原因之一在于将其作为连接资产负债表与现金流量表的纽带。既然我们已经完成了对经营性营运资本的预测，那么就可以将预测结果与现金流量表中经营性营运资本项下的科目对应关联起来（现金流量表第16～20行）。

首先，我们来讨论一下经营性营运资本与现金流之间的关系。如果存货逐年增加，将导致现金流出。例如，如果2019年没有存货，而2020年存货的余额上升至1 000美元，即表明我们可能已经采购了货品。如果的确如此，则会花费资金，因此与存货变动相关联的现金流变动为－1 000美元。相同的法则适用于经营性营运资本所包含的所有流动资产科目（记住，“现金”未被包含在经营性营运资本中）。如果应收账款逐年上升，则会导致现金流出。

但是，如果流动资产科目呈现逐年下降的趋势又意味着什么呢？例如，如果2019年应收账款为1 500美元，而到2020年该科目余额已下降为零，即表明我们已经收回了全部应收账款。换言之，如果此前赊购我们产品或服务的客户支付了货款，则意味着该笔应收账款已经收回了。因此，应收账款余额会下降，现金会流入公司。在上述例子中，在应收账款减少1 500美元的同时，现金流相应地增加1 500美元。同样，如果我们的存货由2019年的2 000美元下降至2020年的1 500美元，则可以假设存货已经售出并已收回现金。

流动资产增加（＋）现金流减少（－）

流动资产减少（－）现金流增加（＋）

注意，以上所提及的经营性营运资本的流动资产不包含现金。现金本身是资产类科目。如果现金增加，那么现金流量表中的相关金额也会相应增加。

流动负债对于现金流的影响恰恰相反。让我们以应计负债为例来看一下。如果公司的应计负债由2019年的1 000美元上升至2020年的2 000美元，这将对现金流产生正向影响。而要弄明白应付费用（尚未真正支付的费用）的增加是如何对现金流产生正向影响的，似乎有些难度。但是请记住，经营活动现金流反映了对净利润进行非现金科目调整后的结果。因此，当应付费用由1 000美元增加至2 000美元时，意味着我们需要将更多非现金费用加回到净利润中。这里所说的“加回”意味着现金流入。因此，应付类科目逐年增加，会导致现金流增加，或是现金被“加回”到净利润中。反之，如果应计负债科目减少了，意味着我们已经偿付了部分债务，则现金流减少了。例如，如果公司2019年的应付账款为7 500美元，而2020年该科目余额为零，意味着我们已经支付了上述款项，这也就导致了7 500美元的现金流出。综上，流动负债的增加对应现金流的增加，流动负债的减少对应现金流的减少。

流动负债增加（+）现金流增加（+）

流动负债减少（−）现金流减少（−）

现金流量表的经营性营运资本部分提及了流动资产类与流动负债类科目逐年变动对现金流的影响。因此，我们希望将营运资本项下各科目的逐年变动与现金流量表关联起来，需要小心的是要对现金流的流动方向进行适当调整。在做关联之前，让我们先看一下营运资本总额。在经营性营运资本明细表的第 21 行（“经营性营运资本净变动”）反映了预测区间内经营性营运资本合计值的逐年变动情况。因此在单元格 G21 中，我们可以将 2020 年的经营性营运资本合计值从 2021 年经营性营运资本合计值中扣除，或是输入“=”，然后选中单元格 G20，输入“−”再选中单元格 F20。我们可以复制上述公式并向右填充，由此可以看出经营性营运资本呈逐年下降态势。

既然经营性营运资本被定义为流动资产（不包括现金）与流动负债（不包括短期债务）的差值，因此可将其视为净资产。因此，经营性营运资本的合计值对现金流的影响与资产类科目相同。即当经营性营运资本逐年上升时，反映的是现金的流出；而逐年下降时，则反映了现金的流入。如果亚马逊公司预计的经营性营运资本呈逐年下降态势，那我们应该看到，现金流量表中营运资本现金流的总变动是正的。

第 22 行的匹配公式是我们将在整个模型中贯穿使用的检验公式之一。由于我们尚未将经营性营运资本的科目与现金流量表关联起来，所以该行单元格中暂时会显示“N”。一旦上述关联工作完成，则应显示“Y”。匹配检验是为了确保经营性营运资本净变动（第 21 行）与现金流量表中的经营性营运资本净变动（现金流量表第 21 行）相匹配。在现金流量表中，我们将计算营运资本项下每个科目的变动，并将它们汇总。因此，实际上我们利用了两种方法来计算营运资本的变动。这样做有助于确保现金流的流向准确无误，如下所示。

（单位：美元）

经营性营运资本	2020年	2021年
应收账款	20 000.0	25 000.0
存货	5 000.0	7 500.0
预付费用	1 250.0	1 000.0
应付账款	10 000.0	12 500.0
应计费用	12 500.0	15 000.0
净营运资本	**3 750.0**	**6 000.0**
营运资本净变动		**2 250.0**

现金流	2021年
应收账款	(5 000.0)
存货	(2 500.0)
预计费用	250.0
应付账款	2 500.0
应计费用	2 500.0
营运资本合计	**(2 250.0)**

存货变动

让我们从存货开始，将经营性营运资本项下的所有科目与现金流量表逐一关联起来。在现金流量表中，第16行（“存货变动”）反映了存货净值，因此我们非常希望将该科目与经营性营运资本关联起来。我们还希望能够在现金流量表中反映指标逐年变动的情况，即合理反映资金流入或流出的情况，当然这取决于该指标属于资产科目还是负债科目。在亚马逊公司案例中，我们看到经营性营运资本明细表显示2021年存货相较2020年是上升的，这在现金流量表中应体现为现金流出。因此，在将经营性营运资本中的应收账款与现金流量表关联起来时，应该将2021年存货相较2020年变动的“负值”与现金流流量表关联起来，或者以如下公式进行列示，即存货的现金流变动 = −(2021年存货 − 2020年存货)。

2021年存货变动（现金流量表单元格G16）

Excel关键输入步骤	描述
输入〈=〉	进入公式录入模式
输入〈−(〉	用于计算“负”的变动
单击经营性营运资本明细表单元格G7	2021年存货
输入〈−〉	减号
单击经营性营运资本明细表单元格F7	2020年存货
输入〈)〉	以括号结束
按〈Enter〉	输入结束
运算公式	=−('经营性营运资本明细表'！G7 −'经营性营运资本明细表'！F7)

我们可以复制上表中的公式，并向右填充直至2025年（参见表5−8）。

应收账款

构成经营性营运资本的流动资产科目对现金流的影响方式是相同的，也就是说，鉴于经营性营运资本明细表中的流动资产以及它对现金流的影响，我们希望将经营性营运资本中各项流动资产变动的“负值”导入现金流量表。由于应收账款同样呈现逐年上升的态势，所以我们应该预见在现金流量表的“应收账款”科目中看到现金流出。

表 5-8 亚马逊公司经营性营运资本明细表预测

（单位：100 万美元，每股数据除外）

	实际值			预测值				
截至 12 月 31 日	**2018 年**	**2019 年**	**2020 年**	**2021 年**	**2022 年**	**2023 年**	**2024 年**	**2025 年**
经营活动现金流								
净利润	10 073.0	11 588.0	21 331.0	25 524.1	29 125.8	29 800.5	28 847.9	25 418.4
折旧与摊销	15 341.0	21 789.0	25 251.0	28 669.8	35 841.6	43 932.4	52 737.3	62 077.6
股权激励	5 418.0	6 864.0	9 208.0	11 694.2	13 869.3	15 646.4	17 027.5	18 062.9
占总营业费用%	*8.2%*	*8.7%*	*8.8%*	*8.8%*	*8.8%*	*8.8%*	*8.8%*	*8.8%*
其他经营费用（收入）净额	274.0	164.0	（71.0）	（90.2）	（106.9）	（120.6）	（131.3）	（139.3）
占总收入%	*0.1%*	*0.1%*	*0.0%*	*0.0%*	*0.0%*	*0.0%*	*0.0%*	*0.0%*
其他费用（收入）净额	219.0	（249.0）	（2 582.0）	219.0	（249.0）	219.0	（249.0）	219.0
递延所得税	441.0	796.0	（554.0）	（554.0）	（554.0）	（554.0）	（554.0）	（554.0）
营运资本变动								
存货变动	（1 314.0）	（3 278.0）	（2 849.0）	（4 330.4）	（5 231.3）	（4 274.1）	（3 321.7）	（2 490.2）
应收账款变动	（4 615.0）	（7 681.0）	（8 169.0）	（4 260.3）	（5 357.2）	（4 377.0）	（3 401.6）	（2 550.2）
应付账款变动	3 263.0	8 193.0	17 480.0	3 484.5	14 140.4	11 553.0	8 978.5	6 731.2
应计费用变动	472.0	（1 383.0）	5 754.0	4 488.4	9 044.5	7 389.6	5 742.9	4 305.4
预收收入变动	1 151.0	1 711.0	1 265.0	1 657.2	2 113.9	1 727.1	1 342.3	1 006.3
经营性营运资本净变动	**（1 043.0）**	**（2 438.0）**	**13 481.0**	**1 039.3**	**14 710.2**	**12 018.6**	**9 340.4**	**7 002.4**
经营活动现金流合计	**30 723.0**	**38 514.0**	**66 064.0**	**66 502.3**	**92 637.0**	**100 942.2**	**107 018.8**	**112 087.1**

2021年应收账款变动（现金流量表单元格G17）

Excel关键输入步骤	描述
输入〈=〉	进入公式录入模式
输入〈-（〉	用于计算“负”的变动
单击经营性营运资本明细表单元格G9	2021年应收账款
输入〈-〉	减号
单击经营性营运资本明细表单元格F9	2020年应收账款
输入〈)〉	以括号结束
按〈Enter〉	输入结束
运算公式	=-（'经营性营运资本明细表'！G9-'经营性营运资本明细表'！F9）

我们可以复制上表中的公式，并向右填充直至2025年（参见表5-8）。

在现金流量表与资产负债表之间辨识营运资本科目
有这样一种情况经常会发生，那就是基于资产负债表，有一些科目已经被我们判定为营运资本科目，却无法在现金流量表的经营活动现金流部分找到与之匹配的科目。对于上述情况，我们的建议是，出于估值考虑，应增加一些行，以便将所有营运资本科目合理地归入现金流量表。另一种方法是将所有科目都合并到一个营运资本科目内在现金流量表中进行列示。幸运的是，亚马逊公司年报中的科目排列有序，无须进行任何调整。如果有科目不匹配的情况，如何进行调整，相关示例请参阅本书第1版中沃尔玛公司的案例。

应付账款变动

说到流动负债，请记住，该科目余额的逐年增加意味着现金流入。因此：

2021年应付账款变动=2021年应付账款-2020年应付账款

换言之，这里的减号是直接扣减的意思，并非像计算流动资产变动时额外还有一个负号。

2021年应付账款变动（现金流量表单元格G18）

Excel关键输入步骤	描述
输入〈=〉	进入公式录入模式
单击经营性营运资本明细表单元格G13	2021年应付账款
输入〈-〉	减号
单击经营性营运资本明细表单元格F13	2020年应付账款
按〈Enter〉	输入结束
运算公式	='经营性营运资本明细表'！G13-'经营性营运资本明细表'！F13

我们可以复制上述公式并向右填充，直至 2025 年（参见表 5 –8）。

应计费用变动

我们可以重复以上过程来计算应计费用的变动额。

2021 年应计费用变动（现金流量表单元格 G19）

Excel 关键输入步骤	描述
输入〈 = 〉	进入公式录入模式
选择经营性营运资本明细表单元格 G15	2021 年应计费用
输入〈 – 〉	减号
单击经营性营运资本明细表单元格 F15	2020 年应计费用
按〈Enter〉	输入结束
运算公式	='经营性营运资本明细表'! G15 –'经营性营运资本明细表'! F15

我们可以复制上表中的公式并向右填充，直至 2025 年（参见表 5 –8）。

预收收入变动

现在，我们可以关联预收收入了。

2021 年预收收入变动（现金流量表单元格 G20）

Excel 关键输入步骤	描述
输入〈 = 〉	进入公式录入模式
单击经营性营运资本明细表单元格 G17	2021 年预收收入
输入〈 – 〉	减号
单击经营性营运资本明细表单元格 F17	2020 年预收收入
按〈Enter〉	输入结束
运算公式	='经营性营运资本明细表'! G17 –'经营性营运资本明细表'! F17

现在，可以复制上述公式并向右填充至 2025 年（参见表 5 –8）。

我们注意到，现在经营性营运资本明细表第 22 行读取的匹配结果为“Y”。同样，该检验是为了确保已经逐年将经营性营运资本中的每一个科目与现金流量表的变动额关联起来。通过该检验有助于避免出现遗漏。截至目前，我们已经完成了营运资本明细表的构建，因而可以继续完成资产负债表的预测。

第六章

资产负债表预测

至此，我们已经将资产负债表每一项科目完整列示，并且完成了折旧明细表和营运资本明细表，准备好进行预测了。

现金流量表驱动资产负债表 VS. 资产负债表驱动现金流量表

当通过建模进行财务预测时，有以下两种常用的方法。

1. 资产负债表驱动现金流量表，即现金流量表是由资产负债表科目的逐年变动额推导而得。

2. 现金流量表驱动资产负债表，即资产负债表是基于现金是如何获得或使用来进行预测的。

尽管上述两种方法均比较常用，但我们强烈建议使用第二种方法，即由现金流量表推导资产负债表。因为这种方法的逻辑性更强，且不容易出错。而由资产负债表反推现金流量表的第一种方法，将无法完整呈现现金流量表每个科目的情况。让我们以 PP&E 为例。PP&E 净值因 CAPEX 的增加而增加，因折旧而减少。因此，如果资产负债表中的 PP&E 增加了 1 000 美元，我们如何知道该项变动有多少是由折旧引起，而又有多少是由 CAPEX 引起的呢？

（单位：美元）

现金流	
折旧	?
CAPEX	?

资产负债表	2019 年	2020 年
PP&E	0.0	1 000.0

读者可能会认为 1 000 元源于 CAPEX。

（单位：美元）

现金流	
折旧	0.0
CAPEX	(1 000.0)

资产负债表	2019 年	2020 年
PP&E	0.0	1 000.0

或者，也可能认为 CAPEX 为 1 500 美元，而折旧为 500 美元，这同样会造成 PP&E 净值增加 1 000 美元。

（单位：美元）

现金流	
折旧	500.0
CAPEX	(1 500.0)

资产负债表	2019 年	2020 年
PP&E 净值	0.0	1 000.0

此外，也可能采购了 2 000 美元的资产，同时又处置了 500 美元的资产。总之，造成 PP&E 变动的原因有多种可能性。但是，现金流量表清晰地列示了折旧和 CAPEX 的情况，因此可以通过观察现金流量表来找到原因。鉴于此，如果我们基于现金流量表预测资产负债表的科目，可以对公司业务有更全面的认识。

注意在上例中，我们知道通过进一步研究 CAPEX 与折旧，就可以揭示 PP&E 的逐年变动情况。然而，这说明在复杂的情况下，由资产负债表反推现金流量表可能会忽略一些重要的现金流。

强烈建议你使用下面将要介绍的方法。华尔街的初级分析师所要解决的主要难题之一就是如何保证资产负债表是平衡的。记住：资产 - 负债 = 股东权益的公式在资产负债平衡时是成立的。难点在于，分析师是否能够在对资产负债表的所有资产、负债以及股东权益科目做出预测的同时，依然保证上述公式成立。

当资产负债表不平衡时，通过查错并找出哪些科目应该被删除，是一项艰巨的工作。众所周知，这项工作彻夜困扰着分析师们。然而，如果能借助一套清晰且系统的方法来预测资产负债表，那么这项工作应能轻松不少。如果人们能够更好地理解资产负债表背后的现金流变动逻辑，也许无须再为此通宵达旦了。借助我们所介绍的方法，纠错不平衡的资产负债表应该至多花费一个小时，因此，希望你继续读下去。

预测资产负债表的关键在于现金流量表。现金流影响着资产、负债以及股东权益。如果一家公司花费了现金，可能是购买了一项资产或者可能偿还了一笔贷款。相反，如果一家公司获得了现金，可能是出售了一项资产或者募集了一笔资金。关注现金流量表，有助于认清资产、负债以及股东权益是如何被其他因素影响的。如果支出现金，那么一定意味着资产的增加（除了现金），或者负债亦或是股东权益的减少。如果收到现金，则一定意味着资产的减少（除了现金），或者负债亦或是股东权益的增加。因此，想要预测资产负债表的科目，我们需要研读资产负债表的每一个科目，并且问自己如下两个问题：

1. 现金流量表中的哪个或哪些科目会对资产负债表科目产生影响？

2. 这些现金流量表的科目是如何影响资产负债表科目的？是令其增加还是减少？

资产

以资产负债表中的“现金”科目为例。如果2020年的现金为1 000美元，并且我们想要预测2021年的现金，则需要关注两个问题。

（单位：美元）

现金流	2021年
?	?

→

资产负债表	2020年	2021年
现金	1 000.0	0

现金流科目“现金及现金等价物的变动合计”影响着资产负债表的现金。并且，现金变动额为正，则应令资产负债表的现金余额增加。因此，如果2021年现金及现金等价物的总变动为500美元，那么2021年的现金账户余额应为1 500美元。

（单位：美元）

现金流	2021年
现金总变动	500.0

→

资产负债表	2020年	2021年
现金	1 000.0	1 500.0

因此，计算2021年的资产负债表现金余额时，取2020年资产负债表的现金余额与2021年现金流流量表的现金及现金等价物变动额之和，或者：

2021年资产负债表的现金余额 = 2020年资产负债表的现金余额 + 2021年现金及现金等价物总变动

通过同样的方法，可以预测亚马逊公司2021年的现金。

2021年现金（资产负债表单元格F8）

Excel关键输入步骤	描述
输入〈=〉	进入公式录入模式
选择单元格E8	2020年现金
输入〈+〉	加号
选择现金流量表单元格G38	2021年现金及现金等价物总变动
按〈Enter〉	输入结束
运算公式	=E8+'现金流量表'!G38

由此可得，亚马逊公司2021年的现金余额为549.899亿美元。可以复制上表中的公式，并向右填充直至2025年（参见表6-1）。

存货 让我们跳过有价证券，首先来看存货和应收账款，因为在构建营运资本明细表时已经讨论过这两个科目与资产负债表的关系，最终确定这些科目在预测表中的关系是非常重要的。

以存货为例，假设2020年存货为1 500美元。

表 6-1　亚马逊公司资产负债表现金预测

（单位：100 万美元，每股数据除外）

合并资产负债表	实际值		预测值				
截至 12 月 31 日	**2019 年**	**2020 年**	**2021 年**	**2022 年**	**2023 年**	**2024 年**	**2025 年**
资产							
流动资产							
现金及现金等价物	36 092. 0	42 122. 0	54 989. 9	74 019. 7	103 903. 2	122 195. 8	151 430. 0
有价证券							
存货							
应收账款净值及其他							
流动资产合计							
物业、设备与机器净值							
经营租赁							
商誉							
其他资产							
资产合计							

（单位：美元）

现金流	2021年
?	?

→

资产负债表	2020年	2021年
存货	1 500.0	?

现在，我们来回答上述两个问题，现金流量表经营性营运资本部分的存货变动影响着资产负债表的存货科目。假设2021年的存货变动为－250美元，这里营运资本负的变动暗示我们购买了更多的存货，因此，资产负债表的存货余额应该由1 500美元增加至1 750美元。

（单位：美元）

现金流	2021年
存货变动	（250）

→

资产负债表	2020年	2021年
存货	1 500.0	1 750.0

2021年资产负债表存货＝2020年资产负债表存货－2021年存货现金流变动

请注意，上式与现金的计算公式相似。但是在这里，用“－”号替代了“＋”号。

2021年存货（资产负债表单元格F10）

Excel关键输入步骤	**描述**
输入〈＝〉	进入公式录入模式
单击单元格E10	2020年存货
输入〈－〉	减号
单击现金流量表单元格G16	2021年存货变动
按〈Enter〉	输入结束
运算公式	＝E10－'现金流量表'！G16

由上表可知，2021年的存货为281.254亿美元。可以复制上表中的公式，并向右填充直至2025年。

应收账款 用同样的方法来预测应收账款，假设2020年的应收账款为1 000美元。

（单位：美元）

现金流	2021年
?	?

→

资产负债表	2020年	2021年
应收账款	1 000.0	?

下面回答上述两个问题，与2021年应收账款相关联的现金流量表的科目是营运资本部分的应收账款变动。现在回忆一下在营运资本章节讨论过现金流量表和资产负债表中应收账款之间的勾稽关系。如果现金变动为正，表明我们已经收回应收账款或者说应收账款减少了。举例来看，如果公司2021年应收账款变动为250美

元，这说明我们收回了 250 美元的应收账款。因此 2021 年的应收账款余额应在 2020 年 1 000 美元的基础上扣除 250 美元，应为 750 美元。

（单位：美元）

现金流	2021 年
应收账款变动	250. 0

→

资产负债表	2020 年	2021 年
应收账款	1 000. 0	750. 0

或者：

2021 年资产负债表应收账款 = 2020 年资产负债表应收账款 – 2021 年应收账款现金流变动

请注意，上式的结构与存货的计算公式相似。并且，在这里依然使用了“ – ”号。

2021 年应收账款（资产负债表单元格 F11）

Excel 关键输入步骤	描述
输入〈 = 〉	进入公式录入模式
单击单元格 E11	2020 年应收账款
输入〈 – 〉	减号
单击现金流量表单元格 G17	2021 年应收账款变动
按〈Enter〉	输入结束
运算公式	= E11 – '现金流量表'！G17

由上表可知，2021 年应收账款为 288. 022 亿美元。可以复制上表中的公式，并向右填充直至 2025 年。

这里有很重要的一点需要注意，即对于所有资产（除了现金）而言，公式的形式通常如下：

2021 年资产负债表科目 = 2020 年资产负债表科目 – 2021 年现金流量表的关联科目

然而，现金科目是个例外：

2021 年资产负债表科目 = 2020 年资产负债表科目 + 2021 年现金流量表的关联科目

以上公式是合乎逻辑的，因为下一年度资产负债表的科目是其上一年度科目余额受相关现金流变动影响而增减后的结果。对于资产，现金流量表中的现金对其有反向影响（如果现金变动是负的，则资产会增加；如果现金变动是正的，则资产会减少），因此需要用“ – ”号体现反向作用关系。例外的是资产负债表中的现金资产，现金流增加则现金资产余额增加，现金流减少则现金资产余额减少，因此需要用“ + ”号体现正向作用关系。上述这些有关公式架构的逻辑规律是建模的关键。尽管有其他多种方法可以预测上述科目，但是我们建议保持模型前后的一致性。因为模型越直接且一致性越好，则读取效果越好，出错的概率也就越低，并且即使真的出错了，也可以大大降低纠错的难度。此外，公式的设计也应符合指标的含义，因为更好地理解指标的含义有助于分析师在模型报错时能够尽快发现问题所在。

可以继续沿用上述方法来处理资产负债表的所有资产类科目，并将如下资产负债表科目与现金流量表相关科目进行匹配（参见表6－2）。

表6－2 亚马逊公司资产负债表资产预测

资产负债表科目	现金流量表科目	公式
有价证券（单元格F9）	有价证券出售及到期所得（单元格G28）、购买有价证券（单元格G29）	＝E9－'现金流量表'！G28－现金流量表！G29
物业、设备与机器净值（单元格F13）	CAPEX（单元格G24）、折旧及摊销（单元格G8）、物业及设备处置收入（单元格G26）、业务收购，净现金支出（单元格G27） 注意：如这里所示，与资产负债表某一科目相关联的现金流科目可能不止一个。同样的，投资及商业收购也可能对商誉产生影响。但是我们暂时维持简化假设	＝E13－'现金流量表'！G24－'现金流量表'！G8－'现金流量表'！G26－'现金流量表'！G27
经营租赁（单元格F14）	0。我们无法辨别哪些现金流量表科目与经营租赁直接相关，因此维持该科目不变 注意：如果没有现金流科目影响资产负债表科目，意味着该资产负债表科目将会保持不变。例如，变动值为0。一个常见的错误是在资产负债表科目中输入“0”	＝E14
商誉（单元格F15）	0 注意：我们无法确定“业务收购”科目中有多大部分与商誉相关，然而我们已经简化假设其会影响PP&E，便不会再影响商誉	＝E15
其他资产（单元格F16）	其他营业费用（单元格G11）、其他费用（单元格G13） 注意：这是一个最优估计。通常情况下，“其他”科目究竟包含哪些科目无法确定。进一步的研究可以给出更多的线索。但是默认的做法是，明确假设“其他”类现金流科目应该导入“其他资产”科目中	＝E16－'现金流量表'！G11－'现金流量表'！G13

可以复制上表中各科目的公式，并向右填充直至2025年。还可以复制之前已经计算得到的流动资产合计值（第12行）与资产合计值（第17行），并向右填充至2025年。至此，我们已经完成了资产负债中资产类科目的预测（参见表6－3）。

表 6－3　亚马逊公司资产预测

（单位：100 万美元，每股数据除外）

合并资产负债表	实际值		预测值				
截至 12 月 31 日	**2019 年**	**2020 年**	**2021 年**	**2022 年**	**2023 年**	**2024 年**	**2025 年**
资产							
流动资产							
现金及现金等价物	36 092. 0	42 122. 0	54 989. 9	74 019. 7	103 903. 2	122 195. 8	151 430. 0
有价证券	18 929. 0	42 274. 0	41 134. 0	50 265. 0	49 125. 0	58 256. 0	57 116. 0
存货	20 497. 0	23 795. 0	28 125. 4	33 356. 7	37 630. 9	40 952. 5	43 442. 8
应收账款净值及其他	20 816. 0	24 542. 0	28 802. 3	34 159. 6	38 536. 5	41 938. 1	44 488. 3
流动资产合计	**96 334. 0**	**132 733. 0**	**153 051. 6**	**191 801. 0**	**229 195. 6**	**263 342. 5**	**296 477. 1**
物业、设备与机器净值	72 705. 0	113 114. 0	138 867. 6	167 572. 1	196 456. 5	222 963. 4	244 948. 7
经营租赁	25 141. 0	37 553. 0	37 553. 0	37 553. 0	37 553. 0	37 553. 0	37 553. 0
商誉	14 754. 0	15 017. 0	15 017. 0	15 017. 0	15 017. 0	15 017. 0	15 017. 0
其他资产	16 314. 0	22 778. 0	22 649. 2	23 005. 1	22 906. 8	23 287. 0	23 207. 3
资产合计	**225 248. 0**	**321 195. 0**	**367 138. 4**	**434 948. 3**	**501 128. 9**	**562 162. 9**	**617 203. 1**

负债

负债项下的第一个科目，即应付账款。假设公司 2020 年资产负债表的应付账款余额为 1 000 美元。

（单位：美元）

现金流	2021 年
?	?

资产负债表	2020 年	2021 年
应付账款	1 000.0	?

下面回答前述问题，那就是现金流量表营运资本部分的 2021 年应付账款变动对于资产负债表相应科目的影响。现在回忆一下，我们在第五章营运资本部分中曾经讨论过，现金流量表的应付账款与资产负债表的应付账款之间的勾稽关系。即如果现金变动是正的，那么应付账款会增加。例如，如果 2021 年应付账款变动为 500 美元，则应付账款会增加 500 美元。

（单位：美元）

现金流	2021 年
应付账款变动	500.0

资产负债表	2020 年	2021 年
应付账款	1 000.0	1 500.0

或者：

2021 年资产负债表应付账款 = 2020 年资产负债表应付账款 + 2021 年应付账款现金流变动

请注意，这里的公式结构与资产项的计算公式相似，只是用“ + ”号代替了“ – ”号，这是由于负债与现金之间的直接关系造成的（也就是说，现金增加导致负债增加，现金减少导致负债减少）。

因此，我们可以通过同样的方法来预测亚马逊公司 2021 年的应付账款。

2021 年应付账款（资产负债表单元格 F20）

Excel 关键输入步骤	描述
输入〈 = 〉	单击公式录入模式
选择单元格 E20	2020 年应付账款
输入〈 + 〉	加号
单击现金流量表单元格 G18	2021 年应付账款
按〈Enter〉	输入结束
运算公式	= E20 + '现金流量表'! G18

由上表可知，2021 年应付账款为 760.235 亿美元，可以复制该公式并向右填充至 2025 年。

我们可以继续沿用上述方法来处理资产负债表的所有负债类科目，并将如下资产负债表科目与现金流量表相关科目进行匹配（参见表6－4）。

表6－4　亚马逊公司资产负债表负债预测

资产负债表科目	现金流量表科目	公式
应计费用及其他（单元格F21）	应计费用变动（单元格G19）	= E21 +′现金流量表′! G19
短期债务（单元格F22）	短期债务（还款）（单元格G32） 注意：亚马逊公司没有在资产负债表中列示短期债务科目，我们认为这极不寻常，因为在现金流量表中有相关科目。因此，我们在资产负债表中添加一行，暂且输入数值0	= E22 +′现金流量表′! G32
预收收入（单元格F23）	预收收入变动（单元格G20）	= E23 +′现金流量表′! G20
长期租赁负债（单元格F25）	融资租赁的本金偿还（单元格G34）	= E25 +′现金流量表′! G34
长期债务（单元格F26）	长期债务（还款）（单元格G33）	= E26 +′现金流量表′! G33
其他长期负债（单元格F27）	债务融资的本金偿还（单元格G35），递延所得税（单元格G14） 注意：很难确定“其他”科目究竟包含哪些科目。然而，我们认识到融资债务的本金偿还必然与负债相关（我们稍后会改变这一点），这是最后一个科目。递延税可以是一项资产，但我们之前已完成了资产预测，在这里我们将其与这个唯一的其他负债项目勾稽；另外，递延税更像是一项负债而非资产	= E27 +′现金流量表′! G35 +′现金流量表′! G14

我们可以复制以上所有负债类科目，并向右填充直至2025年。此外，还可以复制已计算得到的流动负债合计值（第24行）与总负债（第28行），并向右填充至2025年。至此，我们已经完成了对资产负债表负债类科目的预测（参见表6－5）。

股东权益

股东权益与负债科目同向变动，即现金增加则权益增加。如果现金减少，则公司可能回购了一部分股份。因此，资产负债表中股东权益的计算公式为：

表6－5　亚马逊公司负债预测

（单位：100万美元，每股数据除外）

合并资产负债表	实际值		预测值				
截至12月31日	**2019年**	**2020年**	**2021年**	**2022年**	**2023年**	**2024年**	**2025年**
负债							
流动负债							
应付账款	47 183.0	72 539.0	76 023.5	90 163.8	101 716.8	110 695.3	117 426.5
应计费用及其他	32 439.0	44 138.0	48 626.4	57 670.9	65 060.5	70 803.3	75 108.7
短期债务	0.0	0.0	0.0	0.0	0.0	0.0	0.0
预收收入	8 190.0	9 708.0	11 365.2	13 479.2	15 206.3	16 548.5	17 554.8
流动负债合计	**87 812.0**	**126 385.0**	**136 015.1**	**161 313.9**	**181 983.6**	**198 047.2**	**210 090.1**
长期租赁负债	39 791.0	52 573.0	52 573.0	52 573.0	52 573.0	52 573.0	52 573.0
长期债务	23 414.0	31 816.0	31 816.0	31 816.0	31 816.0	31 816.0	31 816.0
其他长期负债	12 171.0	17 017.0	16 463.0	15 909.0	15 355.0	14 801.0	14 247.0
负债合计	**163 188.0**	**227 791.0**	**236 867.1**	**261 611.9**	**281 727.6**	**297 237.2**	**308 726.1**

2021 年股东权益 = 2020 年股东权益 + 2021 年现金流净变动

我们通常使用“+”号，因此可以沿用之前的方法（参见表 6-6）。

表 6-6　亚马逊公司资产负债表股东权益预测

资产负债表科目	现金流量表科目	公式
优先股（单元格 F30）	0。亚马逊公司在资产负债表中列示了优先股，然而数值为 0，并且没有现金流量表科目与之关联	= E30
普通股 + APIC（单元格 F31）	0 注意：现金流量表中并没有引起资产负债表中普通股权益变动的相关联科目	= E31
库存股（单元格 F32）	0。现金流量表中没有关于回购股票的相关科目	= E32
累计其他综合收益（单元格 F33）	汇率对现金的影响（单元格 G37）	= E33 + '现金流量表'! G37
留存收益（单元格 F34）	净利润（单元格 G7）+ 股权激励（单元格 G9） 注意：留存收益受净利润驱动。我们在此链接股权激励科目，因为我们假设股票期权被赠予但是还没有行权。一旦被行权，将会影响“普通股 + APIC”科目	= E34 + '现金流量表'! G7 + '现金流量表'! G9

这样，就完成了对股东权益的预测。我们可以复制所有者权益项下的每个科目，并向右填充直至 2025 年。同样可以复制已在输入历史数据时计算过的股东权益合计值（第 35 行）与负债及权益的合计值（第 36 行），并向右填充至 2025 年（参见表 6-7）。

上述步骤完成后，我们应该能得到一张平衡的资产负债表。你可能注意到，在资产负债表底端的第 38 行，有第二个匹配行。这里的匹配检验是为了确保资产负债表两侧的余额是平衡的，或者说符合公式：

资产 = 负债 + 股东权益

如果资产负债表的建模结果不平衡，那么我们需要采取适当的步骤以确定问题所在。此前已说过，这是一项艰巨的工作。然而，借助我们介绍的方法，仅需通过几个简单的步骤就可以找到资产负债表不平衡的原因所在，无须为此彻夜难眠。

表 6－7　亚马逊公司资产负债表预测

（单位：100 万美元，每股数据除外）

合并资产负债表	实际值		预测值				
截至 12 月 31 日	**2019 年**	**2020 年**	**2021 年**	**2022 年**	**2023 年**	**2024 年**	**2025 年**
资产							
流动资产							
现金及现金等价物	36 092.0	42 122.0	54 989.9	74 019.7	103 903.2	122 195.8	151 430.0
有价证券	18 929.0	42 274.0	41 134.0	50 265.0	49 125.0	58 256.0	57 116.0
存货	20 497.0	23 795.0	28 125.4	33 356.7	37 630.9	40 952.5	43 442.8
应收账款净值及其他	20 816.0	24 542.0	28 802.3	34 159.6	38 536.5	41 938.1	44 488.3
流动资产合计	**96 334.0**	**132 733.0**	**153 051.6**	**191 801.0**	**229 195.6**	**263 342.5**	**296 477.1**
物业、设备与机器净值	72 705.0	113 114.0	138 867.6	167 572.1	196 456.5	222 963.4	244 948.7
经营租赁	25 141.0	37 553.0	37 553.0	37 553.0	37 553.0	37 553.0	37 553.0
商誉	14 754.0	15 017.0	15 017.0	15 017.0	15 017.0	15 017.0	15 017.0
其他资产	16 314.0	22 778.0	22 649.2	23 005.1	22 906.8	23 287.0	23 207.3
资产合计	**225 248.0**	**321 195.0**	**367 138.4**	**434 948.3**	**501 128.9**	**562 162.9**	**617 203.1**
负债							
流动负债							
应付账款	47 183.0	72 539.0	76 023.5	90 163.8	101 716.8	110 695.3	117 426.5

应计费用及其他	32 439. 0	44 138. 0	48 626. 4	57 670. 9	65 060. 5	70 803. 3	75 108. 7
短期债务	0. 0	0. 0	0. 0	0. 0	0. 0	0. 0	0. 0
预收收入	8 190. 0	9 708. 0	11 365. 2	13 479. 2	15 206. 3	16 548. 5	17 554. 8
流动负债合计	**87 812. 0**	**126 385. 0**	**136 015. 1**	**161 313. 9**	**181 983. 6**	**198 047. 2**	**210 090. 1**
长期租赁负债	39 791. 0	52 573. 0	52 573. 0	52 573. 0	52 573. 0	52 573. 0	52 573. 0
长期债务	23 414. 0	31 816. 0	31 816. 0	31 816. 0	31 816. 0	31 816. 0	31 816. 0
其他长期负债	12 171. 0	17 017. 0	16 463. 0	15 909. 0	15 355. 0	14 801. 0	14 247. 0
负债合计	**163 188. 0**	**227 791. 0**	**236 867. 1**	**261 611. 9**	**281 727. 6**	**297 237. 2**	**308 726. 1**
股东权益							
优先股	0. 0	0. 0	0. 0	0. 0	0. 0	0. 0	0. 0
普通股面值 + 超面值缴入的资本	33 663. 0	42 870. 0	42 870. 0	42 870. 0	42 870. 0	42 870. 0	42 870. 0
库存股	(1 837. 0)	(1 837. 0)	(1 837. 0)	(1 837. 0)	(1 837. 0)	(1 837. 0)	(1 837. 0)
累计其他综合收益（损失）	(986. 0)	(180. 0)	(531. 0)	(461. 0)	157. 0	(194. 0)	(124. 0)
留存收益	31 220. 0	52 551. 0	89 769. 3	132 764. 4	178 211. 3	224 086. 7	267 568. 0
股东权益合计	**62 060. 0**	**93 404. 0**	**130 271. 3**	**173 336. 4**	**219 401. 3**	**264 925. 7**	**308 477. 0**
负债及所有者权益合计	**225 248. 0**	**321 195. 0**	**367 138. 4**	**434 948. 3**	**501 128. 9**	**562 162. 9**	**617 203. 1**
补充数据：							
是否平衡？(Y/N)	**Y**	**Y**	**Y**	**Y**	**Y**	**Y**	**Y**

调平失衡的资产负债表

如果能够恰当地理解资产负债表的科目是如何基于现金的流入与流出而变动的，那么当现金流量表与资产负债表之间不匹配时，理解资产负债表的失衡原因就比较简单了。具体来说，资产负债表失衡可能源于以下四个主要原因。

1. 现金流量表的某个科目尚未与资产负债表关联起来。这种情况常常会发生，尤其是当现金流量表中存在大量非常规的科目时。而这些非常规科目常常会不小心被遗漏或遗忘。

2. 现金流量表中的某个科目导入到不止一个资产负债表科目中。再次强调一下，现金流量表常常会包含大量非常规科目。在这种情况下，可能会导致将现金流量表的科目导入到资产负债表的多个科目中。请记住：当现金流量表的每个科目均与资产、负债以及股东权益科目一一对应时，资产负债表就平衡了。如果将现金流量表的某个科目导入到资产负债表的不同科目中，则会导致最终的结果失衡。

3. 尽管现金流量表的某个科目与资产负债表科目正确关联了，但关联时正负号用错了，或者关联的年份错位了。在这里，之前所描述的公式通用结构可以给予我们很大的帮助。正如你在预测的资产负债表中看到的，我们所构建的公式形式如下：

=2020年资产负债表科目+/-2021年现金流科目

因此，我们知道模型中每个公式的第一项中都应该包含“E”，它代表2020年的资产负债表科目，而在第二项（以及后续项，如果适用的话）中应该包含“G”，它代表2021年的现金流量表科目。同时，在预测资产科目时，我们还知道除现金以外，应在第一项和第二项之间使用“-”号，而在预测负债科目时，应该在第一项和第二项之间使用“+”号。清楚以上所述后，我们就可以粗略浏览一下资产负债表所有资产科目的公式，以确保它们正确无误。如果公式中的第一项没有指向E列，且第二项没有指向G列，说明上述科目中的一项在引用时出现了年份错位。此外，如果应该用“+”号时却错用了“-”号，那么预测的资产负债表的科目将偏向错误的方向，反之亦然。

4. 现金流量表或资产负债表的科目合计值计算不当。例如，造成资产负债表失衡也许仅仅是由于计算总资产时加总出现错误，或者更常见的原因在于，汇总时未将现金及现金等价物的所有变动都考虑进来。

这里来看一张平衡的资产负债表。其中，现金流量表的科目与2021年的资产负债表科目都正确地关联了，且资产负债表是平衡的。

（单位：美元）

现金流	2021年
净利润	1 000.0
应收账款变动	(100.0)
存货变动	250.0
现金总变动	**1 150.0**

资产负债表	2020年	2021年
现金	1 000.0	2 150.0
应收账款	500.0	600.0
存货	250.0	0.0
负债	0.0	0.0
留存收益（净利润）	1 750.0	2 750.0
是否平衡?(N/Y)	Y	Y

如果某个现金流科目没有被导入资产负债表中，则意味着我们发现了前述的第一类问题。既然我们遗漏了现金流科目，那么就需要将其导入资产负债表中。在下面的例子中，我们忘记将存货变动导入资产负债表。这就导致了总资产为 3 000 美元（即 2 150 美元 + 600 美元 + 250 美元），但这一数值减去 0 美元的负债后，与 2 750美元的股东权益并不匹配。如果之前我们将存货变动导入了资产负债表，则资产负债表应该平衡。

（单位：美元）

现金流	2021年
净利润	1 000.0
应收账款变动	(100.0)
存货变动	250.0
现金总变动	**1 150.0**

资产负债表	2020年	2021年
现金	1 000.0	2 150.0
应收账款	500.0	600.0
存货	250.0	250.0
负债	0.0	0.0
留存收益（净利润）	1 750.0	2 750.0
是否平衡?(N/Y)	Y	N

如果现金流量表某个科目导入到不止一个资产负债表科目中，那么意味着我们发现了前述的第二类问题。即我们在关联现金流量表与资产负债表时，某个现金流科目被用到两次，但理论上每个现金流科目只能被用到一次。在下面的例子中，我们不小心将存货变动引入到资产负债表的两个独立科目中。由于重复计算了存货，因此表中显示的总资产比原本应该得到的余额少了 250 美元（存货的现金流入令资产余额降低）。这就造成总资产为 2 500 美元（即 2 150 美元 + 350 美元），减去 0 美元的负债，与 2 750 美元的股东权益不匹配。

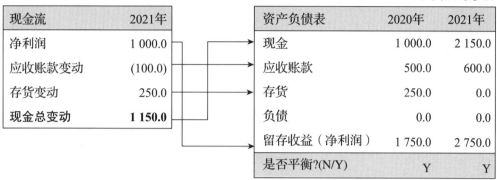

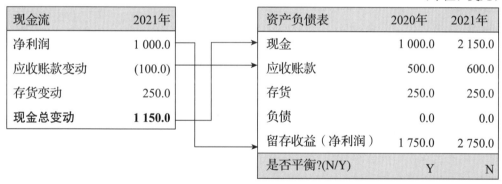

（单位：美元）

现金流	2021年
净利润	1 000.0
应收账款变动	(100.0)
存货变动	250.0
现金总变动	**1 150.0**

资产负债表	2020年	2021年
现金	1 000.0	2 150.0
应收账款	500.0	350.0
存货	250.0	0.0
负债	0.0	0.0
留存收益（净利润）	1 750.0	2 750.0
是否平衡?(N/Y)	Y	N

如果某个现金流科目本应从资产负债表中减去，却被做了加法，则说明我们发现了第三类问题，反之亦然。在下面的例子中，存货变动被导入到资产负债表中，本应令资产余额由 250 美元降为 0 美元，实际上却错误地令资产余额由 250 美元上升至 500 美元。此外，如果资产负债表科目关联现金流科目时发生了年份的错位，也可能引发第三类问题。

（单位：美元）

现金流	2021年
净利润	1 000.0
应收账款变动	(100.0)
存货变动	250.0
现金总变动	**1 150.0**

资产负债表	2020年	2021年
现金	1 000.0	2 150.0
应收账款	500.0	600.0
存货	250.0	500.0
负债	0.0	0.0
留存收益（净利润）	1 750.0	2 750.0
是否平衡?(N/Y)	Y	N

如果是在现金流科目或资产负债表科目计算合计值时出现了错误，则属于第四类问题。在下面的例子中，所有现金流科目都已与相应的资产负债表科目正确关联了。然而，在计算现金总变动时却出现了错误，正确的结果应该为 1 150 美元。由于我们已将本应总计 1 150 美元的现金流科目导入到了资产负债表中，却在现金总变动一栏中只列示了 900 美元，从而导致了现金流与资产负债表的不匹配。

（单位：美元）

现金流	2021年
净利润	1 000.0
应收账款变动	(100.0)
存货变动	250.0
现金总变动	**900.0**

资产负债表	2020年	2021年
现金	1 000.0	1 900.0
应收账款	500.0	600.0
存货	250.0	0.0
负债	0.0	0.0
留存收益（净利润）	1 750.0	2 750.0
是否平衡?(N/Y)	Y	N

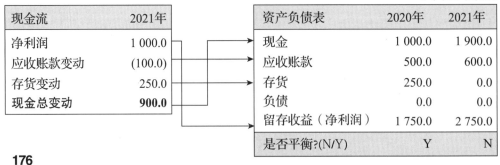

上述方法是诊断资产负债表何处失衡、又为何失衡的万全之策。即使你使用的模型与我们的模型结构并不相同，上述方法依然能够发现错误。为此，我们已经借助华尔街最复杂的模型反复验证了该方法。如果你掌握了上述步骤，那么将一张失衡的资产负债表调平将不再是件难事。

NYSF 资产负债表平衡法

我们强烈建议你将现金流量表及资产负债表打印出来，以便使用该方法。在打印出的报表上，首先借助铅笔和计算器，利用该方法去发现资产负债失衡的症结所在，是最可靠的做法。但是，在 Excel 中对资产负债表进行校对也是可以的。无论是在纸上测算还是利用 Excel，第一步都是在资产负债表中添加一列，用以列示科目间的差额。在差额列中，将列示首个失衡年份科目余额与其上一年平衡年份对应科目余额的差值。因此，如果 2020 年是平衡的，但 2021 年不平衡，则差值列将列示 2021 年各科目减去 2020 年各科目的差值。在计算差值的过程中，谁做减数或谁做被减数并不重要，因为我们只会匹配差值的绝对值。现在，我们应用一列来列示不同年份间资产负债表各科目的余额差值，参见表 6－8。

表 6－8　资产负债表差值

（单位：100 万美元，每股数据除外）

合并资产负债表	实际值		预测值	
截至 12 月 31 日	2019 年	2020 年	2021 年	差值
资产				
流动资产				
现金及现金等价物	36 092.0	42 122.0	54 989.9	12 867.9
有价证券	18 929.0	42 274.0	41 134.0	(1 140.0)
存货	20 497.0	23 795.0	28 125.4	4 330.4
应收账款净值及其他	20 816.0	24 542.0	28 802.3	4 260.3
流动资产合计	**96 334.0**	**132 733.0**	**153 051.6**	
物业、设备及机器净值	72 705.0	113 114.0	138 867.6	25 753.6
经营租赁	25 141.0	37 553.0	37 553.0	0.0
商誉	14 754.0	15 017.0	15 017.0	0.0
其他资产	16 314.0	22 778.0	22 649.2	(128.8)
资产合计	**225 248.0**	**321 195.0**	**367 138.4**	

上述差值实际上就是现金流。因此，现在我们需要将上述每一项差值与现金流

量表对应科目进行匹配。对于每一项资产负债表的科目，我们需要问自己两个关于资产负债平衡的问题：

1. 该科目的差值与相应的现金流科目是否匹配？

2. 资产负债表中该科目余额的变动方向是否正确？

以存货为例看一下。存货差值为43.304亿美元。首先回答第一个问题，理论上应收账款的差值应与现金流量表的“存货变动”科目余额相匹配（参见表6-9）。

表6-9 经营活动现金流

（单位：100万美元，每股数据除外）

合并现金流量表				
	实际值			预测值
截至12月31日	2018年	2019年	2020年	2021年
经营活动现金流				
净利润	10 073.0	11 588.0	21 331.0	25 524.1
折旧与摊销	15 341.0	21 789.0	25 251.0	28 669.8
股权激励	5 418.0	6 864.0	9 208.0	11 694.2
占总营业费用%	*8.2%*	*8.7%*	*8.8%*	*8.8%*
其他营业费用（收入）净额	274.0	164.0	(71.0)	(90.2)
占总收入%	*0.1%*	*0.1%*	*0.0%*	*0.0%*
其他费用（收入）净额	219.0	(249.0)	(2 582.0)	219.0
递延所得税	441.0	796.0	(554.0)	(554.0)
营运资本变动				
存货变动	(1 314.0)	(3 278.0)	(2 849.0)	(4 330.4)
应收账款变动	(4 615.0)	(7 681.0)	(8 169.0)	(4 260.3)
应付账款变动	3 263.0	8 193.0	17 480.0	3 484.5
应计费用变动	472.0	(1 383.0)	5 754.0	4 488.4
预收收入变动	1 151.0	1 711.0	1 265.0	1 657.2
经营性营运资本净变动	**(1 043.0)**	**(2 438.0)**	**13 481.0**	**1 039.3**

本案例中两者也是匹配的：2021年存货变动为43.304亿美元。至于第二个问题，我们注意到现金流中存货变动是负的。因此，理论上资产负债表的资产项余额应该是增加的。让我们再来看一下资产负债表，可以看到实际上存货已由2020年的237.95亿美元上升至2021年的281.254亿美元。由此可知，资产负债表中的存货与现金流量表中的存货变动是匹配的。这之后一定要在现金流量表中划掉“存货

变动”这一项，以表示我们已经核对过该科目。记住，有一种常见的错误，那就是不小心将现金流量表的某个科目重复导入到资产负债表的多个科目中，亦或是在做关联时遗漏了某项现金流科目。因此在整个核对过程中，对核对完的现金流科目进行标注，有助于确保每一项现金流科目既不会被重复使用、也不会被遗漏。因此，我们可以继续比对接下来的科目，回答与之前相同的两个问题，并在比对完毕后划掉相应的现金流科目。我们应该对包括现金在内的资产负债表的所有科目进行上述操作。待核对完资产负债表的最后一个科目后，现金流量表中的所有科目应该都已被划掉，且每一个科目仅被划掉了一次。

如果完成逐项核对后，现金流量表中仍有部分科目未被划掉，则可知是第一类问题导致了失衡，这就需要你将这些未被划掉的现金流科目导入到资产负债表中。如果你发现某个现金流科目虽然被划掉，却划掉了两次，则失衡就是由第二类问题引起的，那么只能从资产负债科目中选择一项与现金流科目进行关联。如果差值列中的数值与现金流量表中的相应科目余额无法匹配，则说明是第三类问题造成的失衡。此外，如果资产负债表科目的变动方向出现错误，也就是说，如果现金流科目预示资产负债表科目的余额应该下降，但它却上升了。这也属于第三类问题，反之亦然。

还有一种可能性就是，使用上述方法核对后发现，资产负债表的所有科目与现金流量表均匹配，但资产负债表仍然不平衡。如果是这样的话，就应该是第四类问题了。必然是在资产负债表或是现金流量表计算合计值时出现了错误。

我们建议你花些时间，思考一下现金流量表与资产负债表之间的关系。在多次使用这个方法后你就会形成一种敏感性，同时，有了对于现金流与资产负债表之间的关系的全面认识，你就应该能够明白导致资产负债表失衡的根源，无外乎前述四类问题。

至此，我们已经完成了对资产负债表的预测，现在可以转而讨论最后一张明细表——债务计划表了。

第七章

债务计划表、循环引用与最终模型

构建债务计划表是为了监测公司所担负的主要债务以及与之相关的利息及偿付明细表。此外，这样做同样有助于监测用于偿付债务的可用现金，以及由现金及现金等价物产生的利息收入。简单来说，债务计划表有助于更好地监测债务及利息。一旦债务计划表构建完毕，并且已经与模型的其余部分关联起来，生成“循环引用”就显得非常重要。循环引用是帮助我们判断不同债务状况的关键，例如一家公司可以承担的债务上限，即确保有足够的现金用以支付利息。

> 注意，一旦出现了循环引用，你将会看到 Excel 的报错提示。请参阅本章的“循环引用”部分，以了解如何处理这种情况。

需要注意的是，由于循环引用的缘故，债务计划表应该是最后构建的报表。在这之前，请确保资产负债表是平衡的。如果资产负债表还没调平就急于构 建债务计划表，只会让事情变得更加麻烦。

债务计划表结构

请切换至模型中以“债务计划表”命名的工作表。表中第 6 行至 10 行的数据将帮助我们监测公司可用于偿还债务的现金。

在接下来的章节中，债务将被划分为不同的类型。我们会逐年计算每种类型的债务余额，监测潜在的偿债及发债行为，并计算相关利息。

在债务计划表的底部，我们会将所有发行及偿还的债务［“发行/（偿还）债务合计”］以及利息（“利息费用合计”）汇总。然后，如果有的话，我们会在年末时计算现金余额及相关的利息收入。

> 注意，表中含有最终的匹配项，它将确保我们所计算的债务计划表的年末现金余额与资产负债表中的现金余额相匹配。

对债务计划表建模

对债务计划表建模的初始工作，就是将资产负债表中上一年披露的现金及债务余额输入到债务计划表中。首先，我们可以将亚马逊公司2020年资产负债表中的现金余额输入到债务计划表的2020年“年末现金”一栏中。因此，在债务计划表的单元格F34中应输入“='资产负债表'！E8”。然后，我们可以开始将历史债务余额导入到债务计划表了。然而在这之前，要确保债务计划表已经包含了资产负债表中全部涉及债务的科目，其中包括长期债务、短期债务以及融资租赁。由此，我们注意到资产负债表与债务有关的科目有短期债务、长期租赁负债和长期债务。

理想的情况是为每一个债务科目分别设立一个部分。这样，我们会设立三个部分，每一部分以其中列示的科目名称命名，并且可以导入债务余额。

见表7－1，在单元格F15即“短期债务（年末）”中输入“='资产负债表'！E22”，以此类推。

表7－1　债务计划表最新披露的余额

债务计划表科目	资产负债表科目	债务计划表科目
短期债务（年末）（单元格F15）	短期债务（单元格E22）	='资产负债表'！E22
长期债务（年末）（单元格F22）	长期债务（单元格E26）	='资产负债表'！E26
长期租赁负债（年末）（单元格F29）	长期租赁负债（单元格E25）	='资产负债表'！E25

短期债务

待我们将资产负债表的债务科目余额导入到债务计划表后，就可以从短期债务开始，构建各债务科目余额的计算公式。

注意，短期债务余额为0。如果你还记得，亚马逊公司并没有在资产负债表上单独列示其短期债务。现在我们会更深入地研究公司的债务余额。使用关键词“债务”在年报中进行快速搜索，第56页会显示如下表格和注释，如图7－1所示。

附注6——债务

截至2020年12月31日，我们有322亿美元的未偿还无抵押优先票据（简称“票据”），其中包括2020年6月发行的100亿美元，用作一般企业用途。截至2019年12月31日和2020年12月31日，长期债务和短期债务的信贷额度分别为16亿美元和9.24亿美元。我们的长期债务总额如下（以100万美元计）：

	期限	名义利率	有效利率	2019年12月31日	2020年12月31日
2012年发行票据30亿美元	2022年	2.50%	2.66%	1 250	1 250
2014年发行票据60亿美元	2021—2044年	3.30%~4.95%	3.43%~5.11%	5 000	5 000
2017年发行票据170亿美元	2023—2057年	2.40%~5.20%	2.56%~4.33%	17 000	16 000
2020年发行票据100亿美元	2023—2060年	0.40%~2.70%	0.56%~2.77%	—	10 000
信贷额度				740	338
其他长期负债				830	586
长期债务的面值总额				24 820	33 174
未摊销的折扣和发行成本净额				(101)	(203)
减一年内到期的长期债务				(1 305)	(1 155)
长期债务				23 414	31 816

截至2020年12月31日，2012年、2014年、2017年和2020年发行票据的加权平均剩余期限分别为1.9年、11.8年、16.2年和18.7年。截至2020年12月31日，所有票据合计的加权平均剩余期限为15.8年。

票据利息每半年支付一次。可随时以指定的赎回价格全部或部分赎回票据，不受任何票据发行财务契约的约束。截至2019年12月31日和2020年12月31日，基于债务的报价，票据的预估公允价值约分别为262亿美元和377亿美元。

2016年10月，以应收账款为担保与一家借款方签订了一项5亿美元的有担保循环信贷融资，随后额度增加到7.4亿美元，并且未来可能会继续增加，取决于借款方的审批（简称“信贷额度”）。信贷额度有效期至2022年10月，按伦敦银行同业折借利率（“LIBOR”）加1.40%计息，未提取部分的手续费为0.50%。截至2019年12月31日和2020年12月31日，信贷额度下未偿借款分别为7.4亿美元和3.38亿美元，加权平均利率分别为3.4%和3.0%。截至2019年12月31日和2020年12月31日，已承诺提供8.52亿美元和3.98亿美元的现金和应收账款作为信贷融资相关债务的担保。截至2019年12月31日和2020年12月31日的账面价值，基于二级报价，信贷额度的预估公允价值接近其账面价值。

截至2019年12月31日和2020年12月31日，包括一年内到期的长期债务在内的其他长期负债的加权平均利率分别为4.1%和2.9%。该债务的净收益主要用于为业务运营提供资金。截至2019年12月31日和2020年12月31日，基于二级报价，其他长期负债的预估公允价值接近其账面价值。

图7-1　亚马逊公司的债务

我们将在本章中使用图 7 – 1 来分析亚马逊公司的债务。在图 7 – 1 中，可以看到长期债务之前的最后一行标题为“减一年内到期的长期债务”。这意味着亚马逊公司确实记录了短期债务余额，即使它没有在其资产负债表上单独列示其余额。尽可能将短期债务单独列示，让债务计划表更加准确，对我们来说很重要。因此，2019 年和 2020 年的“13.05 亿美元”和“11.55 亿美元”的一年内到期的长期债务金额应分别被视为短期债务。然而，到此我们还没有完成。进一步研究公司的债务余额后，特别是其融资租赁，在年报第 54 页我们找到了如下表格（参见表 7 –2）。此时，你可能对如何搜索这些科目信息感到迷茫。我们还需搜索关键词“债务”来研究长期债务的利率。在后面分析债务利率时，我们还需搜索关键词“长期租赁”。正是在那个时候，我们找到了与本次讨论相关的表 7 –2。

我们合并财务报表中确认的租赁金额的有关信息如下：

表 7 –2　亚马逊公司的租赁

（单位：100 万美元）

	2019 年 12 月 31 日	2020 年 12 月 31 日
加权平均剩余租赁期限 – 经营租赁（年）	11.5	11.3
加权平均剩余租赁期限 – 融资租赁（年）	5.5	6.2
加权平均贴现率 – 经营租赁	3.1%	2.5%
加权平均贴现率 – 融资租赁	2.7%	2.1%

我们的租赁负债如下：

	2019 年 12 月 31 日		
	经营租赁	融资租赁	合计
租赁负债总额	31 963	28 875	60 838
减：应计利息	(6 128)	(1 896)	(8 024)
租赁负债现值	25 835	26 979	52 814
减：一年内到期的租赁负债	(3 139)	(9 884)	(13 023)
长期租赁负债总额	22 696	17 095	39 791

	2020 年 12 月 31 日		
	经营租赁	融资租赁	合计
租赁负债总额	46 164	30 437	76 601
减：应计利息	(7 065)	(2 003)	(9 068)
租赁负债现值	39 099	28 434	67 533
减：一年内到期的租赁负债	(4 586)	(10 374)	(14 960)
长期租赁负债总额	34 513	18 060	52 573

在表7－2中，最上面的表格与利率有关，我们保存留作后用。中间一张表格包含2019年的余额，最后一张表格包含2020年的余额。以上两个表格的倒数第二行均为“减：一年内到期的租赁负债”。同样的，一年内到期表示当年到期——暗示是短期债务。因此，可以将2019年一年内到期的130.23亿美元和2020年一年内到期的149.6亿美元加到图7－1中已经确定的一年内到期的长期债务余额中。换句话说，我们可以直接在资产负债表单元格D22中输入“＝1 305＋13 023”及在单元格E22中输入“＝1 155＋14 960”。如果直接输入数据到资产负债表中，其会自动链接到债务计划表。

目前，我们不能只在资产负债表上增加数值——它将会不平衡。这些已确定的短期债务价值一定包含在资产负债表的其他科目里，我们需要弄清楚具体在哪里。短期债务必然隐藏在流动负债科目中。这里仅有三个流动负债行科目，所以我们立即联想到“应计费用及其他”行科目，正如“……及其他”科目名字所表达的，可能是由几个不同的科目组合在一起。果然，使用关键词“应计费用及其他”进行搜索显示以下注释：

合并资产负债表的“应计费用及其他”科目主要是指：租赁和资产报废相关的债务责任、工资和相关费用、税务相关负债、未兑换礼品卡、客户债务、流动负债、收购的数字媒体内容及其他运营费用。

我们可以从这个注释中看出，该科目实际上不仅包括“一年内到期的负债”，甚至还提到了“租赁”，这就是为什么我们还要将一年内到期的租赁加到短期债务单元格中。

所以我们应当按照已确定的一年内到期的债务和租赁，减少当前的“应计费用及其他”行科目的金额。在单元格D21中输入“＝32 439－14 328”，以及在单元格D22中输入“＝44 138－16 115”。以防你感到疑惑，这里变化后的营运资本余额会自动链接到营运资金计划表和现金流量表（参见表7－3）。

现在我们可以继续构建债务计划表的短期债务部分。让我们回到债务计划表。2021年短期债务（年初）是当年债务的期初余额。假设其与前一年的期末债务余额相同。换句话说，假设2021年1月1日的债务余额与2020年12月31日的债务余额相等。由此可得：

2021年短期债务（年初）＝2020年短期债务（年末）

或者在单元格G12中输入“＝F15”，我们可以复制该公式并向右填充至2025年。

表 7－3　亚马逊公司更新后的流动负债

（单位：100 万美元，每股数据除外）

合并资产负债表	实际值		预测值				
截至 12 月 31 日	**2019 年**	**2020 年**	**2021 年**	**2022 年**	**2023 年**	**2024 年**	**2025 年**
流动负债							
应付账款	47 183. 0	72 539. 0	76 023. 5	90 163. 8	101 716. 8	110 695. 3	117 426. 5
应计费用及其他	18 111. 0	28 023. 0	29 295. 1	34 744. 0	39 195. 8	42 655. 6	45 249. 4
短期债务	14 328. 0	16 115. 0	16 115. 0	16 115. 0	16 115. 0	16 115. 0	16 115. 0
预收收入	8 190. 0	9 708. 0	11 365. 2	13 479. 2	15 206. 3	16 548. 5	17 554. 8
流动负债合计	**87 812. 0**	**126 385. 0**	**132 798. 8**	**154 502. 0**	**172 234. 0**	**186 014. 5**	**196 345. 8**

强制发债/（偿债）与非强制发债/（偿债）

发债代表公司通过发行新债来募集资金，清偿代表公司偿还了部分债务。在模型中，我们将债务的发行与清偿划分为两类，即强制性及非强制性。强制发债或偿债是指已经排期按计划发行或偿还的债务。例如，每年进行的本金偿还可被视为强制性偿还，因为该项行为已在签署债务合同时进行了约定。非强制性发债及偿债是指债务合同约定范畴以外的行为。换言之，假如年末时刚好有现金盈余，那么如果我们出于自愿，在合同约定的金额之外追加偿还了一部分债务，以便节省利息费用，这种行为就是非强制性偿还。非强制性偿还通常在循环贷款中发生，债务人可在有现金盈余时追加偿还一部分债务。在建模过程中，由于强制性偿还通常是已经计划好的，因此我们往往基于债务合同条款将偿还金额输入到模型中。通常情况下，非强制性偿还基于公式计算而得，而公式则是根据公司拥有的可用于偿还剩余债务的现金编制的。如果我们拥有可用的盈余现金，则可用其自动偿还债务。因此，在建模时，将强制性发债与偿债独立于非强制性发债与偿债列示显得尤为重要。我们可在债务计划表中预留一个列示债务偿还情况的位置，同时可以在其中输入“自动”计算的公式，以保持其独立性。

我们可暂且将上述科目余额设为“0”，待债务计划表构建完毕后再输入计算公式。因此，让我们在单元格 G13 和 G14 中输入“0”，复制它们并向右填充。

想要计算年末的短期债务余额，只需利用年初债务余额，加上本年度发行和偿还的债务即得。例如，如果我们想要发行 100 万美元的债务，则应将 100 万输入强制性发债一栏中，而债务的年末余额则应等于年初债务余额加上这 100 万美元。相反，如果我们想要偿还 100 万美元的债务，则应该在强制性发债一栏中输入负的 100 万美元，则年末的债务余额应等于年初债务余额减去 100 万美元。

2021 年短期债务(年末) = 2021 年短期债务(年初) + 强制性发债/(偿债) + 非强制性发债/(偿债)

或者，单元格 G15 中应输入“ = SUM（G12：G14)”。

我们可以复制上述公式，向右填充至 2025 年，并继续计算利息费用。

首先，我们需要通过一些研究以明确亚马逊公司的短期债务利率是多少。如果你还记得，图 7 – 1 亚马逊公司债务表中包含了关于利率的信息。

这张图对预估亚马逊公司各种债务的利率非常有用。在图中我们找到如下参考说明：

截至 2019 年 12 月 31 日及 2020 年 12 月 31 日，其他长期负债，包括一年内到期的部分，其加权平均利率分别为 4.1% 和 2.9%。

“一年内到期”一般指“短期”。这是我们看到的关于一年内到期或者短期债务的唯一参考信息，因此，我们将使用2020年的2.9%作为短期债务的利率。

在单元格G17中输入2.9%，然后，我们将这个比率复制并向右填充至2025年。

在计算利息费用时，最好能够使用年初与年末债务余额的平均值。如果我们不清楚公司究竟在年中何时发行或偿还了债务，那么这样做就很重要。例如，假设我们有一项100万美元的短期债务，并且需要在2021年强制性偿还100万美元。因此，2021年末时的债务余额将为0。假设我们已经在2021年某个时候偿还了债务，就技术层面来讲，只有在债务存续期才会产生利息。如果我们在当年的第一天就将上述100万美元的债务还清，从技术层面看，则不会发生利息费用（或者只有很少的利息费用）。如果我们直到年末的最后一天才偿还债务，则应该按全年计息。当然，如果我们知道是何时偿还了债务，却假设没有掌握相关信息，为简单起见则可使用平均值。

因此，2021年关于短期债务的利息费用为：

平均值［2021年短期债务(年初)，2021年短期债务(年末)］×2021年利率

2021年短期债务的利息费用（单元格G16）

Excel关键输入步骤	描述
输入〈=〉	进入公式录入模式
输入〈Average（〉	构建“均值”公式
单击单元格G12	2021年短期债务（年初）
输入〈,〉	将我们要求平均值的两个数值分隔开
单击单元格G15	2021年短期债务（年末）
输入〈)〉	结束“均值”公式
输入〈*〉	乘号
单击单元格G17	2021年利率
按〈Enter〉	输入结束
运算公式	=Average（G12，G15）*G17

由上表可知，2021年短期债务的利息费用46730万美元。我们可以复制上表中的公式，并向右填充至2025年（参见表7-4）。

长期债务

现在，我们可以继续计算下一个债务科目，即长期债务。在此，我们需要重复之前对于短期债务所做的操作。

2021年的长期债务（年初）与该科目2020年的年末余额相等。因此，

2021年的长期债务（年初）=2020年的长期债务（年末）

表 7－4　短期债务预测

（单位：100 万美元，每股数据除外）

债务计划表	实际值			预测值				
截至 12 月 31 日	**2018 年**	**2019 年**	**2020 年**	**2021 年**	**2022 年**	**2023 年**	**2024 年**	**2025 年**
用于偿还债务的现金								
年初现金余额								
偿还债务之前的现金流								
最低现金缓冲								
用于偿还债务的现金合计								
短期债务/循环贷款								
短期债务（年初）				16 115.0	16 115.0	16 115.0	16 115.0	16 115.0
强制发债/（偿债）				0.0	0.0	0.0	0.0	0.0
非强制发债/（偿债）				0.0	0.0	0.0	0.0	0.0
短期债务（年末）			**16 115.0**	**16 115.0**	**16 115.0**	**16 115.0**	**16 115.0**	**16 115.0**
利息费用				467.3	467.3	467.3	467.3	467.3
利率				*2.9%*	*2.9%*	*2.9%*	*2.9%*	*2.9%*

或者，在单元格 G19 中输入“ =F22”。然后，同样可以复制该公式，并向右填充至 2025 年。

我们可以暂且将强制性及非强制性发债设为“0”，并根据以下公式来计算未来一年内到期的长期债务（年末）：

2021 年的长期债务（年末） =2021 年的长期债务（年初） +强制性发债/还债 + 非强制性发债/还债

或者，在单元格 G22 中输入“ =SUM（G19：G21）”。

利息费用 在计算利息费用之前，我们需要预估利率。注意，在图 7 - 1 中，有一个表格提供了各种票据的“有效利率”。尽管并不完美，但我们可以使用此表格和 2020 年 12 月公布的数值来计算加权平均利率。你会注意到，第一行显示“2012 年发行票据 30 亿美元”，有效利率为 2.66%，2020 年 12 月 31 日的预估价值为 1 250 美元。接下来一行是“2014 年发行票据 60 亿美元”，然而，这里有效利率范围是 3.43% ~5.11%。那么问题是，我们取什么值来计算我们的加权平均利率？暂且每个票据都取最大的利率，因为我更倾向于使用保守估计。注意，这可能会产生过高的利息费用，如果这样，我们可以稍后再下调预测。一旦我们计算出数值，并与前几年进行比较，我们就会知道是否需要调整。为了估计总利息费用，我们可以先计算每个单个票据的利息费用（参见表 7 - 5）。

表 7 - 5 预估的利息计算

（单位：100 万美元，百分比数据除外）

面值	利率（%）	利息费用
1 250	2.66	33.25
5 000	5.11	255.50
16 000	4.33	692.80
10 000	2.77	277.00
338	3.00	10.14
586	2.90	16.99
33 174		1 285.68

查看图 7 - 1 中的注释，我们找到 3.38 亿美元的“信贷额度”的利率为 3.0%，5.86 亿美元的“其他长期负债”利率为 2.9%。

在表 7 - 5 中，我们简单地将票据面值乘以利率就可以得到单个票据的利息费用。然后我们加总面值（331.74 亿美元）和利息费用（12.8568 亿美元）。我们将这两个合计值相除（12.8568/331.74），将得到 3.88% 的隐含利率。我们将 3.88% 输入到单元格 G24 中，复制公式并向右填充至 2025 年。现在我们来计算 2021 年长期债务的利息费用。

2021 年长期债务的利息费用（单元格 G23）

Excel 关键输入步骤	描述
输入〈=〉	进入公式录入模式
输入〈Average（〉	构建“均值”公式
单击单元格 G19	2021 年的长期债务（年初）
输入〈,〉	将我们想要求平均值的两个数值分隔开
单击单元格 G22	2021 年的长期债务（年末）
输入〈)〉	结束“均值”公式
输入〈*〉	乘号
单击单元格 G24	2021 年利率
按〈Enter〉	输入结束
运算公式	=Average（G19，G22）*G24

我们可以复制上表中的公式，并向右填充至 2025 年（参见表 7－6）。

长期租赁负债

现在，我们可以继续计算长期租赁负债。再次将单元格 G26 链接单元格 F29。单元格 G27 和单元格 G28 继续设为“0”。单元格 G29 输入“=SUM（G26：G28）”，现在我们可以计算利息费用。

可以回头参考表 7－2，其中包含了租赁利率。我们能够看到截至 2020 年 12 月 31 日，融资租赁的利率为 2.1%。因此，我们可以使用该利率来计算利息费用，在单元格 G31 中输入 2.1%。

现在我们在单元格 G30 中计算 2021 年长期租赁负债的利息费用。

2021 年长期租赁负债的利息费用（单元格 G30）

Excel 关键输入步骤	描述
输入〈=〉	进入公式录入模式
输入〈Average（〉	构建“均值”公式
单击单元格 G26	2021 年的长期租赁负债（年初）
输入〈,〉	将我们想要求平均值的两个数值分隔开
单击单元格 G29	2021 年的长期租赁负债（年末）
输入〈)〉	结束“均值”公式
输入〈*〉	乘号
单击单元格 G31	2021 年利率
按〈Enter〉	输入结束
运算公式	=Average（G26，G29）*G31

我们可以复制上表中的公式，并向右填充至 2025 年（参见表 7－7）。

表 7－6　长期债务预测

（单位：100 万美元，每股数据除外）

债务计划表	实际值			预测值				
截至 12 月 31 日	**2018 年**	**2019 年**	**2020 年**	**2021 年**	**2022 年**	**2023 年**	**2024 年**	**2025 年**
长期债务								
长期债务（年初）				31 816.0	31 816.0	31 816.0	31 816.0	31 816.0
强制性发债/（偿债）				0.0	0.0	0.0	0.0	0.0
非强制性发债/（偿债）				0.0	0.0	0.0	0.0	0.0
长期债务（年末）			**31 816.0**	**31 816.0**	**31 816.0**	**31 816.0**	**31 816.0**	**31 816.0**
利息费用				1 234.5	1 234.5	1 234.5	1 234.5	1 234.5
利率				*3.88%*	*3.88%*	*3.88%*	*3.88%*	*3.88%*

表7－7　长期租赁负债预测

（单位：100万美元，每股数据除外）

债务计划表	实际值			预测值				
截至12月31日	**2018年**	**2019年**	**2020年**	**2021年**	**2022年**	**2023年**	**2024年**	**2025年**
长期租赁负债								
长期租赁负债（年初）				52 573.0	52 573.0	52 573.0	52 573.0	52 573.0
强制性发债/（偿债）				0.0	0.0	0.0	0.0	0.0
非强制性发债/（偿债）				0.0	0.0	0.0	0.0	0.0
长期租赁负债（年末）			**52 573.0**	**52 573.0**	**52 573.0**	**52 573.0**	**52 573.0**	**52 573.0**
利息费用				1 104.0	1 104.0	1 104.0	1 104.0	1 104.0
利率				*2.10%*	*2.10%*	*2.10%*	*2.10%*	*2.10%*

如果读者留心就会注意到，每项债务的计算公式都有一个共同的特点，那就是都包含了从年初债务余额到利率共计六行的数据。还有一种快捷方法，那就是复制上述六行的历史数据并向右填充，并且需要对利率和债务发行所在的行进行微调。

发债/偿债合计

现在，我们可以继续计算“发债/偿债的合计值”（第 32 行）。根据字面意思，该项是指所有强制性与非强制性发债与偿债金额的总和。因此，我们在单元格 G32 中输入“ = G13 + G14 + G20 + G21 + G27 + G28”。而目前，该单元格的值暂时为“0”。接下来，我们可以复制该公式，并向右填充。

利息费用合计

第 33 行（“利息费用合计”）是指所有利息的总和。单元格 G33 应输入“ = G16 + G23 + G30”。由此可得，利息费用合计为 28. 058 亿美元。

可用于偿还债务的现金

现在考虑一下现金。注意，我们已经在单元格 F34 中导入了现金余额。正如我们对债务科目所做的一样，可将上述现金余额导入到年初现金余额（单元格 G7）中。因此，在单元格 G7 中将输入“ = F34”。我们可以复制该公式，并向右填充。

偿还债务之前的现金流是用来测度公司产生或支出的现金总额，这其中不包括发债募集的现金以及偿还债务所花费的现金。对于我们而言，找到能够合理测度扣除与债务相关的现金后的净现金的方法很重要，因为我们需要确定有多少现金可以用于偿还债务。在现金流量表的底部，即在第 40 行，是名为“偿还债务之前的现金流”的科目。为了计算该科目，我们需要加总现金流量表中所有与债务无关的科目，这其中包括短期债务（还款）、长期债务（还款）、融资租赁的本金偿还以及债务融资的本金偿还。

所以，现金流量表单元格 G40 的公式应为“ = G22 + G30 + G37”。

我们只关心预测期的数据，因此，可从 2021 年开始，复制上式并向右填充。请留心要将“汇率对现金的影响”包含进去，该科目通常容易被忽略。

注意：也许看起来只是简单地将融资活动现金流从整个现金流中减去，但是在融资活动部分中经常会有与债务无关的其他行科目。在这种情况下，我们还要增加这些与债务无关的融资活动科目行。有些人认为只需通过用现金及现金等价物的总变动减去之前提及的债务。尽管从计算层面上来讲没有什么不对，但是这样会造成二次循环引用。因此，最好能够像以前那样进行汇总，且将上述这些科目剔除出公式（参见表7-8）。

现在，我们可以将偿还债务之前的现金流导入到债务计划表的第8行中。在债务计划表的单元格G8中应输入“='现金流量表'！G40”，然后可复制该公式，并向右填充。

最少现金是指一家公司所维持的年末最低现金余额。公司维持一个最低的现金余额出于多种原因。首先，这对于可能发生的现金短缺起到了缓冲池的作用。其次，债权人通常要求借款公司维持一个最低的现金余额，以保证其本金及利息的偿还。而预测最低现金余额则因公司而异。最低现金余额可以按销售收入、经营资本或者总现金的一定比例来表示，亦或是以债务合同约定的公司必须维持的抵押品为准。尽管该科目并不是最显著的预测因子，但是我们建议你研究一下关于公司如何达到最低现金余额要求的相关线索。注意，亚马逊公司的资产负债表显示2020年其有421.2亿美元的现金，因此，除非公司发生重大事项，否则几乎不会出现现金短缺。我们对于进一步研究公司的最低现金余额无所斩获并不感到意外。公司前一年的现金余额为360亿美元，2020年现金余额是增加的。目前我们能确定公司并不想减少现金余额，因此假设最低现金余额为400亿美元。这是一个安全的假设，而且也表明，如果我们想在模型上设置情景分析，不希望现金余额下降到当前水平以下，这是一个合理的事实。如果需要，我们可以随时更改假设。因此，我们可以在债务计划表的单元格G9中输入“-40 000”。之所以输入的是个负值，是因为我们希望将最低现金余额从可用于偿还债务的现金中移除。因此，可用于偿还债务的总现金等于年初现金余额加上偿还债务之前的现金流，减去最低现金余额，或者输入“=SUM（G7：G9）”。

可用于偿还债务的总现金被认为是可以自由支配的现金。如果一家公司打算自己管理业务，那么可以想象，它将会利用所有资金来偿还债务，以便节省利息费用。然而请注意，并不是所有债务都能按债务人的意愿偿还而没有罚金。

现在，我们可以在债务计划表的底部，即第34行中，计算“年末现金”。在计算时，应从“年初现金”开始，然后加上“偿还债务之前的现金流”以及“发行及偿还的债务合计”。这可能会令很多人困惑，但试想一下，实际上我们希望完整地计量从年初到年末的现金，这其中包括因偿还债务而产生的现金支付。首先，正如我们对债务余额进行的持续性预测过程一样，我们希望从“年初现金”开始计算。然后，在此基础上加上年内产生的所有现金。特别是在债务计划表中，预测“偿还债务之前的现金流”就是使用上述方法，该科目是指现金总额扣除因发行债务而募集到的以及用于偿还债务的现金支付之后的净现金。这里通常令人困惑的是，

表 7－8　偿还债务之前的现金流预测

（单位：100 万美元，每股数据除外）

合并现金流量表	实际值			预测值				
截至 12 月 31 日	2018 年	2019 年	2020 年	2021 年	2022 年	2023 年	2024 年	2025 年
补充数据：								
偿还债务之前的现金流				9 651.6	15 434.2	26 945.8	16 009.5	27 522.6

似乎我们需要再额外扣除一下利息，但实际上一旦科目间进行了合理的关联，那么利息早已涵盖在计算公式中了。对此，我们将在稍后进行讨论。因此，“年末现金余额”的计算公式应为：

年初现金余额 + 偿还债务之前的现金流 + 发债与偿债合计

或者，在单元格 G34 中输入“ = G7 + G8 + G32”。我们可以复制上式，并向右填充（参见表 7 – 10）。

利息收入

既然我们已经得出了年末现金余额，就可以计算出利息收入了。利息收入通常是指由储蓄账户、存单以及其他投资产生的利息收入。

正如对利息费用所做的一样，我们可以取年初与年末现金余额的均值，然后乘以某个利率。因此，利息收入应等于：

平均值（年初现金余额，年末现金余额）×利率

在计算利息收入之前，我们需要知道利息收益率。使用关键词“利率”在年报中进行搜索，第 33 页显示表 7 – 9 的内容。

表 7 – 9　利率

（单位：100 万美元，百分比数据除外）

	2021 年	2022 年	2023 年	2024 年	2025 年	此后	合计	2020 年 12 月 31 日预估公允价值
货币市场基金	27 430	—	—	—	—	—	27 430	27 430
加权平均利率	(0.16)%	– %	– %	– %	– %	– %	(0.16)%	
公司债券	16 505	4 459	5 531	1 990	886	—	29 371	29 988
加权平均利率	0.42%	1.65%	1.32%	1.86%	1.84%		0.92%	
美国政府及机构证券	5 439	587	899	298	67	71	7 361	7 439
加权平均利率	0.30%	1.38%	1.12%	1.74%	1.13%	2.97%	0.58%	
资产抵押债券	870	773	472	763	243	46	3 167	3 235
加权平均利率	2.08%	2.00%	1.53%	2.13%	1.57%	1.25%	1.94%	
外国政府及机构证券	4 932	147	45	3	—	—	5 127	5 131
加权平均利率	0.25%	0.74%	1.28%	1.76%	– %	– %	0.28%	
其他固定收益证券	109	156	230	160	43	—	698	710
加权平均利率	2.10%	1.85%	1.10%	0.84%	1.31%	– %	1.38%	
	55 285	6 122	7 177	3 214	1 239	117	73 154	
现金等价物和有价固定收益证券								73 933

表 7－10 可用于偿还债务的现金预测

（单位：100 万美元，每股数据除外）

债务计划表	实际值			预测值				
截至 12 月 31 日	**2018 年**	**2019 年**	**2020 年**	**2021 年**	**2022 年**	**2023 年**	**2024 年**	**2025 年**
可用于偿还债务的现金								
年初现金余额				42 122.0	51 773.6	67 207.8	94 153.6	110 163.1
偿还债务之前的现金流				9 651.6	15 434.2	26 945.8	16 009.5	27 522.6
最低现金缓冲				(40 000.0)	(40 000.0)	(40 000.0)	(40 000.0)	(40 000.0)
可用于偿还债务的现金合计				**11 773.6**	**27 207.8**	**54 153.6**	**70 163.1**	**97 685.7**

表7－9列出了公司用“现金等价物及有价固定收益证券”进行的所有投资。我们可以利用此表格来计算加权平均利率，首先将每种证券的公允价值乘以各自的利率，正如对债务进行的计算一样（参见表7－11）。

表7－11　预估的利息收益率计算

（单位：100万美元，百分比数据除外）

面值	收益率（%）	利息
27 430	(0.61)	(43.89)
29 988	0.92	275.89
7 439	0.58	43.15
3 235	1.94	62.76
5 131	0.28	14.37
710	1.38	9.80
73 933		362.08

我们得到利息合计3.6208亿美元，将该数值除以面值合计值（3.6208/739.33），得到一个新的隐含利息收益率0.49%。

将“0.49%”输入到单元格G36中，复制该单元格并向右填充。现在可以开始计算利息收入了。

2021年利息收入（单元格G35）

Excel关键输入步骤	描述
输入〈=〉	进入公式录入模式
输入〈Average（〉	构建“均值”公式
单击单元格G7	2021年年初现金余额
输入〈,〉	将我们想要求平均值的两个数值分隔开
单击单元格G34	2021年年末现金余额
输入〈)〉	结束“均值”公式
输入〈*〉	乘号
单击单元格G36	2021年利率
按〈Enter〉	输入结束
运算公式	=Average（G7，G34）*G36

现在，我们可以将利息费用与利息收入链接到利润表中。目前利润表的第38行及39行尚未与其他科目合理关联。因此，利润表的单元格G38应输入：

='债务计划表'！G33

可以复制上式，并向右填充。

最后从债务计划表中导出利息收入。然而，我们会将其变成负值。这看上去有些令人困惑。原因在于利息收入是与利息费用相抵消后的净值，因此亚马逊公司所列示的利息收入是负的。即：

净利息费用 = 利息费用 + （ – 利息收入）（即：加上一个负的利息收入）

一些公司会愿意披露一个正的利息收入，但之后我们在计算净利息费用时，就需要用利息费用减去利息收入。复核上述科目在历史数据中的结转过程非常重要，以便确保我们的预测是正确的。因此，可以将利息收入导入到利润表的单元格 G39 中：

= –'债务计划表'！G35

可以复制上式，并向右填充。

至此，我们终于完成了利润表的构建（参见表 7 – 12）。

注意，待利息费用与利息收入被关联进来之后，表中的数值将发生变化。例如，利息收入将下降至 2. 25 亿美元。在对上述科目进行关联时，出现循环引用是正常的（下章中会继续讨论）。

有一组数据需要在模型完成之前进行关联，我们仍然需要将债务计划表中的发债及偿债金额导入到现金流量表的融资活动现金流中。债务计划表反映了每项债务发行与偿还的情况，而这些信息也应该体现在现金流量表的融资活动中。例如，现金流量表的第 32 行包含了短期债务发行与偿还的信息。该行中的数据应该是从债务计划表的短期债务项下的发债/偿债科目中导入的，其中包含所有强制性与非强制性的发债与偿债信息。因此，在现金流量表的单元格 G32 中应输入：

='债务计划表'！G13 + '债务计划表'！G14

复制上式，并向右填充。

同样，对于现金流量表的第 33 行，即长期债务（还款），应该与债务计划表中长期债务项下的发债/（偿债）科目关联起来，这其中包含所有强制性与非强制性的发债与偿债信息。因此，在现金流量表的单元格 G33 中应输入：

='债务计划表'！G20 + '债务计划表'！G21

复制上式并向右填充。让我们继续填写融资租赁的本金偿还，即在现金流量表的单元格 G34 中输入：='债务计划表'！G27 + '债务计划表'！G28。复制上式，并向右填充。注意，现金流量表中还有一个科目“债务融资的本金偿还”。我们原本将该科目链接到了“其他负债”，因为没有更好的科目与其相符。然而现在我们在讨论债务计划表，便可以为这个科目创建一个更准确的“归属”。首先在资产负债表上增加一个名为“债务融资”的科目，然后在债务计划表里增加一个相应的模块。

表 7－12　含利息的亚马逊公司利润表预测

（单位：100 万美元，每股数据除外）

合并利润表	实际值			预测值				
截至 12 月 31 日	2018 年	2019 年	2020 年	2021 年	2022 年	2023 年	2024 年	2025 年
收入								
产品净销售额	141 915. 0	160 408. 0	215 915. 0					
Y/Y 增长率		*13. 0%*	*34. 6%*					
服务净销售额	90 972. 0	120 114. 0	170 149. 0					
Y/Y 增长率		*32. 0%*	*41. 7%*					
总收入	**232 887. 0**	**280 522. 0**	**386 064. 0**	**490 301. 3**	**581 497. 3**	**656 006. 5**	**713 912. 0**	**757 323. 5**
Y/Y 增长率		*20. 5%*	*37. 6%*	*27. 0%*	*18. 6%*	*12. 8%*	*8. 8%*	*6. 1%*
Y/Y 增长率下降				*(28. 2%)*	*(31. 1%)*	*(31. 1%)*	*(31. 1%)*	*(31. 1%)*
销货成本								
销货成本	**139 156. 0**	**165 536. 0**	**233 307. 0**	**296 299. 9**	**351 411. 7**	**396 439. 2**	**431 432. 8**	**457 667. 3**
COGS 占销售收入%	*59. 8%*	*59. 0%*	*60. 4%*	*60. 4%*	*60. 4%*	*60. 4%*	*60. 4%*	*60. 4%*
毛利润	**93 731. 0**	**114 986. 0**	**152 757. 0**	**194 001. 4**	**230 085. 6**	**259 567. 3**	**282 479. 2**	**299 656. 2**
毛利率	*40%*	*41%*	*40%*	*40%*	*40%*	*40%*	*40%*	*40%*
营业费用								
仓储物流费用	34 027. 0	40 232. 0	58 517. 0	74 316. 6	88 139. 5	99 433. 1	108 210. 0	114 790. 0
仓储物流费用占总收入%	*14. 6%*	*14. 3%*	*15. 2%*	*15. 2%*	*15. 2%*	*15. 2%*	*15. 2%*	*15. 2%*

技术和内容开支	13 496.0	14 142.0	17 489.0	22 211.0	26 342.3	29 717.6	32 340.8	34 307.3
技术和内容开支占总收入%	*5.8%*	*5.0%*	*4.5%*	*4.5%*	*4.5%*	*4.5%*	*4.5%*	*4.5%*
营销费用	13 814.0	18 878.0	22 008.0	27 950.2	33 148.9	37 396.4	40 697.3	43 172.1
营销费用占总收入%	*5.9%*	*6.7%*	*5.7%*	*5.7%*	*5.7%*	*5.7%*	*5.7%*	*5.7%*
管理及行政费用	4 336.0	5 203.0	6 668.0	8 468.4	10 043.5	11 330.4	12 330.5	13 080.3
管理费用占总收入%	*1.9%*	*1.9%*	*1.7%*	*1.7%*	*1.7%*	*1.7%*	*1.7%*	*1.7%*
其他经营费用（收入）净额	296.0	201.0	(75.0)	(95.3)	(113.0)	(127.4)	(138.7)	(147.1)
其他经营费用占总收入%	*0.1%*	*0.1%*	*0.0%*	*0.0%*	*0.0%*	*0.0%*	*0.0%*	*0.0%*
总营业费用	**65 969.0**	**78 656.0**	**104 607.0**	**132 850.9**	**157 561.2**	**177 750.0**	**193 439.9**	**205 202.6**
EBITDA	**27 762.0**	**36 330.0**	**48 150.0**	**61 150.5**	**72 524.5**	**81 817.3**	**89 039.3**	**94 453.6**
EBITDA 利润率	*11.9%*	*13.0%*	*12.5%*	*12.5%*	*12.5%*	*12.5%*	*12.5%*	*12.5%*
折旧和摊销	15 341.0	21 789.0	25 251.0	28 669.8	35 841.6	43 932.4	52 737.3	62 077.6
EBIT	**12 421.0**	**14 541.0**	**22 899.0**	**32 480.7**	**36 682.8**	**37 884.9**	**36 302.0**	**32 375.9**
EBIT 利润率	*5.3%*	*5.2%*	*5.9%*	*6.6%*	*6.3%*	*5.8%*	*5.1%*	*4.3%*
其他收益	183.0	(203.0)	(2 371.0)	183.0	(203.0)	183.0	(203.0)	183.0
利息								
利息费用	1 417.0	1 600.0	1 647.0	2 805.8	2 805.8	2 805.8	2 805.8	2 805.8
利息收入	(440.0)	(832.0)	(555.0)	(225.0)	(276.6)	(370.8)	(466.8)	(564.6)
净利息费用	**977.0**	**768.0**	**1 092.0**	**2 580.8**	**2 529.2**	**2 435.0**	**2 339.0**	**2 241.2**
税前利润（EBT）	**11 261.0**	**13 976.0**	**24 178.0**	**29 716.9**	**34 356.6**	**35 266.9**	**34 166.0**	**29 951.7**
EBT 利润率	*4.8%*	*5.0%*	*6.3%*	*6.1%*	*5.9%*	*5.4%*	*4.8%*	*4.0%*

（续）

合并利润表

	实际值			预测值				
截至12月31日	**2018年**	**2019年**	**2020年**	**2021年**	**2022年**	**2023年**	**2024年**	**2025年**
所得税	1 197.0	2 374.0	2 863.0	6 240.5	7 214.9	7 406.1	7 174.9	6 289.9
综合有效税率	*10.6%*	*17.0%*	*11.8%*	*21.0%*	*21.0%*	*21.0%*	*21.0%*	*21.0%*
持续经营净利润	**10 064.0**	**11 602.0**	**21 315.0**	**23 476.3**	**27 141.7**	**27 860.9**	**26 991.1**	**23 661.9**
非经常性项目								
终止经营	0.0	0.0	0.0	0.0	0.0	0.0	0.0	0.0
特殊性项目	0.0	0.0	0.0	0.0	0.0	0.0	0.0	0.0
会计变更的影响	0.0	0.0	0.0	0.0	0.0	0.0	0.0	0.0
其他项目	0.0	0.0	0.0	0.0	0.0	0.0	0.0	0.0
非经常性项目合计	**0.0**	**0.0**	**0.0**	**0.0**	**0.0**	**0.0**	**0.0**	**0.0**
净利润（非经常性项目之后）	**10 064.0**	**11 602.0**	**21 315.0**	**23 476.3**	**27 141.7**	**27 860.9**	**26 991.1**	**23 661.9**
权益法投资活动（税后）	(9.0)	14.0	(16.0)	(9.0)	14.0	(16.0)	(9.0)	14.0
普通股股利支付	0.0	0.0	0.0	0.0	0.0	0.0	0.0	0.0
净利润（披露的）	**10 073.0**	**11 588.0**	**21 331.0**	**23 485.3**	**27 127.7**	**27 876.9**	**27 000.1**	**23 647.9**
每股收益（EPS）								
基本的	20.68	23.46	42.66	46.57	53.79	55.28	53.54	46.89
稀释的	20.15	22.99	41.83	45.22	52.24	53.68	51.99	45.54
平均流通普通股								
基本的	487	494	500	504	504	504	504	504
稀释的	500	504	510	519	519	519	519	519

让我们移到“资产负债表”工作表，在“长期债务”科目下面增加一行。因此可以在单元格 D27 按住〈Shift〉与〈空格〉键，以便标记整行，然后按下〈Ctrl〉与〈+〉（或者〈Ctrl〉+〈Shift〉+〈=〉），以添加一行。现在将第 27 行命名为“债务融资”。我们可将该科目过往年份对应的单元格 D27 和 E27 设为“0”。预测年份将链接现金流量表。因此，在单元格 F27 中应输入“=E27+'现金流量表'！G35”。现在我们需要从其他负债科目行中移除 G35 的引用。所以资产负债表单元格 F26 中应输入“=E26+'现金流量表'！G33”。可以复制该公式向右填充。

既然新增了一行，那么就需要反复核查，以确保汇总数据不出现错误。因此再次确认“负债合计”中包含了新增的行（参见表 7-13）。

注意：在理想情况下，我们能够挖掘出债务融资的历史数值。就像短期债务一样，我们假设它必定包含在另外的长期负债科目中，可能是“其他长期负债”科目。果然，我们使用关键词“债务融资”在年报中进行搜索，发现在第 50 页有以下注释：

> 合并资产负债表的“其他长期负债”主要包括：债务融资、资产报废债务责任、递延所得税负债、预收收入、税收或有事项以及数字视频和音乐内容相关的负债。

该注释证明了债务融资实际上已被合并到“其他长期负债”科目中，但没有显示其数值。因此，在获得更多信息之前，我们将不得不暂时搁置这个问题。

现在我们可以在债务计划表中增加一个“债务融资”部分。切换到“债务计划表”工作表，首先需要在“长期租赁负债”下面添加七行。因此在第 32 行中按住〈Shift〉与〈空格〉键，标记整行，然后按下〈Ctrl〉与〈+〉（或者〈Ctrl〉+〈Shift〉+〈=〉）七次，为该部分空出位置。

为了提高效率，可以复制整个“长期租赁负债”部分粘贴到空白行，并将其更改为“债务融资”。转到第 25 行，按〈Shift〉+〈空格〉键选中整行，然后按住〈Shift〉键的同时按向下箭头六次，选择整个部分。使用〈Ctrl〉+〈C〉复制此区域。向下移动到第 32 行，然后按〈Ctrl〉+〈V〉进行粘贴。我们现在已经复制了整个“长期租赁负债”部分。然后将该部分“长期租赁负债”的字样都改为“债务融资”。

我们需要从单元格 F36（即年末债务融资余额）开始进行一些公式调整。该余额应该引自资产负债表，所以单元格 F36 中应该输入“='资产负债表'！E27”。因

表 7-13 亚马逊公司更新后的负债

（单位：100 万美元，每股数据除外）

合并资产负债表	实际值		预测值				
截至 12 月 31 日	**2019 年**	**2020 年**	**2021 年**	**2022 年**	**2023 年**	**2024 年**	**2025 年**
负债							
流动负债							
应付账款	47 183.0	72 539.0	76 023.5	90 163.8	101 716.8	110 695.3	117 426.5
应计费用及其他	18 111.0	28 023.0	29 295.1	34 744.0	39 195.8	42 655.6	45 249.4
短期债务	14 328.0	16 115.0	16 115.0	16 115.0	16 115.0	16 115.0	16 115.0
预收收入	8 190.0	9 708.0	11 365.2	13 479.2	15 206.3	16 548.5	17 554.8
流动负债合计	**87 812.0**	**126 385.0**	**132 798.8**	**154 502.0**	**172 234.0**	**186 014.5**	**196 345.8**
长期租赁负债	39 791.0	52 573.0	52 573.0	52 573.0	52 573.0	52 573.0	52 573.0
长期债务	23 414.0	31 816.0	31 816.0	31 816.0	31 816.0	31 816.0	31 816.0
债务融资	0.0	0.0	0.0	0.0	0.0	0.0	0.0
其他长期负债	12 171.0	17 017.0	16 463.0	15 909.0	15 355.0	14 801.0	14 247.0
负债合计	**163 188.0**	**227 791.0**	**233 650.8**	**254 800.0**	**271 978.0**	**285 204.5**	**294 981.8**

为每个债务部分的结构都是相同的，相对引用的公式都不需要改变；现在需要确定利息费用和发债/偿债合计中新增部分的对应科目。因此，我们需要将该部分两个新增的“发债/（偿债）”科目行添加到第39行“发债/偿债合计”中。所以单元格G39中应输入“=G13+G14+G20+G21+G27+G28+G34+G35”。将该公式复制并向右填充。我们还需要确定新的利息费用（即使数值是“0”）加总到“利息费用合计”行中。所以单元格G40中应输入“=G16+G23+G30+G37”。

现在可以回到现金流量表，并将债务计划表中的所有债务发行/（偿还）关联起来。现在已有债务融资，所以可以从债务计划表中链接发债/（偿债）数据到单元格G35中。所以，现金流量表单元格G35中的公式为“='债务计划表'！G34+'债务计划表'！G35”。我们复制该公式并向右填充（参见表7-14）。

现在债务计划表已全部关联，我们可以确保最终检验的结果是“匹配”的。在债务计划表第44行进行的匹配性检验，是为了确保资产负债表的第一项，即现金科目的年末余额与年初余额相等。进行这项检验至关重要，因为在建模过程中，我们使用了两种不同的方法来计算现金。资产负债表中的年末现金余额是通过前一年资产负债表中的现金余额加上现金流量表的当年现金变动而得到的。然而，债务计划表的年末现金余额却是通过债务计划表顶端的年初现金余额，加上偿还之前的现金流，并扣除与发债和偿债有关的现金之后而得到的净现金流。这样做的关键之处在于，确保我们已经正确导入了发债/偿债、利息费用以及利息收入的数据（参见表7-15）。

循环引用

在所有科目间已完整关联的模型中，循环引用会贯穿各个报表。这个循环引用与债务和利息有关。具体来说，就是如果债务计划表中的债务上升了，那么年末的现金余额也会上升，因此利息收入也随之上升。由于利息收入与利润表相关联，因此净利润也会相应上升。净利润将流入现金流量表的顶端，增加现金余额，并且更重要的是，会导致现金流量表底部的“偿还债务之前的现金流”增加。“偿还债务之前的现金流”又与债务计划表相关联，增加可用于偿还的现金余额，会导致年末的现金余额增加，进而增加了利息收入，以此类推。

表7-14　亚马逊公司更新后的融资活动现金流

（单位：100万美元，每股数据除外）

合并现金流量表								
	实际值			预测值				
截至12月31日	**2018年**	**2019年**	**2020年**	**2021年**	**2022年**	**2023年**	**2024年**	**2025年**
融资活动现金流								
短期债务（还款）	73.0	（116.0）	619.0	0.0	0.0	0.0	0.0	0.0
长期债务（还款）	27.0	（295.0）	8 972.0	0.0	0.0	0.0	0.0	0.0
融资租赁的本金偿还	（7 449.0）	（9 628.0）	（10 642.0）	0.0	0.0	0.0	0.0	0.0
债务融资的本金偿还	（337.0）	（27.0）	（53.0）	0.0	0.0	0.0	0.0	0.0
融资活动现金流合计	**（7 686.0）**	**（10 066.0）**	**（1 104.0）**	**0.0**	**0.0**	**0.0**	**0.0**	**0.0**
汇率对现金及现金等价物及受限资金的影响	（351.0）	70.0	618.0	（351.0）	70.0	618.0	（351.0）	70.0
现金及现金等价物总变动	**10 317.0**	**4 327.0**	**5 967.0**	**7 612.8**	**13 436.1**	**25 022.2**	**14 161.7**	**25 752.1**

表 7 – 15　亚马逊公司债务计划表预测

（单位：100 万美元，每股数据除外）

债务计划表	实际值			预测值				
截至 12 月 31 日	**2018 年**	**2019 年**	**2020 年**	**2021 年**	**2022 年**	**2023 年**	**2024 年**	**2025 年**
可用于偿还债务的现金								
年初现金余额				42 122. 0	49 734. 8	63 170. 9	88 193. 1	102 354. 8
偿还债务之前的现金流				7 612. 8	13 436. 1	25 022. 2	14 161. 7	25 752. 1
最低现金缓冲				(40 000. 0)	(40 000. 0)	(40 000. 0)	(40 000. 0)	(40 000. 0)
可用于偿还债务的现金合计				**9 734. 8**	**23 170. 9**	**48 193. 1**	**62 354. 8**	**88 106. 8**
短期债务/循环贷款								
短期债务（年初）				16 115. 0	16 115. 0	16 115. 0	16 115. 0	16 115. 0
强制性发债/（偿债）				0. 0	0. 0	0. 0	0. 0	0. 0
非强制性发债/（偿债）				0. 0	0. 0	0. 0	0. 0	0. 0
短期债务（年末）			**16 115. 0**	**16 115. 0**	**16 115. 0**	**16 115. 0**	**16 115. 0**	**16 115. 0**
利息费用				467. 3	467. 3	467. 3	467. 3	467. 3
利率				*2. 9%*	*2. 9%*	*2. 9%*	*2. 9%*	*2. 9%*
长期债务								
长期债务（年初）				31 816. 0	31 816. 0	31 816. 0	31 816. 0	31 816. 0
强制性发债/（偿债）				0. 0	0. 0	0. 0	0. 0	0. 0
非强制性发债/（偿债）				0. 0	0. 0	0. 0	0. 0	0. 0
长期债务（年末）			**31 816. 0**	**31 816. 0**	**31 816. 0**	**31 816. 0**	**31 816. 0**	**31 816. 0**
利息费用				1 234. 5	1 234. 5	1 234. 5	1 234. 5	1 234. 5
利率				*3. 88%*	*3. 88%*	*3. 88%*	*3. 88%*	*3. 88%*

（续）

债务计划表

	实际值			预测值				
截至12月31日	**2018年**	**2019年**	**2020年**	**2021年**	**2022年**	**2023年**	**2024年**	**2025年**
长期租赁负债								
长期租赁负债（年初）				52 573.0	52 573.0	52 573.0	52 573.0	52 573.0
强制性发债/（偿债）				0.0	0.0	0.0	0.0	0.0
非强制性发债/（偿债）				0.0	0.0	0.0	0.0	0.0
长期租赁负债（年末）			**52 573.0**	**52 573.0**	**52 573.0**	**52 573.0**	**52 573.0**	**52 573.0**
利息费用				1 104.0	1 104.0	1 104.0	1 104.0	1 104.0
利率				*2.10%*	*2.10%*	*2.10%*	*2.10%*	*2.10%*
债务融资								
债务融资（年初）				0.0	0.0	0.0	0.0	0.0
强制性发债/（偿债）				0.0	0.0	0.0	0.0	0.0
非强制性发债/（偿债）				0.0	0.0	0.0	0.0	0.0
债务融资（年末）			**0.0**	**0.0**	**0.0**	**0.0**	**0.0**	**0.0**
利息费用				0.0	0.0	0.0	0.0	0.0
利率				*2.10%*	*2.10%*	*2.10%*	*2.10%*	*2.10%*
发债/偿债合计				**0.0**	**0.0**	**0.0**	**0.0**	**0.0**
利息费用合计				**2 805.8**	**2 805.8**	**2 805.8**	**2 805.8**	**2 805.8**
年末现金余额			**42 122.0**	**49 734.8**	**63 170.9**	**88 193.1**	**102 354.8**	**128 106.8**
利息收入				225.0	276.6	370.8	466.8	564.6
利率				*0.49%*	*0.49%*	*0.49%*	*0.49%*	*0.49%*
是否匹配？（Y/N）				Y	Y	Y	Y	Y

当出现循环引用时，Excel 可能会弹出错误提醒，因为 Excel 会将模型中的循环引用默认为错误。这就需要调整 Excel 的设置，以表示我们允许在模型中出现循环引用。此时，需要告诉 Excel 我们想要进行多少次循环迭代。因为从理论上讲，循环迭代可以无限次地运行下去。我们在菜单中选择“文件”，点击“选项”，打开“Excel 选项”窗口，如图 7－2 所示。

图 7－2　Excel 选项

也许你使用的是旧版本的 Excel，菜单选项看起来会与截图有所不同。这种情况，在帮助区域搜索“Excel 选项”，你将得到指引，打开图 7－2 中的弹出窗口。

一旦设置窗口弹出，即可选择“公式”，展开“计算选项”菜单。在该部分菜单下面，应该有一项名为“启用迭代计算”。勾选该项即表明允许在 Excel 中进行循环引用。而一旦启用迭代计算后，我们应该明确想要 Excel 进行迭代的次数。通常进行 100 次迭代就足够了。

看下面的例子，假设公司有一项 1 000 美元的债务。为了阐释循环引用，我们只关注利息收入的变动情况。

（单位：美元）

债务计划表	
年初现金余额	0.0
偿还债务之前的现金流	0.0
最低现金缓冲	0.0
长期债务	
年初余额	0.0
年内发行	1 000.0
利息（10%）*	100.0
年末余额	1 000.0
年末现金余额	**1 000.0**
利息收入（1%）*	10.0

*请注意，我们仅试图阐释利息收入，因此暂时忽略利息费用。为了简单起见，我们没有取年初余额与年末余额的平均值。

（单位：美元）

利润表	
利息收入	10.0
税金（40%）	（4.0）
净利润	**6.0**

现金流	
净利润	6.0
长期债务发行	1 000.0
现金总变动	**1 006.0**
偿还债务之前的现金流	**6.0**

因此，将利息收入导入利润表会导致净利润（税后）增加6美元。而后净利润流入现金流量表。加之发行了1 000美元的债务，因此现金总计增加1 006美元。然而，偿还债务之前的现金流并不包含通过发行债务所得的现金，因此该科目余额仅增加6美元。下面，让我们返回来看一下债务计划表。

（单位：美元）

债务计划表	
年初现金余额	0.0
偿还债务之前的现金流	6.0
最低现金缓冲	0.0
长期债务	
年初余额	0.0
年内发行	1 000.0
利息（10%）*	100.0
年末余额	1 000.0
年末现金余额	**1 006.0**
利息收入（1%）*	10.1

*再次注意，我们依然仅试图阐释利息收入，因此暂时忽略利息费用。为了简单起见，我们没有取年初余额与年末余额的平均值。

因此，由于偿还债务之前的现金流增加了 6 美元，则利息收入会增加 0.1 美元（实际上应为 0.06 美元，我们将其四舍五入至 0.1 美元），并且该部分金额会流回到利润表中，继续循环。

让我们看另外一个例子，这一次要阐释的是债务的利息费用。

如果债务计划表的债务被偿还了，则利息费用将会减少。由于利息费用与利润表相关联，因此利息费用的减少会导致净利润的增加。而增加的净利润又会流入到现金流量表顶端的科目中，从而导致现金增加，更重要的是，会令现金流量表底部的“偿还债务之前的现金流”增加。而偿还债务之前的现金流又与债务计划表相关联，会导致可用于还债的现金余额增加。因此，由于还债节省了利息费用，使得我们可以有更多的现金偿还更多的债务。如果我们真这样做了，未来的利息费用将会进一步减少，那么税盾效应也会逐渐减弱，从而导致净利润减少，并由此循环往复。

请看下面的例子，假设公司偿还了 1 000 美元的债务。为了阐释循环引用，我们仅关注利息费用的变动。同时，假设在年初时拥有 1 000 美元现金，用于偿还 1 000美元的债务。

（单位：美元）

债务计划表	
年初现金余额	1 000.0
偿还债务之前的现金流	0.0
最低现金缓冲	0.0
长期债务	
年初余额	1 000.0
年内发行	（1 000.0）
利息（10%）*	（100.0）
年末余额	0.0
年末现金余额	**0.0**
利息收入（1%）*	0.0

*这里是指利息费用减少了 100 美元。为了简单起见，我们没有取年初余额与年末余额的平均值。同时，我们还假设无利息收入，仅阐释利息费用的变动。

（单位：美元）

利润表	
利息费用	（100.0）
税金（40%）	（40.0）
净利润	**60.0**

现金流	
净利润	60.0
长期债务发行	（1 000.0）
现金总变动	**（940.0）**
偿还债务之前的现金流	**60.0**

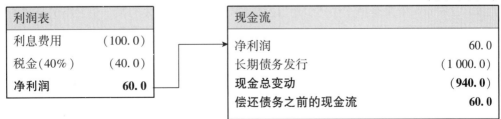

因此，利息费用的减少额流入到利润表中，会导致净利润（税后）增加60美元，而后净利润会流入现金流量表中。由于偿还了1 000美元的债务，现金余额将减少940美元。然而，偿还债务之前的现金流并不包含因发行或偿还债务导致的现金变动，因此仅会增加60美元。现在，让我们再返回来看一下债务计划表。

（单位：美元）

债务计划表	
年初现金余额	1 000.0
偿还债务之前的现金流	60.0
最低现金缓冲	0.0
长期债务	
年初余额	1 000.0
年内发行	(1 000.0)
利息（10%）*	(100.0)
年末余额	0.0
年末现金余额	**60.0**
利息收入（1%）*	0.0

*这里同样是指利息费用减少了100美元。为了简单起见，我们没有取年初余额与年末余额的平均值。同时，我们还假设无利息收入，仅阐释利息费用的变动。

现在，现金余额又多了60美元，可以用于偿还更多的债务。如果我们确有其他债务，则可选择还债，以便进一步节省利息费用。而这也将反映到利润表中，由此循环往复。

从技术层面来讲，既然发债及偿债金额是直接输入到模型中的，那么这样特殊的循环就不是无限次的。换言之，我们必须在每个迭代结束后手动调整还债的金额。但是，接下来我们将讲述自动还款公式，它可以生成一种无限次的循环迭代。我们需要在Excel迭代设置中给定一个迭代次数的上限，例如100次。

循环引用的“#Value!”报错

在允许循环引用的情况下，可能常常令模型被“#Value!”或其他形式的报错所困扰。这种情况通常是由于循环引用以及输错与循环迭代相关的某个单元格的公式所引发的。如果一个特定的公式出现了这样的错误，则Excel会将其视为一个字符串，而并非一个数字，从而导致无法计算并报错。如果这样的报错信息在循环引用中出现，则错误信息会陷入循环中，使得循环路径上涉及的每个单元格都受到影响。

你可以强制将某个处于循环中的单元格改写成字符串（不用担心，我们可以很快修复）。例如，我们可以在发债对应的某个单元格中，如单元格G13，输入“测试”两个字。那么，现在模型应该充斥着“#Value!”的报错信息。如果你没有马上看到报错信息，请尝试按住“F9”，这是令 Excel 重新计算单元格的快捷键（参见表 7－16）。

为了修复错误，我们首先需要辨别错误在哪里，并修正它。因此，让我们将“测试”两个字改回数字“0”。尽管这样做可以修正最初的错误，但是错误依旧存在，因为在循环路径上依然能够看到“#Value!”的报错信息。为了进一步修复错误，我们需要打破循环，允许 Excel 按正常情况重新计算一次，再重新恢复循环。这里有一个捷径，就是去看一下利润表的利息费用与利息收入（第 38 行及第 39 行）（参见表 7－17）。

我们只需要标记并删除上述两行。首先，选择单元格 G38，按住〈Shift〉，并单击空格键一次，以选中第 38 行一整行。然后，继续按住〈Shift〉，并按下方向键用来选中剩余行中的单元格。现在，我们可以按〈Delete〉来删除上述链接。而后，Excel 需要按正常情况重新计算。这时，我们可以重新将科目间的勾稽关系嵌回表中，只需要“撤销”之前的删除操作，或按下〈Ctrl〉+〈Z〉。这样一来，所有单元格都应该会恢复正常了（参见表 7－18）。

自动还款

此前我们已经讨论过存在“非强制性发债/（还债）”科目，主要是由于当公司拥有盈余现金时，可自动用于偿还债务。而当公司有现金需求时，则可以通过发行债务来募集资金。尽管并非所有的公司都会选择或被允许根据其意愿来偿还债务，但我们还是来看一下该如何将一个自动还款公式嵌入到模型中。首先，很重要的是要阐释我们希望通过上述公式来处理一个怎样的特定情况。我们希望设置一系列逻辑条件，以便让债务余额与可用于偿还债务的现金之间可比。如果所拥有的现金超过了债务余额，那么即可还清所有债务。如果现金比债务余额要少，那么可以有多少现金就还多少债务。而如果现金余额是负的，那么需要发行新债来满足现金需求。我们将以上所述汇总成更加正式的逻辑条件，列示如下：

1. 如果可用现金是负的，则需要募集现金。
2. 如果可用现金是正的，则：
    a. 如果可用现金比债务余额多，那么我们可以还清所有债务。
    b. 如果可用现金比债务余额少，那么我们只能有多少现金就还多少债务。

然后，我们可以用“如果……则……”的句式重新表述以上逻辑语句。例如，条件 1：如果现金余额是负的，很明显说明我们需要现金，则需要募集现金以满足需求。因此该条件可改写为：

表7-16　债务计划表#Value！错误

（单位：100万美元，每股数据除外）

债务计划表	实际值			预测值				
截至12月31日	2018年	2019年	2020年	2021年	2022年	2023年	2024年	2025年
可用于偿还债务的现金								
年初现金余额				42 122.0	#Value！	#Value！	#Value！	#Value！
偿还债务之前的现金流				#Value！	#Value！	#Value！	#Value！	#Value！
最低现金缓冲				（40 000.0）	（40 000.0）	（40 000.0）	（40 000.0）	（40 000.0）
可用于偿还债务的现金合计				**#Value！**	**#Value！**	**#Value！**	**#Value！**	**#Value！**
短期债务/循环贷款								
短期债务（年初）				16 115.0	16 115.0	16 115.0	16 115.0	16 115.0
强制性发债/（偿债）				测试	0.0	0.0	0.0	0.0
非强制性发债/（偿债）				0.0	0.0	0.0	0.0	0.0
短期债务（年末）			**16 115.0**	**16 115.0**	**16 115.0**	**16 115.0**	**16 115.0**	**16 115.0**
利息费用				467.3	467.3	467.3	467.3	467.3
利率				*2.9%*	*2.9%*	*2.9%*	*2.9%*	*2.9%*
长期债务								
长期债务（年初）				31 816.0	31 816.0	31 816.0	31 816.0	31 816.0
强制性发债/（偿债）				0.0	0.0	0.0	0.0	0.0
非强制性发债/（偿债）				0.0	0.0	0.0	0.0	0.0
长期债务（年末）			**31 816.0**	**31 816.0**	**31 816.0**	**31 816.0**	**31 816.0**	**31 816.0**
利息费用				1 234.5	1 234.5	1 234.5	1 234.5	1 234.5

利率		*3. 88%*	*3. 88%*	*3. 88%*	*3. 88%*	*3. 88%*
长期租赁负债						
长期租赁负债（年初）		52 573. 0	52 573. 0	52 573. 0	52 573. 0	52 573. 0
强制性发债/（偿债）		0. 0	0. 0	0. 0	0. 0	0. 0
非强制性发债/（偿债）		0. 0	0. 0	0. 0	0. 0	0. 0
长期租赁负债（年末）	**52 573. 0**	**52 573. 0**	**52 573. 0**	**52 573. 0**	**52 573. 0**	**52 573. 0**
利息费用		1 104. 0	1 104. 0	1 104. 0	1 104. 0	1 104. 0
利率		*2. 10%*	*2. 10%*	*2. 10%*	*2. 10%*	*2. 10%*
债务融资						
债务融资（年初）		0. 0	0. 0	0. 0	0. 0	0. 0
强制性发债/（偿债）		0. 0	0. 0	0. 0	0. 0	0. 0
非强制性发债/（偿债）		0. 0	0. 0	0. 0	0. 0	0. 0
债务融资（年末）	**0. 0**	**0. 0**	**0. 0**	**0. 0**	**0. 0**	**0. 0**
利息费用		0. 0	0. 0	0. 0	0. 0	0. 0
利率		*2. 10%*	*2. 10%*	*2. 10%*	*2. 10%*	*2. 10%*
发债/偿债合计		**#Value!**	**0. 0**	**0. 0**	**0. 0**	**0. 0**
利息费用合计		**2 805. 8**	**2 805. 8**	**2 805. 8**	**2 805. 8**	**2 805. 8**
年末现金余额	**42 122. 0**	**#Value!**	**#Value!**	**#Value!**	**#Value!**	**#Value!**
利息收入		#Value!	#Value!	#Value!	#Value!	#Value!
利率		*0. 49%*	*0. 49%*	*0. 49%*	*0. 49%*	*0. 49%*
是否匹配？（Y/N）		**#Value!**	**#Value!**	**#Value!**	**#Value!**	**#Value!**

表 7－17　利润表#Value！错误

（单位：100 万美元，每股数据除外）

合并利润表	实际值			预测值				
截至 12 月 31 日	**2018 年**	**2019 年**	**2020 年**	**2021 年**	**2022 年**	**2023 年**	**2024 年**	**2025 年**
利息								
利息费用	1 417.0	1 600.0	1 647.0	#Value！	#Value！	#Value！	#Value！	#Value！
利息收入	(440.0)	(832.0)	(555.0)	#Value！	#Value！	#Value！	#Value！	#Value！
净利息费用	**977.0**	**768.0**	**1 092.0**	**#Value！**	**#Value！**	**#Value！**	**#Value！**	**#Value！**
税前利润（EBT）	**11 261.0**	**13 976.0**	**24 178.0**	**#Value！**	**#Value！**	**#Value！**	**#Value！**	**#Value！**
EBT 利润率	*4.8%*	*5.0%*	*6.3%*	*#Value！*	*#Value！*	*#Value！*	*#Value！*	*#Value！*
所得税	1 197.0	2 374.0	2 863.0	#Value！	#Value！	#Value！	#Value！	#Value！
综合有效税率	*10.6%*	*17.0%*	*11.8%*	*21.0%*	*21.0%*	*21.0%*	*21.0%*	*21.0%*
持续经营净利润	**10 064.0**	**11 602.0**	**21 315.0**	**#Value！**	**#Value！**	**#Value！**	**#Value！**	**#Value！**
非经常性项目								
终止经营	0.0	0.0	0.0	0.0	0.0	0.0	0.0	0.0
特殊性项目	0.0	0.0	0.0	0.0	0.0	0.0	0.0	0.0
会计变更的影响	0.0	0.0	0.0	0.0	0.0	0.0	0.0	0.0

其他项目	0.0	0.0	0.0	0.0	0.0	0.0	0.0	0.0
非经常性项目合计	**0.0**	**0.0**	**0.0**	**0.0**	**0.0**	**0.0**	**0.0**	**0.0**
净利润（非经常性项目之后）	**10 064.0**	**11 602.0**	**21 315.0**	**#Value!**	**#Value!**	**#Value!**	**#Value!**	**#Value!**
权益法投资活动（税后）	(9.0)	14.0	(16.0)	(9.0)	14.0	(16.0)	(9.0)	14.0
普通股股利支付	0.0	0.0	0.0	0.0	0.0	0.0	0.0	0.0
净利润（披露的）	**10 073.0**	**11 588.0**	**21 331.0**	**#Value!**	**#Value!**	**#Value!**	**#Value!**	**#Value!**
每股收益（EPS）								
基本的	20.68	23.46	42.66	#Value!	#Value!	#Value!	#Value!	#Value!
稀释的	20.15	22.99	41.83	#Value!	#Value!	#Value!	#Value!	#Value!
平均流通普通股								
基本的	487	494	500	504	504	504	504	504
稀释的	500	504	510	519	519	519	519	519

表7－18　修复后的利润表

（单位：100万美元，每股数据除外）

合并利润表	实际值			预测值				
截至12月31日	**2018年**	**2019年**	**2020年**	**2021年**	**2022年**	**2023年**	**2024年**	**2025年**
利息								
利息费用	1 417.0	1 600.0	1 647.0	2 805.8	2 805.8	2 805.8	2 805.8	2 805.8
利息收入	(440.0)	(832.0)	(555.0)	(225.0)	(276.6)	(370.8)	(466.8)	(564.6)
净利息费用	**977.0**	**768.0**	**1 092.0**	**2 580.8**	**2 529.2**	**2 435.0**	**2 339.0**	**2 241.2**
税前利润（EBT）	**11 261.0**	**13 976.0**	**24 178.0**	**29 716.9**	**34 356.6**	**35 266.9**	**34 166.0**	**29 951.7**
EBT利润率	*4.8%*	*5.0%*	*6.3%*	*6.1%*	*5.9%*	*5.4%*	*4.8%*	*4.0%*
所得税	1 197.0	2 374.0	2 863.0	6 240.5	7 214.9	7 406.1	7 174.9	6 289.9
综合有效税率	*10.6%*	*17.0%*	*11.8%*	*21.0%*	*21.0%*	*21.0%*	*21.0%*	*21.0%*
持续经营净利润	**10 064.0**	**11 602.0**	**21 315.0**	**23 476.3**	**27 141.7**	**27 860.9**	**26 991.1**	**23 661.9**
非经常性项目								
终止经营	0.0	0.0	0.0	0.0	0.0	0.0	0.0	0.0
特殊性项目	0.0	0.0	0.0	0.0	0.0	0.0	0.0	0.0
会计变更的影响	0.0	0.0	0.0	0.0	0.0	0.0	0.0	0.0

其他项目	0.0	0.0	0.0	0.0	0.0	0.0	0.0	0.0
非经常性项目合计	**0.0**	**0.0**	**0.0**	**0.0**	**0.0**	**0.0**	**0.0**	**0.0**
净利润（非经常性项目之后）	**10 064.0**	**11 602.0**	**21 315.0**	**23 476.3**	**27 141.7**	**27 860.9**	**26 991.1**	**23 661.9**
权益法投资活动（税后）	(9.0)	14.0	(16.0)	(9.0)	14.0	(16.0)	(9.0)	14.0
普通股股利支付	0.0	0.0	0.0	0.0	0.0	0.0	0.0	0.0
净利润（披露的）	**10 073.0**	**11 588.0**	**21 331.0**	**23 485.3**	**27 127.7**	**27 876.9**	**27 000.1**	**23 647.9**
每股收益（EPS）								
基本的	20.68	23.46	42.66	46.57	53.79	55.28	53.54	46.89
稀释的	20.15	22.99	41.83	45.22	52.24	53.68	51.99	45.54
平均流通普通股								
基本的	487	494	500	504	504	504	504	504
稀释的	500	504	510	519	519	519	519	519

1. 如果现金 <0，则输出 - 现金。

因此，上式结尾处的“ - 现金”表示输出的现金余额的相反值。换言之，如果我们有 -500 美元的现金可用于偿还债务，则需要募集 500 美元以满足需求。因此，上式则应读取 - -500 美元（是的，有两个负号），或者 500 美元。

2a. 如果现金 >0，如果可用现金 > 债务，则输出 - 债务。

或者，如果现金是正的，并且现金余额比债务余额多，那么我们可以还清债务。偿还债务用“ - 债务”，即用负的债务余额来表示。

2b. 如果现金 >0，如果可用现金 < 债务，则输出 - 现金。

或者，如果现金是正的，并且现金余额比债务余额少，那么我们只能有多少现金就偿还多少债务。则用负的现金余额来表示。

注意，还有一种表述方式同时适用于上述 2a 与 2b 这两种情况：即取现金及债务两者的最小值。让我们来看一个关于 2a 的例子，假设现金余额为 1 000 美元，债务余额为 500 美元。在这种情况下，现金余额是正的，且大于债务余额，所以我们可以还清所有债务，因此会输出 -500 美元或 - 债务。现在，让我们再看一个 2b 的例子，假设现金余额为 1 000 美元，债务余额为 2 500 美元。在这种情况下，尽管现金余额是正的，却小于债务余额，因此我们只能有多少现金就还多少债务，即输出为 -1 000 美元或 - 现金。在上述两种情况下，我们都是在现金或债务之间取最小值。因此公式“ - Min（现金，债务）”能同时满足这两个条件。那么至于现金余额为负的条件呢？在这种情况下，公式“ - Min（现金，债务）”同样适用。我们知道债务余额永远不可能是负的，如果现金余额是负的，则一个负值（现金）一定会小于一个正值（债务）。因此，如果现金余额是负的，则公式“ - Min（现金，债务）”会输出 - 现金，这是我们想要的结果。

现在，我们可以将上述公式嵌入到模型中。在债务计划表的单元格 G14 中可以输入：

= - Min（G10，G12）

可以复制该公式并向右填充。

能否很好地理解以上公式并知悉它的运算原理非常重要，这样便于在处理不同问题时对公式进行调整。例如，在原公式中添加一个“Min”函数，将能得到公司可以发行的债务规模。当公司正在对一项循环债务建模时，该公式会很有用。例如，公司的借债能力上限为 500 美元，那么公式如下：

= Min（ - Min（现金，债务），500）

如果公式的输入结果是负值，将不受影响。但是，如果需要发行的债务规模大于举债能力上限，那么“Min”函数会将发债规模限定在 500 美元。

微动开关

在上式中设置一个简单的、可用来开启或关闭“Min”函数的“开关”同样很有用。我们可以简单通过用上式乘以“1”或“0”来实现。当用任意公式乘以“0”时，结果永远为“0”，这样公式就被关闭了。当用任意公式乘以“1”时，不会影响公式本身的计算结果，即开启了公式。例如，我们可以在单元格 F14 中输入“1”。我们同样可以在原公式引用单元格 F14 时，添加美元符号，以便在复制该公式并向右填充时，锁定对单元格 F14 的引用。这时，单元格 G14 应输入公式“= -Min（G10，G12）* $F$14”。现在，如果在单元格 F14 中输入“0”，则公式将被关闭，输出结果为“0”。而如果在单元格 F14 中输入“1”，则公式会被开启。让我们将该公式的开关保持在关闭状态。

完成模型

既然核心模型已经完成了，那么返回来从一个更高的层次来看模型的输出结果就很重要。首先来看一下每股收益（EPS）。在建模的初期阶段，我们曾看到雅虎财经的“分析师预期”栏目中给出了华尔街对于亚马逊公司收入及 EPS 的平均预期（图 7-3）。尽管利用该数据可以确保所做的收入预测与华尔街是一致的，但我们也曾说过，没有完整的利润表（折旧与利息尚未补全），还不能准确评判 EPS。

yahoo! finance　Search for news, symbols or companies

Summary　Company Outlook　Chart　Conversations　Statistics　Historical Data　Profile　Financials　Analysis　Options

Currency in USD

Earnings Estimate	Current Qtr. (Jun 2021)	Next Qtr. (Sep 2021)	Current Year (2021)	Next Year (2022)
No. of Analysts	36	36	46	46
Avg. Estimate	12.21	12.92	55.74	72.09
Low Estimate	9.77	6.84	42.68	45.11
High Estimate	15.18	17.7	71.13	96.53
Year Ago EPS	10.3	12.37	41.83	55.74

Revenue Estimate	Current Qtr. (Jun 2021)	Next Qtr. (Sep 2021)	Current Year (2021)	Next Year (2022)
No. of Analysts	36	36	45	45
Avg. Estimate	115.17B	118.7B	490.35B	581.65B
Low Estimate	112.15B	110.97B	473.77B	547.19B
High Estimate	120.76B	123.56B	508.88B	612.25B
Year Ago Sales	88.91B	96.14B	386.06B	490.35B
Sales Growth (year/est)	29.50%	23.50%	27.00%	18.60%

图 7-3　雅虎财经估计的亚马逊公司的财务指标

想要确定我们的预测与华尔街的预期是否一致，需要以下几个基本步骤。

1. 收入。参见表7－19。想要确定我们的预测与华尔街的预期是否一致，首先要确定我们预测的收入与华尔街的预期是否相近。正如在做收入预测时所讨论的那样，我们所预测的亚马逊公司2021年的收入为4 903.013亿美元，这一结果与华尔街的平均预期收入（即4 903.58亿美元）非常接近。我们预测的2022年收入5 814.973亿美元也很接近华尔街平均预期收入5 816.58亿美元。在此基础上，我们预测每年的收入增长率会有所下降。同时，为了使预测更准确，我们建议要不断进行更深入的研究。

2. EPS。参见表7－20。完成第一步后，可以看一下EPS。如果我们预测的EPS远低于或远高于华尔街的平均预期EPS，说明我们与华尔街所做的成本假设之间必然存在差异。我们预测2021年EPS为46.57，该结果落在了图7－3所示的华尔街平均预期EPS（42.68～71.13）之间。注意到我们的预测值更趋近于区间值低值，但是46名华尔街分析师的平均预期EPS为55.74，与我们的预测值差距不大。如果想要使预测EPS值更高或更低，我们也许要对影响EPS估值的一些主要变量及假设条件进行进一步研究。请看下列例子。

（1）所得税。参见表7－21。从EPS开始，通过比对指标预测值与历史值，捕捉哪些指标可能出现重大变动，是个不错的方法。这样做，可以为查找我们与华尔街的成本假设间的差异提供线索。公司未来的纳税规模通常应与过往持平，除非其存在异常纳税行为。注意，亚马逊公司的2021年的预测税率比前一年高很多。正如之前章节讨论的，我们假设2020年11.8%的税率是异常低的，因而在亚马逊公司年报中找到注释建议使用税率21%。注意，如果我们将2021年假设税率下降到11.8%，则每股收益将增加到52.00，这将非常接近每股收益的平均预期值。有没有可能华尔街分析师预测的较高的每股收益是因为使用了较低的税率？或者，其他分析师预测的较高的EPS是因为降低了其他一些成本假设？这就是进一步进行深入研究的价值所在。让我们锁定年报中21%的税率，继续下面的讨论。

（2）净利息。参见表7－22。历史上净利息费用是一直增加的，我们预计未来还会增加。这里主要的驱动因素是利率。如果你有留意，会发现利息费用是增加的，但利息收入是下降的。考虑到可能是利率太高的原因。如果你还记得，我们预测是基于给定的表格（图7－1），该表包含了一个利率区间。我们选择了区间内的最高值进行保守假设——或许我们太保守了？如果我们使用利率区间的最低值重新计算，即使用2.1%的利率，结果就是总利息费用将减少到22.395亿美元，每股收益将提高到47.46美元。EPS虽然有所增长，但并不显著。所以，我们继续下面的讨论。

表 7 – 19　亚马逊公司收入预测

（单位：100 万美元，每股数据除外）

合并利润表								
	实际值			**预测值**				
截至 12 月 31 日	**2018 年**	**2019 年**	**2020 年**	**2021 年**	**2022 年**	**2023 年**	**2024 年**	**2025 年**
收入								
产品净销售额	141 915. 0	160 408. 0	215 915. 0					
Y/Y 增长率		*13. 0%*	*34. 6%*					
服务净销售额	90 972. 0	120 114. 0	170 149. 0					
Y/Y 增长率		*32. 0%*	*41. 7%*					
总收入	**232 887. 0**	**280 522. 0**	**386 064. 0**	**490 301. 3**	**581 497. 3**	**656 006. 5**	**713 912. 0**	**757 323. 5**
Y/Y 增长率		*20. 5%*	*37. 6%*	*27. 0%*	*18. 6%*	*12. 8%*	*8. 8%*	*6. 1%*
Y/Y 增长率下降				*(28. 2%)*	*(31. 1%)*	*(31. 1%)*	*(31. 1%)*	*(31. 1%)*

表7－20　亚马逊公司每股收益预测

（单位：100万美元，每股数据除外）

合并利润表								
	实际值			预测值				
截至12月31日	**2018年**	**2019年**	**2020年**	**2021年**	**2022年**	**2023年**	**2024年**	**2025年**
每股收益（EPS）								
基本的	20.68	23.46	42.66	46.57	53.79	55.28	53.54	46.89
稀释的	20.15	22.99	41.83	45.22	52.24	53.68	51.99	45.54

表7－21　亚马逊公司所得税预测

（单位：100万美元，每股数据除外）

合并利润表								
	实际值			预测值				
截至12月31日	**2018年**	**2019年**	**2020年**	**2021年**	**2022年**	**2023年**	**2024年**	**2025年**
所得税	1 197.0	2 374.0	2 863.0	6 240.5	7 214.9	7 406.1	7 174.9	6 289.9
综合有效税率	*10.6%*	*17.0%*	*11.8%*	*21.0%*	*21.0%*	*21.0%*	*21.0%*	*21.0%*
持续经营净利润	**10 064.0**	**11 602.0**	**21 315.0**	**23 476.3**	**27 141.7**	**27 860.9**	**26 991.1**	**23 661.9**

表 7-22　亚马逊公司净利息费用预测

（单位：100 万美元，每股数据除外）

合并利润表	实际值			预测值				
截至 12 月 31 日	**2018 年**	**2019 年**	**2020 年**	**2021 年**	**2022 年**	**2023 年**	**2024 年**	**2025 年**
利息								
利息费用	1 417.0	1 600.0	1 647.0	2 805.8	2 805.8	2 805.8	2 805.8	2 805.8
利息收入	(440.0)	(832.0)	(555.0)	(225.0)	(276.6)	(370.8)	(466.8)	(564.6)
净利息费用	**977.0**	**768.0**	**1 092.0**	**2 580.8**	**2 529.2**	**2 435.0**	**2 339.0**	**2 241.2**
税前利润（EBT）	**11 261.0**	**13 976.0**	**24 178.0**	**29 716.9**	**34 356.6**	**35 266.9**	**34 166.0**	**29 951.7**
EBT 利润率	*4.8%*	*5.0%*	*6.3%*	*6.1%*	*5.9%*	*5.4%*	*4.8%*	*4.0%*

（3）折旧。参见表7-23。正如我们在折旧计划表一节中所讨论的，除非公司有重大事项声明，否则折旧费用不会出现显著的增加或减少。

（4）COGS与营业费用。参见表7-24。这是在预测假设中容易发生变化的主要科目。如果我们对其他所有科目的预测值均与华尔街一致，而EPS的预测值仍有些许偏离，那么华尔街可能会建议调高或调低COGS或营业费用。请注意，如果我们将2021年“COGS占收入的百分比”由60.4%调低至59%，则EPS会由46.57美元升至57.58美元。这是一个大幅度的提升。在此，我们再次建议你进行一些有意义的研究，以确定公司是否会采取措施来降低成本。

综上所述，由于我们对EPS的预测值与华尔街的平均预期基本一致，因此在这里并不需要做很多调整。一些微小的调整可以让我们的预测更接近华尔街的平均预期，但我不建议这样做，除非进行了更深入的研究。请记住，预测始终是一种“大概估计”；仅从华尔街预期的42.61~71.13这么宽泛的区间来看，说明即使是最好的分析师也会有不同的观点。当你对公司研究越来越多的时候，才可以对你搭建的模型进行调整。另外请注意，雅虎财经的数据并不是基准，并且其数据变动非常频繁。然而，它的确是一个很好的“合理性”检验途径。

在接下来的几页中列示了我们所构建的完整模型（参见表7-24~表7-29）。

现在，我们已经完成了建模，可以开始对公司进行估值了。

表 7 – 23 亚马逊公司折旧预测

（单位：100 万美元，每股数据除外）

合并利润表	实际值			预测值				
截至 12 月 31 日	**2018 年**	**2019 年**	**2020 年**	**2021 年**	**2022 年**	**2023 年**	**2024 年**	**2025 年**
EBITDA	**27 762.0**	**36 330.0**	**48 150.0**	**61 150.5**	**72 524.5**	**81 817.3**	**89 039.3**	**94 453.6**
EBITDA 利润率	*11.9%*	*13.0%*	*12.5%*	*12.5%*	*12.5%*	*12.5%*	*12.5%*	*12.5%*
折旧和摊销	15 341.0	21 789.0	25 251.0	28 669.8	35 841.6	43 932.4	52 737.3	62 077.6
EBIT	**12 421.0**	**14 541.0**	**22 899.0**	**32 480.7**	**36 682.8**	**37 884.9**	**36 302.0**	**32 375.9**
EBIT 利润率	*5.3%*	*5.2%*	*5.9%*	*6.6%*	*6.3%*	*5.8%*	*5.1%*	*4.3%*

表 7-24　亚马逊公司合并利润表

（单位：100 万美元，每股数据除外）

合并利润表								
	实际值			预测值				
截至 12 月 31 日	**2018 年**	**2019 年**	**2020 年**	**2021 年**	**2022 年**	**2023 年**	**2024 年**	**2025 年**
收入								
产品净销售额	141 915. 0	160 408. 0	215 915. 0					
Y/Y 增长率		*13. 0%*	*34. 6%*					
服务净销售额	90 972. 0	120 114. 0	170 149. 0					
Y/Y 增长率		*32. 0%*	*41. 7%*					
总收入	**232 887. 0**	**280 522. 0**	**386 064. 0**	**490 301. 3**	**581 497. 3**	**656 006. 5**	**713 912. 0**	**757 323. 5**
Y/Y 增长率		*20. 5%*	*37. 6%*	*27. 0%*	*18. 6%*	*12. 8%*	*8. 8%*	*6. 1%*
Y/Y 增长率下降				*(28. 2%)*	*(31. 1%)*	*(31. 1%)*	*(31. 1%)*	*(31. 1%)*
销货成本								
销货成本	**139 156. 0**	**165 536. 0**	**233 307. 0**	**296 299. 9**	**351 411. 7**	**396 439. 2**	**431 432. 8**	**457 667. 3**
COGS 占销售收入%	*59. 8%*	*59. 0%*	*60. 4%*	*60. 4%*	*60. 4%*	*60. 4%*	*60. 4%*	*60. 4%*
毛利润	**93 731. 0**	**114 986. 0**	**152 757. 0**	**194 001. 4**	**230 085. 6**	**259 567. 3**	**282 479. 2**	**299 656. 2**
毛利率	*40%*	*41%*	*40%*	*40%*	*40%*	*40%*	*40%*	*40%*
营业费用								
仓储物流费用	34 027. 0	40 232. 0	58 517. 0	74 316. 6	88 139. 5	99 433. 1	108 210. 0	114 790. 0
仓储物流费用占总收入%	*14. 6%*	*14. 3%*	*15. 2%*	*15. 2%*	*15. 2%*	*15. 2%*	*15. 2%*	*15. 2%*
技术和内容开支	13 496. 0	14 142. 0	17 489. 0	22 211. 0	26 342. 3	29 717. 6	32 340. 8	34 307. 3

技术和内容开支占总收入%	*5.8%*	*5.0%*	*4.5%*	*4.5%*	*4.5%*	*4.5%*	*4.5%*	*4.5%*
营销费用	13 814.0	18 878.0	22 008.0	27 950.2	33 148.9	37 396.4	40 697.3	43 172.1
营销费用占总收入%	*5.9%*	*6.7%*	*5.7%*	*5.7%*	*5.7%*	*5.7%*	*5.7%*	*5.7%*
管理及行政费用	4 336.0	5 203.0	6 668.0	8 468.4	10 043.5	11 330.4	12 330.5	13 080.3
管理及行政费用占总收入%	*1.9%*	*1.9%*	*1.7%*	*1.7%*	*1.7%*	*1.7%*	*1.7%*	*1.7%*
其他经营费用（收入）净额	296.0	201.0	(75.0)	(95.3)	(113.0)	(127.4)	(138.7)	(147.1)
其他经营费用占总收入%	*0.1%*	*0.1%*	*0.0%*	*0.0%*	*0.0%*	*0.0%*	*0.0%*	*0.0%*
总营业费用	**65 969.0**	**78 656.0**	**104 607.0**	**132 850.9**	**157 561.2**	**177 750.0**	**193 439.9**	**205 202.6**
EBITDA	**27 762.0**	**36 330.0**	**48 150.0**	**61 150.5**	**72 524.5**	**81 817.3**	**89 039.3**	**94 453.6**
EBITDA 利润率	*11.9%*	*13.0%*	*12.5%*	*12.5%*	*12.5%*	*12.5%*	*12.5%*	*12.5%*
折旧和摊销	15 341.0	21 789.0	25 251.0	28 669.8	35 841.6	43 932.4	52 737.3	62 077.6
EBIT	**12 421.0**	**14 541.0**	**22 899.0**	**32 480.7**	**36 682.8**	**37 884.9**	**36 302.0**	**32 375.9**
EBIT 利润率	*5.3%*	*5.2%*	*5.9%*	*6.6%*	*6.3%*	*5.8%*	*5.1%*	*4.3%*
其他收益	183.0	(203.0)	(2 371.0)	183.0	(203.0)	183.0	(203.0)	183.0
利息								
利息费用	1 417.0	1 600.0	1 647.0	2 805.8	2 805.8	2 805.8	2 805.8	2 805.8
利息收入	(440.0)	(832.0)	(555.0)	(225.0)	(276.6)	(370.8)	(466.8)	(564.6)
净利息费用	**977.0**	**768.0**	**1 092.0**	**2 580.8**	**2 529.2**	**2 435.0**	**2 339.0**	**2 241.2**
税前利润（EBT）	**11 261.0**	**13 976.0**	**24 178.0**	**29 716.9**	**34 356.6**	**35 266.9**	**34 166.0**	**29 951.7**
EBT 利润率	*4.8%*	*5.0%*	*6.3%*	*6.1%*	*5.9%*	*5.4%*	*4.8%*	*4.0%*
所得税	1 197.0	2 374.0	2 863.0	6 240.5	7 214.9	7 406.1	7 174.9	6 289.9
综合有效税率	*10.6%*	*17.0%*	*11.8%*	*21.0%*	*21.0%*	*21.0%*	*21.0%*	*21.0%*

（续）

合并利润表	实际值			预测值				
截至12月31日	**2018年**	**2019年**	**2020年**	**2021年**	**2022年**	**2023年**	**2024年**	**2025年**
持续经营净利润	**10 064.0**	**11 602.0**	**21 315.0**	**23 476.3**	**27 141.7**	**27 860.9**	**26 991.1**	**23 661.9**
非经常性项目								
终止经营	0.0	0.0	0.0	0.0	0.0	0.0	0.0	0.0
特殊性项目	0.0	0.0	0.0	0.0	0.0	0.0	0.0	0.0
会计变更的影响	0.0	0.0	0.0	0.0	0.0	0.0	0.0	0.0
其他项目	0.0	0.0	0.0	0.0	0.0	0.0	0.0	0.0
非经常性项目合计	**0.0**	**0.0**	**0.0**	**0.0**	**0.0**	**0.0**	**0.0**	**0.0**
净利润（非经常性项目之后）	**10 064.0**	**11 602.0**	**21 315.0**	**23 476.3**	**27 141.7**	**27 860.9**	**26 991.1**	**23 661.9**
权益法投资活动（税后）	(9.0)	14.0	(16.0)	(9.0)	14.0	(16.0)	(9.0)	14.0
普通股股利支付	0.0	0.0	0.0	0.0	0.0	0.0	0.0	0.0
净利润（披露的）	**10 073.0**	**11 588.0**	**21 331.0**	**23 485.3**	**27 127.7**	**27 876.9**	**27 000.1**	**23 647.9**
每股收益（EPS）								
基本的	20.68	23.46	42.66	46.57	53.79	55.28	53.54	46.89
稀释的	20.15	22.99	41.83	45.22	52.24	53.68	51.99	45.54
平均流通普通股								
基本的	487	494	500	504	504	504	504	504
稀释的	500	504	510	519	519	519	519	519

表 7 - 25　亚马逊公司合并现金流量表

（单位：100 万美元，每股数据除外）

合并现金流量表	实际值			预测值				
截至 12 月 31 日	**2018 年**	**2019 年**	**2020 年**	**2021 年**	**2022 年**	**2023 年**	**2024 年**	**2025 年**
经营活动现金流								
净利润	10 073.0	11 588.0	21 331.0	23 485.3	27 127.7	27 876.9	27 000.1	23 647.9
折旧与摊销	15 341.0	21 789.0	25 251.0	28 669.8	35 841.6	43 932.4	52 737.3	62 077.6
股权激励	5 418.0	6 864.0	9 208.0	11 694.2	13 869.3	15 646.4	17 027.5	18 062.9
占总营业费用%	*8.2%*	*8.7%*	*8.8%*	*8.8%*	*8.8%*	*8.8%*	*8.8%*	*8.8%*
其他经营费用（收入）净额	274.0	164.0	(71.0)	(90.2)	(106.9)	(120.6)	(131.3)	(139.3)
占总收入%	*0.1%*	*0.1%*	*0.0%*	*0.0%*	*0.0%*	*0.0%*	*0.0%*	*0.0%*
其他费用（收入）净额	219.0	(249.0)	(2 582.0)	219.0	(249.0)	219.0	(249.0)	219.0
递延所得税	441.0	796.0	(554.0)	(554.0)	(554.0)	(554.0)	(554.0)	(554.0)
营运资本变动								
存货变动	(1 314.0)	(3 278.0)	(2 849.0)	(4 330.4)	(5 231.3)	(4 274.1)	(3 321.7)	(2 490.2)
应收账款变动	(4 615.0)	(7 681.0)	(8 169.0)	(4 260.3)	(5 357.2)	(4 377.0)	(3 401.6)	(2 550.2)
应付账款变动	3 263.0	8 193.0	17 480.0	3 484.5	14 140.4	11 553.0	8 978.5	6 731.2
应计费用变动	472.0	(1 383.0)	5 754.0	1 272.1	5 448.9	4 451.9	3 459.8	2 593.8
预收收入变动	1 151.0	1 711.0	1 265.0	1 657.2	2 113.9	1 727.1	1 342.3	1 006.3
经营性营运资本净变动	**(1 043.0)**	**(2 438.0)**	**13 481.0**	**(2 177.0)**	**11 114.6**	**9 080.9**	**7 057.3**	**5 290.8**
经营活动现金流合计	**30 723.0**	**38 514.0**	**66 064.0**	**61 247.2**	**87 043.3**	**96 080.9**	**102 887.9**	**108 605.0**
投资活动现金流								
CAPEX（购买物业及设备）	(13 427.0)	(16 861.0)	(40 140.0)	(54 423.4)	(64 546.2)	(72 816.7)	(79 244.2)	(84 062.9)

（续）

合并现金流量表

截至12月31日	实际值			预测值				
	2018年	2019年	2020年	2021年	2022年	2023年	2024年	2025年
占总收入%	*5.8%*	*6.0%*	*10.4%*	*11.1%*	*11.1%*	*11.1%*	*11.1%*	*11.1%*
物业及设备处置收入	2 104.0	4 172.0	5 096.0	0.0	0.0	0.0	0.0	0.0
业务收购，净现金支出	（2 186.0）	（2 461.0）	（2 325.0）	0.0	0.0	0.0	0.0	0.0
有价证券出售及到期所得	8 240.0	22 681.0	50 237.0	8 240.0	22 681.0	8 240.0	22 681.0	8 240.0
购买有价证券	（7 100.0）	（31 812.0）	（72 479.0）	（7 100.0）	（31 812.0）	（7 100.0）	（31 812.0）	（7 100.0）
投资活动现金流合计	**（12 369.0）**	**（24 281.0）**	**（59 611.0）**	**（53 283.4）**	**（73 677.2）**	**（71 676.7）**	**（88 375.2）**	**（82 922.9）**
融资活动现金流								
短期债务（还款）	73.0	（116.0）	619.0	0.0	0.0	0.0	0.0	0.0
长期债务（还款）	27.0	（295.0）	8 972.0	0.0	0.0	0.0	0.0	0.0
融资租赁的本金偿还	（7 449.0）	（9 628.0）	（10 642.0）	0.0	0.0	0.0	0.0	0.0
债务融资的本金偿还	（337.0）	（27.0）	（53.0）	0.0	0.0	0.0	0.0	0.0
融资活动现金流合计	**（7 686.0）**	**（10 066.0）**	**（1 104.0）**	**0.0**	**0.0**	**0.0**	**0.0**	**0.0**
汇率对现金及现金等价物及受限资金的影响	（351.0）	70.0	618.0	（351.0）	70.0	618.0	（351.0）	70.0
现金及现金等价物总变动	**10 317.0**	**4 237.0**	**5 967.0**	**7 612.8**	**13 436.1**	**25 022.2**	**14 161.7**	**25 752.1**
补充数据：								
偿还债务之前的现金流				7 612.8	13 436.1	25 022.2	14 161.7	25 752.1

表 7－26　亚马逊公司合并资产负债表

（单位：100 万美元，每股数据除外）

合并资产负债表	实际值		预测值				
截至 12 月 31 日	**2019 年**	**2020 年**	**2021 年**	**2022 年**	**2023 年**	**2024 年**	**2025 年**
资产							
流动资产							
现金及现金等价物	36 092. 0	42 122. 0	49 734. 8	63 170. 9	88 193. 1	102 354. 8	128 106. 8
有价证券	18 929. 0	42 274. 0	41 134. 0	50 265. 0	49 125. 0	58 256. 0	57 116. 0
存货	20 497. 0	23 795. 0	28 125. 4	33 356. 7	37 630. 9	40 952. 5	43 442. 8
应收账款净值及其他	20 816. 0	24 542. 0	28 802. 3	34 159. 6	38 536. 5	41 938. 1	44 488. 3
流动资产合计	**96 334. 0**	**132 733. 0**	**147 796. 5**	**180 952. 2**	**213 485. 5**	**243 501. 5**	**273 153. 9**
物业、设备与机器净值	72 705. 0	113 114. 0	138 867. 6	167 572. 1	196 456. 5	222 963. 4	244 948. 7
经营租赁	25 141. 0	37 553. 0	37 553. 0	37 553. 0	37 553. 0	37 553. 0	37 553. 0
商誉	14 754. 0	15 017. 0	15 017. 0	15 017. 0	15 017. 0	15 017. 0	15 017. 0
其他资产	16 314. 0	22 778. 0	22 649. 2	23 005. 1	22 906. 8	23 287. 0	23 207. 3
资产合计	**225 248. 0**	**321 195. 0**	**361 883. 3**	**424 099. 5**	**485 418. 7**	**542 321. 9**	**593 879. 9**
负债							
流动负债							
应付账款	47 183. 0	72 539. 0	76 023. 5	90 163. 8	101 716. 8	110 695. 3	117 426. 5
应计费用及其他	18 111. 0	28 023. 0	29 295. 1	34 744. 0	39 195. 8	42 655. 6	45 249. 4
短期债务	14 328. 0	16 115. 0	16 115. 0	16 115. 0	16 115. 0	16 115. 0	16 115. 0

（续）

合并资产负债表

	实际值		预测值				
截至 12 月 31 日	**2019 年**	**2020 年**	**2021 年**	**2022 年**	**2023 年**	**2024 年**	**2025 年**
预收收入	8 190.0	9 708.0	11 365.2	13 479.2	15 206.3	16 548.5	17 554.8
流动负债合计	**87 812.0**	**126 385.0**	**132 798.8**	**154 502.0**	**172 234.0**	**186 014.5**	**196 345.8**
长期租赁负债	39 791.0	52 573.0	52 573.0	52 573.0	52 573.0	52 573.0	52 573.0
长期债务	23 414.0	31 816.0	31 816.0	31 816.0	31 816.0	31 816.0	31 816.0
债务融资	0.0	0.0	0.0	0.0	0.0	0.0	0.0
其他长期负债	12 171.0	17 017.0	16 463.0	15 909.0	15 355.0	14 801.0	14 247.0
负债合计	**163 188.0**	**227 791.0**	**233 650.8**	**254 800.0**	**271 978.0**	**285 204.5**	**294 981.8**
股东权益							
优先股	0.0	0.0	0.0	0.0	0.0	0.0	0.0
普通股面值 + 超面值缴入的资本	33 663.0	42 870.0	42 870.0	42 870.0	42 870.0	42 870.0	42 870.0
库存股	（1 837.0）	（1 837.0）	（1 837.0）	（1 837.0）	（1 837.0）	（1 837.0）	（1 837.0）
累计其他综合收益（损失）	（986.0）	（180.0）	（531.0）	（461.0）	157.0	（194.0）	（124.0）
留存收益	31 220.0	52 551.0	87 730.5	128 727.5	172 250.8	216 278.4	257 989.2
股东权益合计	**62 060.0**	**93 404.0**	**128 232.5**	**169 299.5**	**213 440.8**	**257 117.4**	**298 898.2**
负债及所有者权益合计	**225 248.0**	**321 195.0**	**361 883.3**	**424 099.5**	**485 418.7**	**542 321.9**	**593 879.9**
补充数据：							
是否平衡？（Y/N）	**Y**	**Y**	**Y**	**Y**	**Y**	**Y**	**Y**

表 7－27　亚马逊公司折旧明细表

（单位：100 万美元，每股数据除外）

折旧明细表	实际值			预测值				
截至 12 月 31 日	**2018 年**	**2019 年**	**2020 年**	**2021 年**	**2022 年**	**2023 年**	**2024 年**	**2025 年**
物业、设备与机器 2021 年初值				**113 114. 0**				
资本性支出每年年初值				**54 423. 4**	**64 546. 2**	**72 816. 7**	**79 244. 2**	**84 062. 9**
直线折旧法								
使用年限								
PP&E 年限				5				
CAPEX 年限				9	9	9	9	9
折旧								
现有 PP&E				22 622. 8	22 622. 8	22 622. 8	22 622. 8	22 622. 8
2021 年 CAPEX				6 047. 0	6 047. 0	6 047. 0	6 047. 0	6 047. 0
2022 年 CAPEX					7 171. 8	7 171. 8	7 171. 8	7 171. 8
2023 年 CAPEX						8 090. 7	8 090. 7	8 090. 7
2024 年 CAPEX							8 804. 9	8 804. 9
2025 年 CAPEX								9 340. 3
账面折旧合计	**15 341. 0**	**21 789. 0**	**25 251. 0**	**28 669. 8**	**35 841. 6**	**43 932. 4**	**52 737. 3**	**62 077. 6**

表 7-28　亚马逊公司经营性营运资本明细表

（单位：100 万美元，每股数据除外）

经营性营运资本明细表（OWC）								
	实际值			预测值				
截至 12 月 31 日	**2018 年**	**2019 年**	**2020 年**	**2021 年**	**2022 年**	**2023 年**	**2024 年**	**2025 年**
流动资产								
存货		20 497.0	23 795.0	28 125.4	33 356.7	37 630.9	40 952.5	43 442.8
周转天数			*34.2*	*34.2*	*34.2*	*34.2*	*34.2*	*34.2*
应收账款净值及其他		20 816.0	24 542.0	28 802.3	34 159.6	38 536.5	41 938.1	44 488.3
周转天数			*21.1*	*21.1*	*21.1*	*21.1*	*21.1*	*21.1*
流动资产合计		**41 313.0**	**48 337.0**	**56 927.8**	**67 516.3**	**76 167.4**	**82 890.7**	**87 931.1**
流动负债								
应付账款		47 183.0	72 539.0	76 023.5	90 163.8	101 716.8	110 695.3	117 426.5
周转天数			*92.4*	*92.4*	*92.4*	*92.4*	*92.4*	*92.4*
应计费用及其他		18 111.0	28 023.0	29 295.1	34 744.0	39 195.8	42 655.6	45 249.4
周转天数			*79.4*	*79.4*	*79.4*	*79.4*	*79.4*	*79.4*
预收收入		8 190.0	9 708.0	11 365.2	13 479.2	15 206.3	16 548.5	17 554.8
周转天数			*8.3*	*8.3*	*8.3*	*8.3*	*8.3*	*8.3*
流动负债合计		**73 484.0**	**110 270.0**	**116 683.8**	**138 387.0**	**156 119.0**	**169 899.5**	**180 230.8**
经营性营运资本合计		**(32 171.0)**	**(61 933.0)**	**(59 756.0)**	**(70 870.7)**	**(79 951.6)**	**(87 008.9)**	**(92 299.7)**
经营性营运资本净变动				2 177.0	(11 114.6)	(9 080.9)	(7 057.3)	(5 290.8)
是否匹配？（Y/N）				Y	Y	Y	Y	Y

表 7－29　亚马逊公司债务计划表

（单位：100 万美元，每股数据除外）

债务计划表								
	实际值			预测值				
截至 12 月 31 日	**2018 年**	**2019 年**	**2020 年**	**2021 年**	**2022 年**	**2023 年**	**2024 年**	**2025 年**
可用于偿还债务的现金								
年初现金余额				42 122.0	49 734.8	63 170.9	88 193.1	102 354.8
偿还债务之前的现金流				7 612.8	13 436.1	25 022.2	14 161.7	25 752.1
最低现金缓冲				(40 000.0)	(40 000.0)	(40 000.0)	(40 000.0)	(40 000.0)
可用于偿还债务的现金合计				**9 734.8**	**23 170.9**	**48 193.1**	**62 354.8**	**88 106.8**
短期债务/循环贷款								
短期债务（年初）				16 115.0	16 115.0	16 115.0	16 115.0	16 115.0
强制性发债/（偿债）				0.0	0.0	0.0	0.0	0.0
非强制性发债/（偿债）				0.0	0.0	0.0	0.0	0.0
短期债务（年末）			**16 115.0**	**16 115.0**	**16 115.0**	**16 115.0**	**16 115.0**	**16 115.0**
利息费用				467.3	467.3	467.3	467.3	467.3
利率				*2.9%*	*2.9%*	*2.9%*	*2.9%*	*2.9%*
长期债务								
长期债务（年初）				31 816.0	31 816.0	31 816.0	31 816.0	31 816.0
强制性发债/（偿债）				0.0	0.0	0.0	0.0	0.0
非强制性发债/（偿债）				0.0	0.0	0.0	0.0	0.0
长期债务（年末）			**31 816.0**	**31 816.0**	**31 816.0**	**31 816.0**	**31 816.0**	**31 816.0**
利息费用				1 234.5	1 234.5	1 234.5	1 234.5	1 234.5
利率				*3.88%*	*3.88%*	*3.88%*	*3.88%*	*3.88%*

（续）

债务计划表

	实际值			预测值				
截至12月31日	**2018年**	**2019年**	**2020年**	**2021年**	**2022年**	**2023年**	**2024年**	**2025年**
长期租赁负债								
长期租赁负债（年初）				52 573.0	52 573.0	52 573.0	52 573.0	52 573.0
强制性发债/（偿债）				0.0	0.0	0.0	0.0	0.0
非强制性发债/（偿债）				0.0	0.0	0.0	0.0	0.0
长期租赁负债（年末）			**52 573.0**	**52 573.0**	**52 573.0**	**52 573.0**	**52 573.0**	**52 573.0**
利息费用				1 104.0	1 104.0	1 104.0	1 104.0	1 104.0
利率				*2.10%*	*2.10%*	*2.10%*	*2.10%*	*2.10%*
债务融资								
债务融资（年初）				0.0	0.0	0.0	0.0	0.0
强制性发债/（偿债）				0.0	0.0	0.0	0.0	0.0
非强制性发债/（偿债）				0.0	0.0	0.0	0.0	0.0
债务融资（年末）			**0.0**	**0.0**	**0.0**	**0.0**	**0.0**	**0.0**
利息费用				0.0	0.0	0.0	0.0	0.0
利率				*2.10%*	*2.10%*	*2.10%*	*2.10%*	*2.10%*
发债/偿债合计				**0.0**	**0.0**	**0.0**	**0.0**	**0.0**
利息费用合计				**2 805.8**	**2 805.8**	**2 805.8**	**2 805.8**	**2 805.8**
年末现金余额			**42 122.0**	**49 734.8**	**63 170.9**	**88 193.1**	**102 354.8**	**128 106.8**
利息收入				225.0	276.6	370.8	466.8	564.6
利率				*0.49%*	*0.49%*	*0.49%*	*0.49%*	*0.49%*
是否匹配？(Y/N)				**Y**	**Y**	**Y**	**Y**	**Y**

第二部分

估　值

估值是投资银行的核心工作。一家公司价值几何？这只股票的合理价格是多少？我们会以亚马逊公司为例，像分析师所做的那样，通过分析其财务状况来判断其股票是被高估了还是被低估了。

本部分的目的：

1. 了解估值方法

（1）乘数法

（2）可比公司分析

（3）先例交易分析

（4）现金流折现分析

2. 有能力构建亚马逊公司的完整估值模型

在此，需要说明一下，市面上还有很多关于估值的优秀著作[1]。本部分并没有对估值进行全面而详细的阐释，而是介绍了如何进行估值的实用方法。我们将通过讲解令读者对估值及相关概念有一个基本的理解，但是诸如理论的不断演变及推导过程等深层次探讨则并不属于本书的范畴。

[1] 请参阅《投资银行：估值、杠杆收购、兼并与收购、IPO》（原书第3版），机械工业出版社2022年版。——译者注

第八章

价值是什么

在学习估值技术之前，需要明白的最为重要的一个问题就是：价值是什么？为了帮助大家回答这个问题，我们将价值主要分成两类：

1. **账面价值** 账面价值是指由资产或公司的账面或其财务状况决定的价值。

2. **市场价值** 市场价值是指由市场来决定的价值。

账面价值

账面价值（book value）可以根据资产负债表来确定。例如，公司物业的总账面价值可在资产负债表资产部分的 PP&E 净值项下找到，而公司股东权益的账面价值（不包括非控制性权益所有者）可以在股东权益项下找到。2020 年亚马逊公司价值 934.04 亿美元的股东权益是指其股东权益的账面价值。

市场价值

市场价值（market value）是指资产或公司的市场资本总额，或者说市场价值等于公司的流通股股份数与股价的乘积。以亚马逊公司为例，在本书写作时，其股价为 3 432.97 美元，稀释后的流通股共计 5.193 亿股，从而得到其市场资本总额为 1.78 万亿美元。这就是亚马逊公司的市场价值。

市场价值代表了公司的股权价值，该价值是指公司可分配给股东的价值。也就是说，股权价值剔除了向债权人、非控制性权益持有者及其他债权人分配的价值。

股东权益价值是指公司资产价值与债务价值的差额。也就是说，股东权益价值（需确保非控制性权益已被剔除）是指剔除了公司的资金出借方及其他责任价值后的企业价值。市场价值或市场资本总额是基于股票价格得出的，从本质上讲，就是股权投资人对公司股票的估值，其中不包括归属于债权人的价值以及公司所担负的其他义务。

企业价值

企业价值（Enterprise Value）是指公司的整体价值，其中包括归属于债权人的价值以及公司所承担的其他义务。企业价值之所以非常重要，是因为该价值近似于公司的经营性资产价值。具体来说，“债权人与其他义务”包括短期债务、长期债务、长期债务中的当期部分、资本租赁下的责任、优先股、非控制性权益以及其他非经营性负债（例如，未分配的养老金）。因此，企业价值可以按如下所示进行计算：

股权价值
+短期债务
+长期债务
+长期债务中的当期部分
+资本租赁下的责任
+优先股
+非控制性权益
+其他非经营性负债（例如，未分配养老金）
–现金及现金等价物

下面，我们将会解释为什么一定要扣除现金及现金等价物。为了在账面价值的基础上得到企业价值，我们需要用股东权益加上任意潜在的债务以及责任，并扣除现金与现金等价物。同样，如果我们用市场资本总额加上任意潜在债务或责任，再扣除现金及现金等价物，则得到以市场价值为基础的企业价值。

这里做个小结：

估值类别	账面价值	市场价值
股权价值	股东权益	市场资本总额
企业价值	股东权益+任意潜在债务与责任* –现金及现金等价物	市场资本总额+任意潜在债务与责任* –现金及现金等价物

*注：该项可包括短期债务、长期债务、长期债务中的当期部分、资本租赁下的责任、优先股、非控制性权益以及其他非经营性负债（例如，未分配的养老金）。

让我们来看一个例子，假设公司的资产负债表显示其股东权益为1 000万美元，总负债为500万美元。为了能更好地阐释主要思想，我们假设本案例不存在非控制性权益持有人。根据资产负债表的公式（即资产 = 负债 + 股东权益），公司资产的总价值为 1 500 万美元。因此，公司的账面股权价值为 1 000 万美元。

<table>
<tr><td rowspan="2">资产
（1 500 万美元）</td><td>负债
（500 万美元）</td></tr>
<tr><td>股东权益
（1 000 万美元）</td></tr>
</table>

账面价值

现在，我们假设公司的股权交易价格相较其账面价值处于溢价状态。目前，公司的市场资本总额为 1 200 万美元。该价值对于公司而言非常重要，因为它是一个即时价值，由投资人确定（股票价格 × 流通股股份数）。我们取公司的市场资本总额，再加上 500 万美元的总负债，就得到了由投资人确定的公司的总资产价值。

<table>
<tr><td rowspan="2">潜在的资产
市场价值
（1 700 万美元）</td><td>负债
（500 万美元）</td></tr>
<tr><td>市场资本总额
（1 200 万美元）</td></tr>
</table>

市场价值

然而在估值过程中，我们通常用公司的市场资本总额或账面价值加上负债总额，其中仅仅包括之前注解中列示的债务和义务。资产负债表的公式有助于我们来解释为什么要这样做：

股东权益 + 负债 = 资产

使用以上公式时，让我们将其替换成资产负债表的真实科目：

股东权益（或者市场资本总额）+ 应付账款 + 应计费用 + 短期债务 + 长期债务 = 现金 + 应收账款 + 存货 + 物业、设备与机器净值

为了更好地阐释理论，在这个例子中我们假设公司没有非控制性权益、优先股及其他非经营性负债（如未分配养老金），仅有短期债务、长期债务以及现金。

因此，我们将上式进行简化，以方便读取：

S. E.（或者 Mkt. Cap.）+ AP + AE + STD + LTD = 现金 + AR + Inv. + PP&E[㊀]

㊀ S. E.，Shareholder Equity 的缩写。Mkt. Cap.，Market Capitalization 的缩写。AP，Accounts Payable 的缩写。AE，Accrual Expenses 的缩写。STD，Short Term Debt 的缩写。LTD，Long Term Debt 的缩写。AR，Accounts Receivable 的缩写。Inv.，Inventory 的缩写。PP&E，Property，Plant & Equipment 的缩写。

现在，我们需要将所有与债务无关的科目，或者说是应付账款（AP）以及应计费用（AE），移到等式的另一边。简单地在等式两边同时减去AP与AE可以得到：

S. E.（或者 Mkt. Cap.）+ STD + LTD = 现金 + AR + Inv. + PP&E − （AP + AE）

并且，我们可以对等式右边的科目进行重新归类，从而得到：

S. E.（或者 Mkt. Cap.）+ STD + LTD = 现金 + PP&E + AR + Inv. − AP − AE

需要注意的是，AR + Inv. − AP − AE，或者说是流动资产减去流动负债，即营运资本（Working Capital，缩写为 W. C.），从而得到等式：

S. E.（或者 Mkt. Cap.）+ STD + LTD = 现金 + PP&E + W. C.

短期债务加上长期债务，再减去现金及现金等价物，也被称为净债务。因此，上式可变形为：

S. E.（或者 Mkt. Cap.）+ 净债务 = PP&E + W. C.

在估值过程中，上式非常重要。因此，当在股东权益或市场资本总额的基础上加上净债务时，我们可以反推出前例中的公司PP&E与营运资本的总和，即我们通常所说的公司核心经营资产价值。所以，估算企业价值是确定公司核心经营资产潜在价值的一个途径。而且，企业价值是基于市场资本总额计算的。或者说

企业价值 = 市场资本总额 + 净债务

这是一种近似由投资者决定的公司经营资产价值的途径。

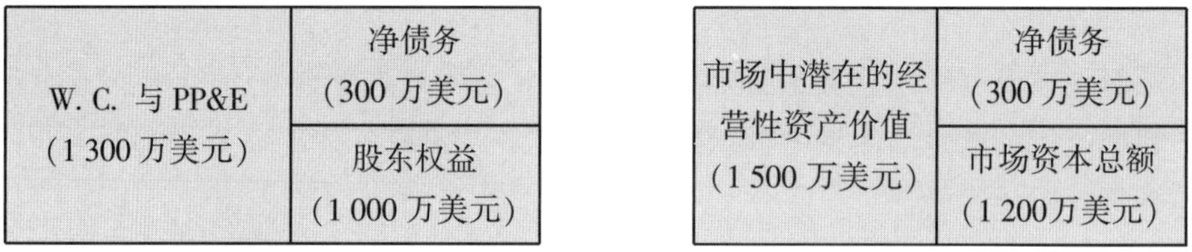

账面价值 **市场价值**

注意，为了方便阐释，我们已对案例进行了简化处理。如果公司拥有非控制性权益、优先股或者其他非经营性负债，例如除债务之外的未分配养老金，则公式应变形为：

企业价值 = 市场资本总额 + 净债务 + 非控制性权益 + 优先股 +
资本租赁下的债务责任（+ 其他非经营性负债）

相信很多人都想知道为什么要从上式的净债务中移除现金，这也是投资银行非常常见的面试问题。如文中所示，现金未被视为经营性资产的一部分。（此处可以认为）现金不是一项可在未来为公司带来收益的资产。因此，对于投资者而言，公司真实的价值仅仅是那些在未来会持续为公司带来利润并呈现增长的资产的价值。这也就是为什么在现金流折现分析中，我们仅考虑由经营性资产所产生的现金流的原因之一（稍后，我们会对此展开讨论）。在这里，理解核心的估值概念同样非常

重要。因为对于经营性资产的定义，或者对于可创造未来价值的那部分公司资产的阐释，可能会因公司所处的行业及市场的不同而各异。因此，不是单单依赖简化后的公式，而是在多变的情境下理解公式背后的原理，以至于能够利用合适的工具构建自己的公式是非常重要的。例如，互联网公司是否依赖于 PP&E 作为其核心的经营性资产？如果不是，那么当前的公司价值计算公式是否还有意义？对于新兴市场情况又该如何？后文将会深入不同行业进行更详细的阐释。

乘数

乘数是指用以比较公司价值与其经营业绩的指标。公司的市场资本总额可能是 1 亿美元，但是与其经营业绩相比又意味着什么呢？如果该公司创造了 1 000 万美元的净利润，那么它的公司价值是其创造的净利润的 10 倍。“10x 净利润”就是一个市场价值乘数，这些乘数被用以比较不同公司的业绩。假设我们要将上述公司与另一家同样拥有 1 亿美元市场资本总额的公司进行比较，该如何判断哪家公司更值得投资呢？除非与公司真实的业绩相比较，否则本案例中的价值是随意给出的。因此，如果另一家公司创造了 500 万美元的净利润，那么它的乘数为 20x，即其公司价值是其净利润的 20 倍。那么作为一个投资者，我们更青睐于乘数较低的公司，因为它们更“便宜”，也就是说，利润越高、估值越低的公司更受青睐。因此，乘数有助于我们比较公司经营业绩的相对价值。

此外，还有其他类别的乘数，这取决于选用何种经营指标作为比较基础。比如除了净利润，还可用 EBIT、EBITDA 以及收入来替代。但是，我们该如何确定哪种指标更适用于比较呢？让我们来看两家经营模式相似的公司间比较的例子（参见表 8－1）。

表 8－1　业务比较

业务比较	A 公司	B 公司
收入	10 000. 0	10 000. 0
COGS	3 500. 0	3 500. 0
营业费用	1 500. 0	1 500. 0
EBITDA	**5 000. 0**	**5 000. 0**
折旧	500. 0	3 000. 0
EBIT	**4 500. 0**	**2 000. 0**
利息	0. 0	2 000. 0
EBT	**4 500. 0**	**0. 0**
税率（35%）	1 575. 0	0. 0
净利润	**2 925. 0**	**0. 0**

假设我们正考虑要投资 A 公司还是 B 公司。A 公司是一家经营分销业务的小公司，在给定区间内，其包裹递送业务已为公司带来了 10 000 美元的收入。这是一家由个人经营和管理的新兴公司。根据其成本结构可知，A 公司的 EBITDA 净值为 5 000 美元。B 公司同样是一家在另一地区经营包裹递送业务的小公司，其 EBITDA 净值也为 5 000 美元。然而，A 公司的所有者决定扩大速递业务的区域范围，将运送包裹的货车停在自家的车库内，因此只需承担很小的折旧成本，并且利息费用为零。反观 B 公司，其所有者经营业务的方式却有所不同。他建了一个仓库，用以存放包裹和货车。这样一来，其所要承担的折旧费用就增加了，并且还会产生利息费用，以至于净利润几乎为零。如果我们基于净利润的数据来比较两家公司业绩，那么 A 公司的业绩明显要优于 B 公司。但是，如果我们只关注核心业务呢？如果我们只关注包裹的运送数量、客户数量以及因运输而产生的直接成本呢？如果我们正在考虑应该收购 A 公司还是 B 公司呢？在这种情况下，让我们忽略债务、仓库或者货车，因为我们可以通过变卖仓库和货车来偿还债务。在这里，EBITDA 可能是更好的可比指标。从经营的角度来看，基于 EBITDA 的数据可知，两家公司的业绩都不错，我们可能是被之前净利润的比较结果所误导了。

因此，尽管市场资本总额/净利润是最常用的乘数，但有时也会使用其他指标计算乘数，例如 EBIT 或者 EBITDA。然而，既然 EBIT 与 EBITDA 均未考虑利息费用的影响，所以我们无法将其与市场资本总额进行比较。请记住，基于股票价格计算 的市场资本总额是公司在偿付借款人之后的价值，而 EBITDA（支付利息前的）则是偿付借款人之前的价值。因此，将净债务（正如在企业价值章节中所讨论的，加上潜在的其他科目）加回到市场资本总额中，可以得到能与 EBIT 或者 EBITDA 相匹配的用来计算乘数的分子（企业价值）：

企业价值/EBIT

或者

企业价值/EBITDA

因此，简言之，如果你想用某项偿付债务及利息后的财务指标来作为可比指标，那么它必须与市场资本总额配套使用，这就是市场价值乘数。如果你想用某项偿付债务及利息前的财务指标来作为可比指标，则应与企业价值配套使用，即企业价值乘数。

市场价值乘数	**企业价值乘数**
市场资本总额/净利润	企业价值/销售额
股价（$/股份）/EPS	企业价值/EBITDA
市场资本总额/账面价值	企业价值/EBIT

三种核心估值方法

上文中介绍的估值以及乘数的概念被应用于多种估值方法中，以估算公司的价值。常用的估值方法主要有三种，即可比公司分析、先例交易分析及现金流折现分析。

上述每种方法均基于大量的变量，并被认为是相当主观的。然而，每种方法进行估值的角度各有不同。因此，如果上述三种方法的估值结果落入了相似的区间内，则可从财务角度给出相对强有力的支持。

需要注意的是，还有基于杠杆收购分析的第四种方法。杠杆收购是一项更大的主题，我们将在后续的几本书中阐释。㊀

可比公司分析

可比公司分析是指将我们所要估值的公司与规模相当、产品相似以及地域相近的公司进行比较。该方法利用乘数作为比较的测度指标。如果同类可比公司的乘数普遍高于所要估值的公司的乘数，那么意味着目标公司的价值被低估了。反之，如果同类可比公司的乘数普遍低于我们所要估值的公司的乘数，那么意味着目标公司的价值被高估了。与其他估值方法相比，可比公司分析法的主要优势在于：

- 使用的数据最新。可比公司分析基于最新的股票价格以及公司财务数据从市场角度给出估值建议。

然而，可比公司分析法还存在如下缺点：

- 首先，想找到可比公司可能并不容易。如果目标公司的业务模式较为独特，并处于一个利基行业中，或者是非上市公司，那么可能很难找到合适的同类可比公司。
- 其次，市场可能高估或低估了公司价值。在市场环境下，目标公司所处的行业可能被整体高估或低估了。如果真是这样，那么我们的分析结果将是错误的。

先例交易分析

前例交易分析是指通过查看历史交易的乘数再评估相对价值。目标公司的价值取决于历史交易中支付给其他相似公司的价格。因此，如果我们能够找到与目标公

㊀ 关于杠杆收购的估值请参阅《投资银行：估值、杠杆收购、兼并与收购、IPO》（原书第3版），机械工业出版社2022年版。

司相似且已被收购的公司，则可以对比其购买乘数，从而评估目标公司的近似价值。

购买乘数 购买乘数与市场乘数（之前介绍过）计算方法相似，只是分子部分不同，前者使用公司收购价格，后者则使用公司当前的市场价值（乘数参见表8－2）。

例如，企业价值/净利润是基于市场乘数中的（市场资本总额+净债务）/净利润。但是在购买乘数中，企业价值/净利润是基于（购买价格+净债务）/净利润［如本章在公司价值部分中所讨论的，需要再加上潜在非控制性权益、优先股、未分配的养老金（以及其他所谓的非经营性负债）］。

先例交易分析法相对其他两种方法的优势在于：

- 购买价格中包含了溢价。如果我们正在寻找可收购的公司，这将十分有利。因为它有助于我们确定该给出多少溢价来说服目标公司的所有者或股东同意将公司出让给我们。

表8－2 乘数

	市场价值	企业价值（E.V.）
市场乘数	市场资本总额/净利润	E.V./EBIT
	股价/EPS（P/E）	E.V./EBITDA
		E.V./销售额
		（其中E.V.是指市场资本总额+净债务*）
购买乘数	收购价格/净利润	E.V./EBIT
		E.V./EBITDA
		E.V./销售额
		（其中E.V.是指收购价格+净债务*）

*如本章在公司价值部分中所讨论的，加上潜在非控制性权益、优先股、未分配的养老金（以及其他所谓的非经营性负债）。

此外，先例交易分析法还存在一些缺点：

- 历史分析容易失效。根据先例交易的定义可知，它是指历史交易。然而，当我们所处的经济环境发生剧变时，这样的分析将失效。
- 很难找到相关交易。尤其是在缺乏收购案例的境况下，可能无法找到与目标公司相似的案例。
- 很难获得数据。即使可以找到相关交易，但想要获取计算乘数所需的数据往往并不容易。

现金流折现分析

现金流折现（Discounted Cash Flow，DCF）分析被认为是上述三种主要估值方法中技术性最强的，因为它需要基于公司的现金流进行计算。现金流折现是用公司预期的去杠杆现金流（UFCF），并将其折现为现值（PV）。通常，我们会预测公司未来 5 ~7 年的现金流。并预测一个终值，即该公司从预测区间末期开始，直至未来永久的价值。企业价 值则是预测期内所有现金流的 PV 以及终值的 PV 的和，即

DCF 企业价值 = 第一年 UFCF 的现值（PV）+ ··· + 第 n 年 UFCF 的现值（PV）+ 终值的 PV

相比于其他三种估值方法，DCF 分析法的主要优势在于：

- **技术性最强**。例如，相比于可比公司分析法的更加依赖于市场数据，DCF 分析法则是基于模型预测的公司的现金流。

DCF 分析法同样存在一些缺陷：

- **终值**。尽管前期估值是基于模型中的预期现金流，但是终值却在整体估值中占较大比例。该终值是基于乘数或永续年限计算得到的。
- **模型预测**。模型的预测结果或许并不准确，可能高估或低估了公司价值，这取决于是何种因素主导了预测。
- **折现率**。估计折现率可能并不容易。我们可以采用常规做法，但这并不适用于所有情景。

需要再次强调的是，正如以上三种估值方法都存在显著缺陷一样，它们也各有优势。在接下来的章节中，我们将讲述如何利用它们各自的优势估算亚马逊公司的近似价值。

第九章

现金流折现分析

正如第八章中所讨论的，为了基于现金流给出合理估值，首先需要合理构建现金流，即去杠杆的自由现金流（Unlevered Free Cash Flow，UFCF）。然后进行预测，并且将现金流折算成现值（PV）。之后可以估计终值，即预测区间末期直至未来永久的公司价值。通过加总所有现金流的现值以及终值的 PV，即可得到公司的整体价值。

DCF 企业价值 = 第一年 UFCF 的现值（PV）+ … +
第 n 年 UFCF 的现值（PV）+ 终值的 PV

年中法则 VS. 年末法则

计算现值的公式为 UFCF/（1 + 折现率）^{预测期数}。当在估值过程中对现金流进行折现时，有两种方法可以用来确定折现的期数，即年中法则与年末法则。

年末法则假设每笔现金流均以一整年为单位进行折现。第一年的折现期限为一个完整年度，第二年的折现期限为两个完整年度，以此类推。

年中法则在年中对现金流进行折现。第一年的折现期限为半年（0.5 年），第二年的折现期限为 1.5 年，以此类推。在这里，问题的关键在于，我们不知道现金流产生的确切时点。从技术层面来讲，如果遵循年末法则，即以一个完整年度为单位对现金流进行折现，那么我们将假设现金流是在年末一次性产生的。而年中法则略有不同，是在年中对现金流进行折现。

去杠杆的自由现金流

UFCF 是指可供包括股东和债权人在内的所有资本提供者支配的现金。换言之，该指标用以衡量在支付股东和债权人之前的现金流。此外，鉴于估值是为了估算公司的核心经营性资产，因此 UFCF 应该代表了围绕核心经营业务产生的现金收益或损失。为了阐释清楚，让我们看一下亚马逊公司的完整现金流量表（参见表 9-1）。

表 9－1　合并现金流量表

（单位：100 万美元，每股数据除外）

合并现金流量表	实际值			估计值				
截至 12 月 31 日	**2018 年**	**2019 年**	**2020 年**	**2021 年**	**2022 年**	**2023 年**	**2024 年**	**2025 年**
经营活动现金流								
净利润	10 073.0	11 588.0	21 331.0	23 485.3	27 127.7	27 876.9	27 000.1	23 647.9
折旧与摊销	15 341.0	21 789.0	25 251.0	28 669.8	35 841.6	43 932.4	52 737.3	62 077.6
股权激励	5 418.0	6 864.0	9 208.0	11 694.2	13 869.3	15 646.4	17 027.5	18 062.9
占总营业费用%	*8.2%*	*8.7%*	*8.8%*	*8.8%*	*8.8%*	*8.8%*	*8.8%*	*8.8%*
其他经营费用（收入）净额	274.0	164.0	(71.0)	(90.2)	(106.9)	(120.6)	(131.3)	(139.3)
占总收入%	*0.1%*	*0.1%*	*0.0%*	*0.0%*	*0.0%*	*0.0%*	*0.0%*	*0.0%*
其他费用（收入）净额	219.0	(249.0)	(2 582.0)	219.0	(249.0)	219.0	(249.0)	219.0
递延所得税	441.0	796.0	(554.0)	(554.0)	(554.0)	(554.0)	(554.0)	(554.0)
营运资本变动								
存货变动	(1 314.0)	(3 278.0)	(2 849.0)	(4 330.4)	(5 231.3)	(4 274.1)	(3 321.7)	(2 490.2)
应收账款变动	(4 615.0)	(7 681.0)	(8 169.0)	(4 260.3)	(5 357.2)	(4 377.0)	(3 401.6)	(2 550.2)
应付账款变动	3 263.0	8 193.0	17 480.0	3 484.5	14 140.4	11 553.0	8 978.5	6 731.2
应计费用变动	472.0	(1 383.0)	5 754.0	1 272.1	5 448.9	4 451.9	3 459.8	2 593.8
预收收入变动	1 151.0	1 711.0	1 265.0	1 657.2	2 113.9	1 727.1	1 342.3	1 006.3
经营性营运资本净变动	**(1 043.0)**	**(2 438.0)**	**13 481.0**	**(2 177.0)**	**11 114.6**	**9 080.9**	**7 057.3**	**5 290.8**
经营活动现金流合计	**30 723.0**	**38 514.0**	**66 064.0**	**61 247.2**	**87 043.3**	**96 080.9**	**102 887.9**	**108 605.0**
投资活动现金流								
CAPEX（购买物业及设备）	(13 427.0)	(16 861.0)	(40 140.0)	(54 423.4)	(64 546.2)	(72 816.7)	(79 244.2)	(84 062.9)
占总收入%	*5.8%*	*6.0%*	*10.4%*	*11.1%*	*11.1%*	*11.1%*	*11.1%*	*11.1%*

（续）

合并现金流量表	实际值			估计值				
截至12月31日	**2018年**	**2019年**	**2020年**	**2021年**	**2022年**	**2023年**	**2024年**	**2025年**
物业及设备处置收入	2 104.0	4 172.0	5 096.0	0.0	0.0	0.0	0.0	0.0
业务收购，净现金支出	(2 186.0)	(2 461.0)	(2 325.0)	0.0	0.0	0.0	0.0	0.0
有价证券出售及到期所得	8 240.0	22 681.0	50 237.0	8 240.0	22 681.0	8 240.0	22 681.0	8 240.0
购买有价证券	(7 100.0)	(31 812.0)	(72 479.0)	(7 100.0)	(31 812.0)	(7 100.0)	(31 812.0)	(7 100.0)
投资活动现金流合计	**(12 369.0)**	**(24 281.0)**	**(59 611.0)**	**(53 283.4)**	**(73 677.2)**	**(71 676.7)**	**(88 375.2)**	**(82 922.9)**
融资活动现金流								
短期债务（还款）	73.0	(116.0)	619.0	0.0	0.0	0.0	0.0	0.0
长期债务（还款）	27.0	(295.0)	8 972.0	0.0	0.0	0.0	0.0	0.0
融资租赁的本金偿还	(7 449.0)	(9 628.0)	(10 642.0)	0.0	0.0	0.0	0.0	0.0
债务融资的本金偿还	(337.0)	(27.0)	(53.0)	0.0	0.0	0.0	0.0	0.0
融资活动现金流合计	**(7 686.0)**	**(10 066.0)**	**(1 104.0)**	**0.0**	**0.0**	**0.0**	**0.0**	**0.0**
汇率对现金与现金等价物及受限资金的影响	(351.0)	70.0	618.0	(351.0)	70.0	618.0	(351.0)	70.0
现金及现金等价物总变动	**10 317.0**	**4 237.0**	**5 967.0**	**7 612.8**	**13 436.1**	**25 022.2**	**14 161.7**	**25 752.1**
补充数据：								
偿还债务之前的现金流				7 612.8	13 436.1	25 022.2	14 161.7	25 752.1

为了获得去杠杆的现金流数据，我们希望剔除所有与资本结构有关的现金流。因此，我们剔除了股利支付、非控制性权益、股票发行、股份回购、债务发行以及债务偿付的金额。整个融资活动现金流被全部移除了。

此外，我们希望能测度每日的现金情况，因此诸如业务收购、有价证券出售及到期所得、物业及设备处置收入这类非经常性科目也同样被移除。在投资活动项下，只留下资本性支出（参见表9-2）。

简化剩余的现金流科目可得到：

去杠杆的自由现金流
净利润
+折旧与摊销
+递延税
+其他非现金科目
+营运资本变动
-资本性支出

最后，既然我们试图掌握支付股东及债权人之前的完整现金状况，那么就需要在净利润中对利息费用做出调整。因此，我们需要添加一个科目，即税后净利息费用。

去杠杆的自由现金流
净利润
+折旧与摊销
+递延税
+其他非现金科目
+营运资本变动
-资本性支出
+税后净利息费用
=去杠杆的自由现金流合计

对于以上很多科目究竟是该在净利润基础上加上还是减去，往往令人困惑，最好的经验做法是参考现金流量表对这些科目的调整。我们可以复制现金流量表的调整形式，因此如果现金流量表加上了某个科目，我们同样应该加上它，如果现金流量表减去了某个科目，我们同样应该减去它。根据一张常规的现金流量表，现金流应等于：

表9-2　简化的现金流量表

（单位：100万美元，每股数据除外）

合并现金流量表	实际值			估计值				
截至12月31日	**2018年**	**2019年**	**2020年**	**2021年**	**2022年**	**2023年**	**2024年**	**2025年**
经营活动现金流								
净利润	10 073.0	11 588.0	21 331.0	23 485.3	27 127.7	27 876.9	27 000.1	23 647.9
折旧与摊销	15 341.0	21 789.0	25 251.0	28 669.8	35 841.6	43 932.4	52 737.3	62 077.6
股权激励	5 418.0	6 864.0	9 208.0	11 694.2	13 869.3	15 646.4	17 027.5	18 062.9
占总营业费用%	*8.2%*	*8.7%*	*8.8%*	*8.8%*	*8.8%*	*8.8%*	*8.8%*	*8.8%*
其他经营费用（收入）净额	274.0	164.0	(71.0)	(90.2)	(106.9)	(120.6)	(131.3)	(139.3)
占总收入%	*0.1%*	*0.1%*	*0.0%*	*0.0%*	*0.0%*	*0.0%*	*0.0%*	*0.0%*
其他费用（收入）净额	219.0	(249.0)	(2 582.0)	219.0	(249.0)	219.0	(249.0)	219.0
递延所得税	441.0	796.0	(554.0)	(554.0)	(554.0)	(554.0)	(554.0)	(554.0)
营运资本变动								
存货变动	(1 314.0)	(3 278.0)	(2 849.0)	(4 330.4)	(5 231.3)	(4 274.1)	(3 321.7)	(2 490.2)
应收账款变动	(4 615.0)	(7 681.0)	(8 169.0)	(4 260.3)	(5 357.2)	(4 377.0)	(3 401.6)	(2 550.2)
应付账款变动	3 263.0	8 193.0	17 480.0	3 484.5	14 140.4	11 553.0	8 978.5	6 731.2
应计费用变动	472.0	(1 383.0)	5 754.0	1 272.1	5 448.9	4 451.9	3 459.8	2 593.8
预收收入变动	1 151.0	1 711.0	1 265.0	1 657.2	2 113.9	1 727.1	1 342.3	1 006.3
经营性营运资本净变动	**(1 043.0)**	**(2 438.0)**	**13 481.0**	**(2 177.0)**	**11 114.6**	**9 080.9**	**7 057.3**	**5 290.8**
经营活动现金流合计	**30 723.0**	**38 514.0**	**66 064.0**	**61 247.2**	**87 043.3**	**96 080.9**	**102 887.9**	**108 605.0**
投资活动现金流								
CAPEX（购买物业及设备）	(13 427.0)	(16 861.0)	(40 140.0)	(54 423.4)	(64 546.2)	(72 816.7)	(79 244.2)	(84 062.9)
占总收入%	*5.8%*	*6.0%*	*10.4%*	*11.1%*	*11.1%*	*11.1%*	*11.1%*	*11.1%*

净利润＋折旧与摊销(D&A)＋递延税＋其他非现金科目＋营运资本变动－资本性支出(CAPEX)＋税后净利息费用

是的，上式中加上了营运资本变动。因为在现金流量表中，就是通过将该科目加回到净利润中，从而得到经营活动现金流。至此，读者可能会更加困惑，因为很多书中建议扣除营运资本，本书中也确实提到扣除资产负债表的营运资本变动。换言之，如果应收账款由0美元增加至1 000美元，或者说如果该科目变动额为1 000美元，那么我们就知道现金流的变动为－1 000美元，资产项的增加反映了现金的流出。然而，我们若直接从现金流量表提取已经用负值表示的营运资本数值(即－1 000美元)，则只需加上该数值即可。

在这里，关键是要注意到，除了资本性支出以外，投资活动中可能存在同样可被认为与日常经营有关的其他科目。尽管这些科目并未在UFCF公式中给出明确界定，但是对公司进行全面分析就是为了得到一个能够反映我们所预测的未来经营活动所产生的现金的数字。此外，在经营活动中，可能有一些其他调整未被归类于标准的UFCF定义中。因此，返回来考虑一下这些科目是如何影响净利润的，并基于此来判定是否同样需要再对UFCF进行调整。换言之，如果这些科目实际上属于非现金科目，需要在净利润的基础上进行调整，以便更精准地测度净利润中的现金，那么就应该将这些科目纳入到我们的分析体系中。然而，若这些科目属于非经常性项目，并且我们已经将其从净利润中移除，那么此时再对这些科目进行调整就不对了。这就表明，相比于仅仅照搬书中的计算公式，理解UFCF从何而来显得更为重要。

至此，我们发现此前对于UFCF的定义并非最标准的版本。通常情况下，我们应以EBIT作为起点，而并非净利润。相比于预测利润表中自顶端直至净利润的所有科目，仅预测收入到EBIT的部分要更容易一些，尤其是在我们已经对很多科目进行加回处理的情况下。然而，无论选用以上哪种方式，都会得到相同的结果。因此，如果我们将EBIT作为起点，依然需要对如下核心科目进行调整。

去杠杆的自由现金流
净利润
＋折旧与摊销
＋递延税
＋其他非现金科目
＋营运资本变动
－资本性支出
＋税后净利息费用
＝去杠杆自由现金流合计

去杠杆的自由现金流
EBIT
＋折旧与摊销
＋递延税
＋其他非现金科目
＋营运资本变动
－资本性支出

注意，这里我们需要再次核验那些出于多种原因已经（或没有）纳入其他非现金项下的科目。例如，某个特定的非现金科目列示于EBIT之后，属于净利润的调整项，如果在调整EBIT时，我们没有将其包含其中，那么在这里若再对其进行调整就不对了。此外，我们还需要增加一个调整项，即所得税。在此，无须调整利息费用，因为EBIT是扣减利息费用之前的科目。但是，EBIT也是个税前科目。因此，为了调整税金，我们需要用EBIT×税率%来获取税金。注意，此处我们直接从利润表提取税金的数据，因为该数据包含了利息税盾效应。

去杠杆的自由现金流
净利润
+折旧与摊销
+递延税
+其他非现金科目
+营运资本变动
−资本性支出
+税后净利息费用
=去杠杆自由现金流合计

去杠杆的自由现金流
EBIT
+折旧与摊销
+递延税
+其他非现金科目
+营运资本变动
−资本性支出
−税金（**EBIT**×税率%）
=去杠杆自由现金流合计

注意，了解UFCF的推导过程非常重要。在市场环境不断变换、商业模型不断创新与演变的大背景下，常规教科书对于UFCF的定义可能需要进行调整，以便在测度特定公司的价值时更加实用。了解将UFCF作为估值指标的目的所在，将有助于构建自有调整项，从而得到目标公司的真实价值。

加权平均资本成本

注意，我们在本书中有意采用过于简化的方式来看加权平均资本成本（Weighted Average Cost of Capital，WACC）。再次强调，还有大量书籍聚焦于WACC进行阐释，尽管该指标对于估值非常重要，但是本书的目的并非专注于研究WACC，而是帮助读者理解其含义并能够将其作为一项工具用于分析。

既然已经得出了UFCF，那么就需要将现金流折现至PV。折现率由投资者对于其某项特定投资预期的回报所决定。对于一家资本结构中既有股权又有债务的公司而言，我们以股本规模与债务规模分别占总资本规模的比例为权重，计算股东预期回报与债权人预期回报的加权平均值。

例如，如果公司既有股权投资者又有债权人，并且股权投资者预期回报率为

25%，而债权人预期回报率为 10%，则 WACC 是以股权与债权分别占实际出资额的比例作为权重所得到的股权投资的必要收益率以及债权投资的必要收益率的加权平均值。因此，如果公司发行了 100 美元的股票及 200 美元的债券，则股权投资人预计的年收益为 25 美元（即 100 美元 ×25%），而债权人预计的年收益为 20 美元（即 200 美元 ×10%），或者说每年需要给予股权投资者与债权人的回报合计为 45 美元（即 20 美元 +25 美元），则两者的综合收益率为 15%（即 45 美元/300 美元）。在这里，为了简化而对税金忽略不计。

以上就是对加权平均资本成本的阐释。更具体一些，计算公式如下：

$$\text{WACC}=\frac{\text{债务}}{\text{债务}+\text{股权}}\times\text{债务成本}\times(1-\text{税率})+\frac{\text{股权}}{\text{债务}+\text{股权}}\times\text{股权成本}$$

请注意，我们之所以用债务成本乘以(1 - 税率)，是因为利息费用可以抵税。

我们可以将以上公式用于之前的例子：

$$\text{WACC}=\frac{200\text{ 美元}}{100\text{ 美元}+200\text{ 美元}}\times 10\%\times(1-0\%)+\frac{100\text{ 美元}}{100\text{ 美元}+200\text{ 美元}}\times 25\%$$

注意，在这个简单的例子中假设税率为 0%。

由此可得公司 WACC 为 15%。

上述是对 WACC 的基本定义，真正的 WACC 应该将公司通过以下方式发行的所有类型的债务和股权考虑其中。假设公司发行了长期债务、夹层债务、优先股以及普通股。我们将上述这些的和称为总资本。因此，WACC 等于：

$$\text{WACC}=\frac{\text{长期债务}}{\text{总资本}}\times\text{长期债务成本}\times(1-\text{税率})+\frac{\text{夹层债务}}{\text{总资本}}\times$$

$$\text{夹层债务成本}\times(1-\text{税率})+\frac{\text{优先股}}{\text{总资本}}\times\text{优先股成本}+\frac{\text{普通股}}{\text{总资本}}\times\text{普通股成本}$$

这里我们假设与长期债务和夹层债务有关的利息费用是可以抵税的，并且优先股不存在可抵税的支付项。

WACC 应该是基于市场趋势变动而更新的数据，因此在计算最新的 WACC 时，应取股权、债务及利息的当期市场价值（如果数据可以获得的话）。

债务成本

债务成本是指债权人预计的收益率，或者是利息率。如果可以的话，尽量使用最新的利率数据，这非常重要。

股本成本

股权成本是股权投资者预计能够获得的收益率。为了估计股权成本，必须确定公司的预期收益率。但这个收益率无法直接获得，特别是对于上市公司而言，所以必须依靠资产定价模型得出。资产定价模型是基于公司的预期风险收益率构建的。资产定价模型的种类不止一种，每种模型对于风险的界定方式及收益率的产生也有所不同。当前投资银行最为常用的是资本资产定价模型（CAPM）。

资本资产定价模型（CAPM）基本理念如图9－1所示。

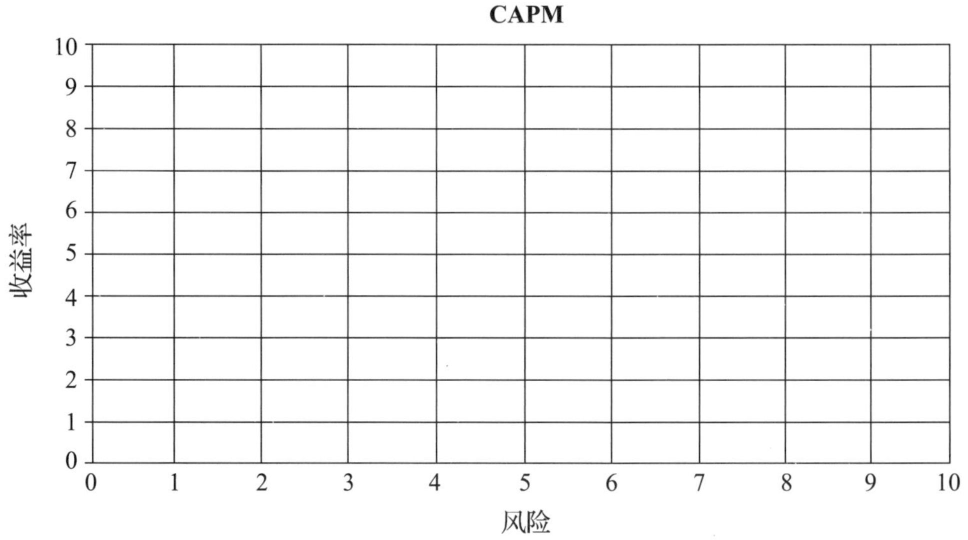

图9－1　资本资产定价模型（CAPM）基本理念

图9－1中，横轴代表风险，纵轴代表收益率。该图可以反映任意类型的投资，无论是玩扑克牌还是投资于标普500。在既定理性的投资环境下，即假设所有投资者都会做出理性的投资决策，假设有一些投资是无风险的。一项投资的收益率可以为0或者为负，但是我们认为即使存在这样的投资，也不会有投资者对其感兴趣。因此，我们假设存在一些可以无风险获取最低收益的投资。我们明白很多投资无法实现，但我们是在有预期收益率的环境下做出假设的。例如，在美国市场中，可以取2021年7月1日2.07%的美国国债收益率作为无风险收益率。CAPM认为如果存在这样的无风险投资，那么任何理性的投资者都不会在同等收益率水平下选择风险投资（图9－2）。

当我们可以无须承担风险便能获得与风险投资相同的收益时，还有什么理由去承担额外的风险呢？CAPM对此做了进一步的解释，即投资者只有在能够获得潜在更高收益时才会愿意承担更高的风险（图9－3）。

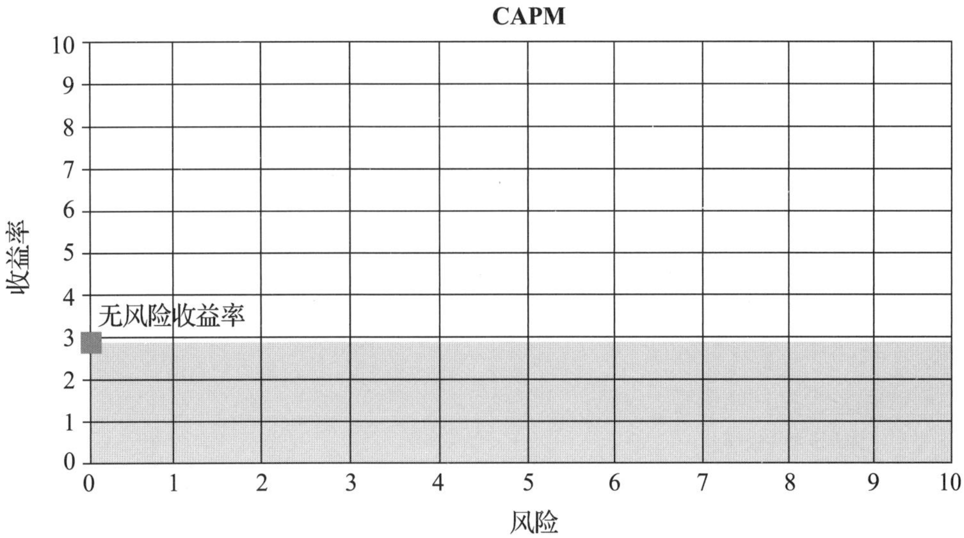

图 9-2　资本资产定价模型：无风险收益率

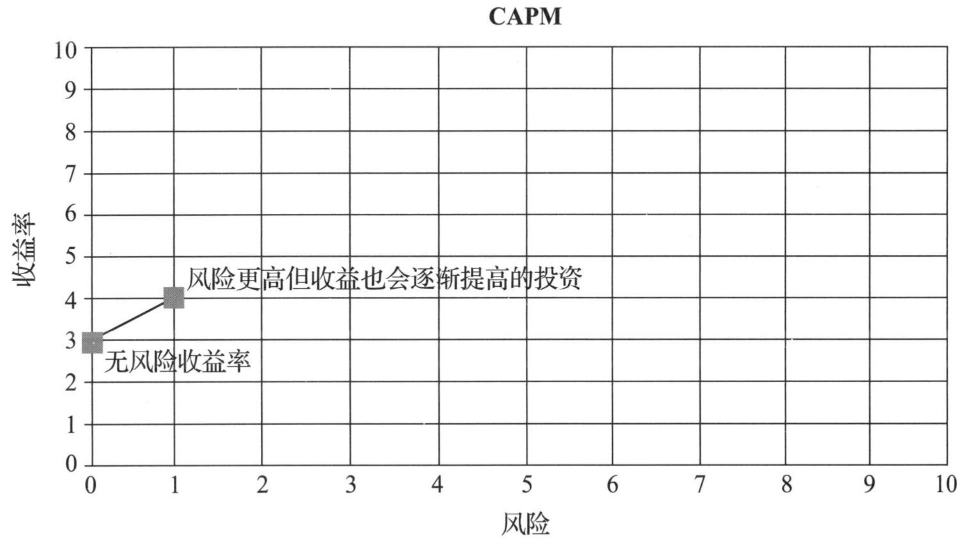

图 9-3　资本资产定价模型：风险投资

永远不要选择落在灰色区域内的投资项目，因为那样的项目投资风险更高，收益却更低。

有些投资即使风险更高，但依然是值得的。一个理性的投资者应该考虑那些收益随风险同步升高的投资。由此可得图 9-4 所示的均值线，所有理性的投资者都应该围绕这条线做出投资决策。

注意，尽管有些投资的结果并不好，但是没有哪个投资者愿意持续选择风险高而回报却不理想的投资。鉴于此，投资者选择的多数投资项目不会处于图9－4中均值线的下方。

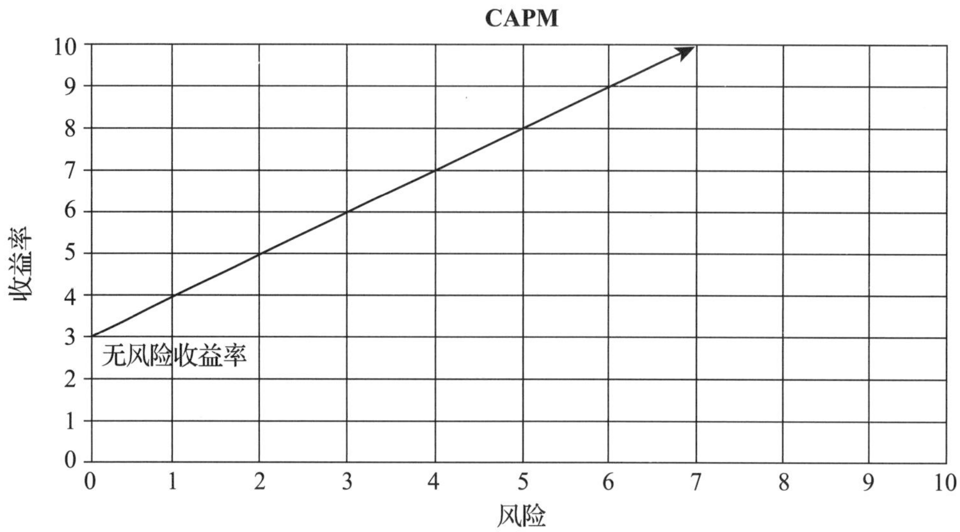

图9－4　资本资产定价模型：平均风险/收益率

此外，如果存在一些能带来高收益或者处于均值线上的投资，那么所有理性投资者最终都会被吸引到这些投资中，并且将基于风险的收益率预期调整到一个新的水平上。因此，若真是这样，将生成一条新的均值线（如图9－5中的虚线所示，它已经取代了之前的实线）。

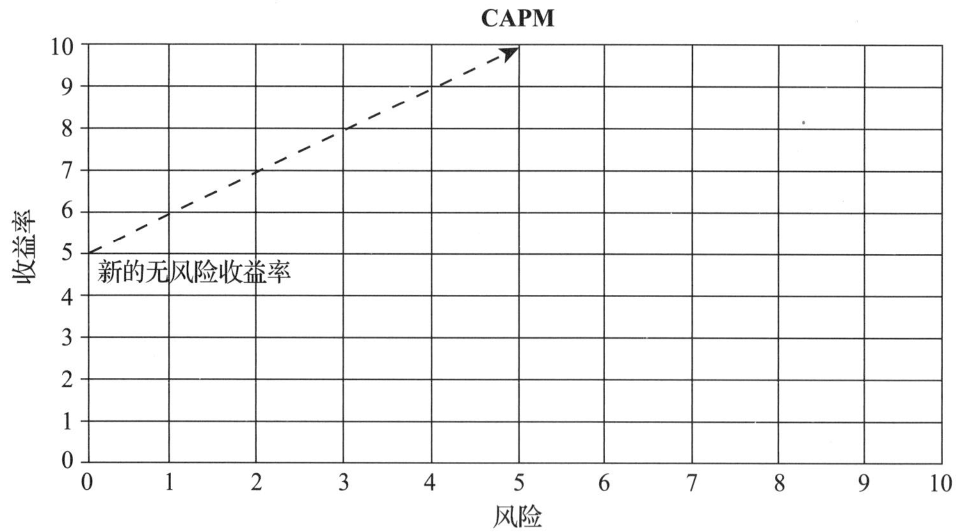

图9－5　资本资产定价模型：理论上的新均值线

这条线反映了预期的平均值，并且实际上投资可以散落在图表的任何一个位置，但核心理念是投资者应该围绕在均值线上下进行投资（图9－6）。

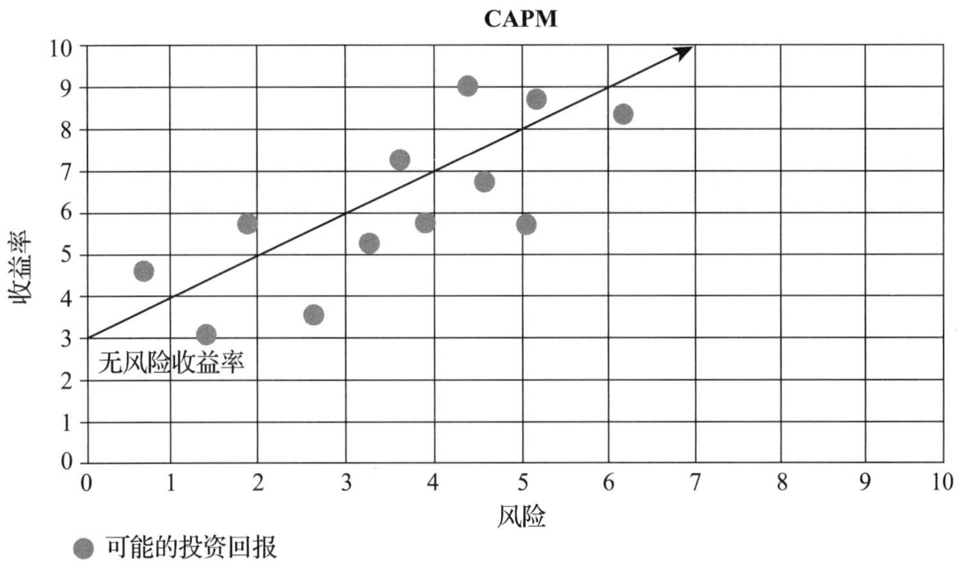

图 9-6　资本资产定价模型：额外投资的平均线

为了找到投资的股权成本，需要锁定代表投资于亚马逊公司的预期风险/收益率的点的位置。

市场风险溢价

在锁定代表投资于亚马逊公司的风险/收益率的点的位置之前，先估计出整个市场的预期收益率尤为重要。基于前文的逻辑，某项指数的平均收益率——如标普 500 指数——应该在图 9-6 中所画的线上的某个位置，因为它预示着会吸引理性投资者的位置，至少在理论上是这样。我们可以通过不同的方法来估计这个收益率，其中一种方法就是取某个指数或某个组合过去 10 年、20 年、30 年乃至 100 年的历史收益率的平均值，然后取这些平均值的中位数。

伊博森协会（Ibbotson Associates）是一家提供大量市场风险溢价数据的专业咨询机构。然而，这些数据资源并不是免费的。我们强烈推荐 Mr. Aswath Damodaran 的网站，链接为：http://pages.stern.nyu.edu/~adamodar/。㊀

另一种估计收益率的方式是基于股利模型来操作。股利模型认为，预期的收益率等于股息率与构成特定指数的股票股利的增长率的和。

至于 CAPM，我们考虑的是预期市场收益率与无风险收益率之间的利差，即溢价，这就是所谓的市场风险溢价。伊博森协会对历史市场收益率与历史无风险收益

㊀ 注册估值分析师协会也为国内的投资者发布关于市场风险溢价及规模溢价等参数，详情请关注网站：www.CVAinstitute.org。——译者注

率进行了研究，并由此计算市场风险溢价。（注意：本书的估值部分意在简释理论知识，并直接切入估值的操作方法。因此如果想要全面、深入理解 CAPM 及相关理论，我强烈推荐你阅读 Aswath Damodaran 关于估值的著作。）

市场风险溢价回答了这样一个问题：对于我们所做的投资，可以预期超出无风险收益率多少的超额收益率？下面来看一下我们所预期的标普 500 指数的收益率，如图 9－7 所示。

图 9－7 中显示，标普 500 指数的样本股应该围绕该指数分布。尽管也会有例外，但所有样本股都应分布在指数周围的一定半径范围内（图 9－8）。

因此，如果我们通过某种途径确定了亚马逊公司归属的半径区域，就可以估计其预期收益率了。这时，可以使用贝塔。

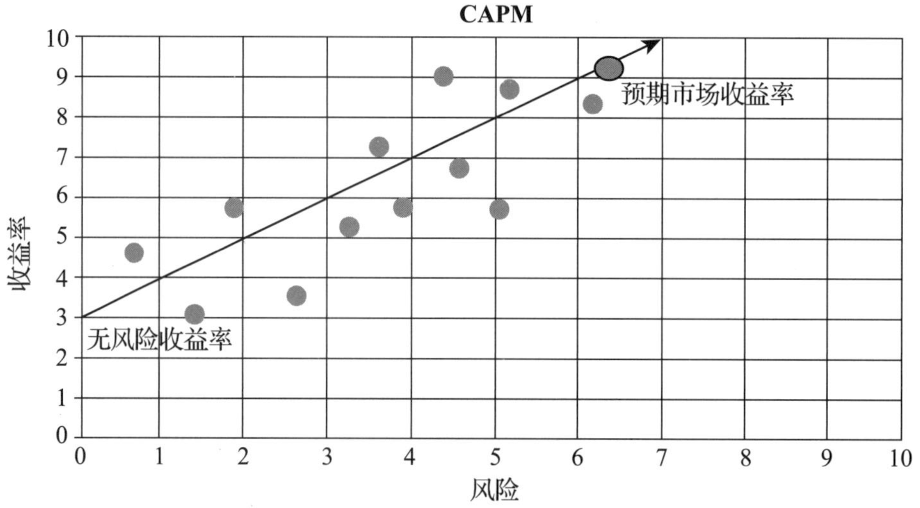

图 9－7　资本资产定价模型：预期市场收益率

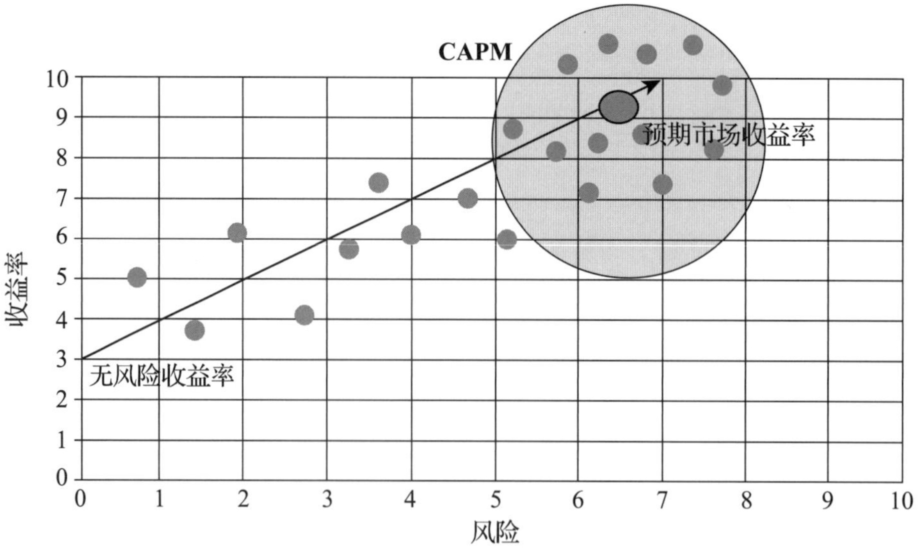

图 9－8　资本资产定价模型：标普 500 指数公司预期收益

贝塔

贝塔是一种相关系数，它反映的是一组历史收益率与另一组收益率之间的相关性，或是一组收益率随另一组收益率变动的情况。换言之，如果我们将亚马逊公司的历史收益率与标普 500 的数据相比较，那么如果亚马逊公司的贝塔为 1，则意味着亚马逊公司与标普 500 是完全相关的。或者说，如果标普 500 的预期收益率是 5%，那么亚马逊公司的预期收益率也为 5%。然而，如果贝塔为 0.5，那么如果标普 500 的预期收益率为 5%，则亚马逊公司的收益率将为 2.5%。此外，如果贝塔为 -1，那么如果标普 500 的预期收益率为 5%，则亚马逊公司的预期收益率为 -5%。

亚马逊公司的贝塔可以通过比较公司过去某年的历史收益率与标普 500 收益率得到，可以为 10 年、30 年乃至 100 年或更长时间。

一项资产的贝塔计算公式为：

$$\beta_a = \frac{\mathrm{Cov}(r_a,\ r_p)}{\mathrm{Var}(r_p)}$$

其中，r_a代表资产收益率；r_p 代表指数或组合的收益率；$\mathrm{Cov}(r_a,\ r_p)$ 则是资产收益率和指数收益率之间的协方差；而 $\mathrm{Var}(r_p)$ 则代表指数收益率的方差。

目前，提供贝塔的数据资源很多。Barra（www.barra.com）就是一家被人所熟知的、可以精准计算多时间跨度贝塔值的调研公司。很遗憾，他们提供的数据资源不是免费的。你可以使用彭博、汤姆森、CapitalIQ 或其他相似的数据库，它们中的很多都可以导入 Barra 的贝塔数据或计算自己的贝塔。此外，雅虎财经也是一个很好的免费资源，其中同样包含了贝塔信息。

含杠杆与去杠杆的贝塔

既然此前定义的贝塔是基于市场价值回报做出的，那么通常会认为，从中剔除杠杆后可以得到一个与公司经营性资产直接相关的更加贴切的贝塔。“含杠杆”与“去杠杆”的贝塔可以通过以下公式计算得到：

$$\text{去杠杆的贝塔} = \frac{\text{含杠杆的贝塔}}{1 + (1 - \text{税率\%}) \times \dfrac{\text{债务}}{\text{股权}}}$$

$$\text{含杠杆的贝塔} = \text{去杠杆的贝塔} \times \left[1 + (1 - \text{税率\%}) \times \frac{\text{债务}}{\text{股权}}\right]$$

在实际操作中，上式可用来估值。除了计算与市场相关的公司的贝塔，或者找出已经计算出的贝塔之外，投资者还可以取可比公司的贝塔的均值。然而，公司的资本价格各有不同，因此需要首先逐个剔除贝塔值中的杠杆因素，再取平均值，然后再将目标公司（亚马逊公司）的资本结构加入其中。这种做法在尝试评估某家非上市公司的贝塔值，或是当目标公司的贝塔由于某些原因十分异常时很有用。上述做法在使用了多种方法计算贝塔并进行比较时也很有用。此外，去杠杆贝塔有助于近似估计与公司经营性资产直接相关的贝塔值。

就CAPM而言，某个特定股票的贝塔可以帮助我们确认该股票的预期收益是多少。因此，用贝塔乘以市场风险溢价（MRP）可以有效地预测投资的回报。但是请注意，MRP以及贝塔与MRP的乘积（即贝塔 × MRP）仅仅是对于无风险收益率之外的超额收益率的预期。因此，为了得到某项特定投资的总股本回报，需要将无风险收益率（r_f）加回去。即：

$$股权成本 = r_f + 贝塔(\beta) \times MRP$$

当针对某项特定投资使用上式进行计算时，关键是要理解算式中因子的含义，因为对于不同的市场或者某项独一无二的投资，影响因子可能会发生变化。首先，投资时限是需要考虑的重要因素。投资者必须考虑是用10年期还是30年期的国债收益率作为无风险收益率。此外，投资者还必须考虑是用10年期还是30年期的贝塔值。经验做法是将无风险收益率的期限与贝塔值的期限保持一致。如果是有30年期的无风险收益率，那么应该相应选择30年期的贝塔与基于过往30年平均收益率计算的MRP。一些投资者更愿意选择10年期指标的短期贝塔值，而我们却偏爱更长期的贝塔值，因为现金流折现（DCF）分析结果代表了企业从当前到步入成熟期直至永远的估值。但是，我们也尊重选用10年期指标数据的做法。

另外，考虑可参照的市场也十分重要。例如，如果投资者正在对一家德国公司估值，就不能再用标普500以及美国国债收益率作为比较基础，而应选择某项德国指数以及德国的无风险收益率。

终值

既然已经计算了折现率，那么我们就用它对预期的现金流进行折现。但是，这样做只能给出公司在第一阶段的价值。那么在预测区间之外的公司价值又是多少呢？换言之，如果我们构建了一个五年期的现金流预测模型，那对UFCF进行折现也不过仅仅能够得出未来第一个五年期所对应的公司价值。

公司的终值估计的是预测区间以外直至永远的公司价值。计算公司终值的方法主要有两种：乘数法和永续法。

乘数法

乘数法是指将某一乘数应用于预测期末年的财务指标的方法。通常情况下，

EBITDA 乘数即应用于公司预测期末年的 EBITDA。例如，公司在 2025 年的价值，也就是我们在 2025 年出售公司所能得到的价款。如果我们使用 5 倍的 EBITDA 乘数，且该公司 2025 年的 EBITDA 为 100 000 美元，那么我们相信能以500 000美元的价格将公司卖出。使用的乘数可取自于可比公司，或者提取公司当前的市场 EBITDA 乘数。而后者被认为是一种保守做法（除非公司价值已被高估）。换言之，如果我们在未来五年内将公司以当前价值售出（基于乘数），并且假设 EBITDA 呈增长态势，那么总销售额应该更高。

既然我们已经得出了公司终值，那么接下来就应该将其折现成 PV。

永续法

永续法是基于无限期稳定的现金流进行计算的。永续法计算公司终值等于：

$$\frac{\text{UFCF} \times (1+g)}{r-g}$$

其中，r 代表折现率（即 WACC）；g 代表现金流的永续增长率。想要估计“g”并不容易。有人建议使用 GDP 增长率（美国当前是 2%~3%）或者通胀率（美国当前是 1%~2%），但是请记住，尽管当前的经济环境较为低迷，但是上述增长率指标将被认为代表未来若干年的自有现金流增长情况。

既然已经得到了终值，同样需要将其折现成 PV。

了解通过上述两种方法得到的终值之间的区别非常重要。永续法是基于现金流和某个较低的增长率得出的终值，而基于乘数得到的终值则由市场决定。同时使用两种方法估算终值并对估算结果进行比较是很好的做法。如果乘数法得到终值远远高于永续法得到的终值，那么说明市场可能高估了公司的价值，或者预测的现金流过低了（较低永续价值）。如果乘数法的估算结果远远低于永续法的估算结果，那么或许我们在预测现金流时过于激进了，又或者说市场低估了公司的价值（较低乘数）。最好的情况是两种方法的估算结果相近，这意味着现金流预测与市场预期是一致的。这也说明，众多途径中仅有少数几种可以解释终值。

有趣的是，在 2008 年、2009 年的经济衰退期，很多公司基于乘数法得到的终值要显著低于永续法得到的终值。这表明这些公司的现金流十分强劲，但是市场却低估了它们，也使得它们成为潜在的投资机会。如今，这其中的大部分公司的股价已经涨回正常水平。

既然得出了终值，那就应该将该值与公司预测的现金流的现值相加，从而得到公司的总体价值。让我们以亚马逊公司为例，对整个分析过程做一个更好的演示。

亚马逊公司 DCF 分析

我们将针对亚马逊公司构建五年期的 DCF 分析模型。当然，也可以做七年期或十年期的分析，但是自当前去看五年以后的任何事未免太不明朗了。这样做更多的是出于我们自身的偏好，而非既定法则。我们将利用电子表格中的 DCF 工作表进行分析。由 UFCF 计算公式可知，首先需要锁定亚马逊公司 2021 年的 EBIT。该数据可在利润表的单元格 G34 中找到。因此，我们可以在 DCF 工作表的单元格 G7 中输入：

='利润表'！G34

UFCF 分析中，剩余的科目应该源于现金流量表。请记住，目的在于准确测度公司经营活动所产生的现金。然而，用 EBIT 替代净利润，是因为 EBIT 已对利息和潜在的其他科目进行了调整。因此从这个角度看，EBIT 对当前的测度更加贴切，并且是更优的计算现金流的起始点。

折旧与摊销取自现金流量表的第 8 行，或者在 G8 中应输入：

='现金流量表'！G8

递延税，DCF 工作表中的第 9 行，将与现金流量表的第 14 行关联起来。即 DCF 选项卡中的 G9 应输入：

='现金流量表'！G14

“其他”科目是较为微妙的一行，它“包罗万象”。该行反映了任何不属于“去杠杆的自由现金流”公式标准项、但可能需要进行调整的非现金科目（请参阅本章节的“去杠杆的自由现金流”部分，了解更详细的阐释）。我们应该留意现金流量表中可能需要调整的科目。例如，应考虑现金流量表第 9 行的“股权激励”。

我们需要分析是否应该调整这个科目。因为现金流量表是从净利润开始调整计算，而 DCF 是从 EBIT 开始调整。因此，如果有一项现金流量表中的非现金调整科目，处于 EBIT 之后的费用科目，若我们对上述科目做加回处理的话，就会导致重复计算。这是因为，如果该费用科目在 EBIT 之后，就意味着它不在 EBIT 计算公式中。我们建立 DCF 分析是从 EBIT 科目开始，是在调整那些利润表科目之前，因此加回这些现金流量表科目就不合理。

在这里，“股权激励”隶属于销售管理及一般行政费用科目。该科目处于 EBIT 之前，因此我们很可能将“股权激励”计入 DCF 的“其他”科目中将其加回。

我们还可以在现金流量表的第 11 行看到“其他经营费用（收入）”科目，在之前章节中已经分析过，该科目与营业费用相关，营业费用处于 EBIT 之前（科目中的“经营”是一个关键线索）。因此，我们也将它计入 DCF 的“其他”科目中。现金流量表的第 13 行“其他费用（收入）”科目，在第二章中我们已确认其与

“其他收益”相关，该科目位于 EBIT 之后，所以，EBIT 计算公式不包含该科目。如果将其计入 DCF 的“其他”科目中，将会加回一项没有入账的费用（或者收益）。因此，我们不应将其计入 DCF 的“其他”项目中。

DCF 工作表的第 10 行应输入：

='现金流量表'！G9+'现金流量表'！G11

DCF 工作表第 11 行的“营运资本变动”取自现金流量表的营运资本变动部分。因此，单元格 G11 中应输入：

='现金流量表'！G21

记住，这里要保持 DCF 工作表中的营运资本与现金流量表的营运资本同步变动。人们往往会对此感到困惑，因为 UFCF 的定义建议将营运资本剔除。是的，虽然这里我们添加了营运资本，但实际上却从资产负债表中扣除了营运资本的逐年变动（请参阅本章在“去杠杆自由现金流”部分的更多阐释）。

资本性支出取自现金流量表的投资活动。因此，单元格 G12 中应输入：

='现金流量表'！G24

最后，我们要对所得税重新进行计算，而不要从利润表中直接提取所得税。原因在于，利润表中的所得税包含了利息产生的税盾效应，EBIT 却没有。因此，我们需要基于 EBIT 重新计算税金。或者，令所得税 = EBIT × 税率%，因此在单元格 G13 中应输入：

= -G7*'利润表'！G44

记住，在上式的最开始部分输入了一个“-”号，这是因为我们希望将所得税从现金流中扣除。

现在，可以在第 14 行中将所有现金流汇总。因此 G14 应输入：

=SUM（G7：G13）

可以选中 G7 至 G14 的单元格，并复制单元格中的每个公式向右填充，从而得到预计的现金流，见表 9-3。

既然我们已经计算了 UFCF，那么现在需要计算每笔自由现金流的 PV。注意，工作表中有一行（第 16 行）为“期限”，在这行中列示了每年的折现年限。我们将采用年末法，既然一年后是 2021 年，那么它的折现期便为一年。2022 年的折现期为两年，以此类推，直到第五年。因此，我们只需要在单元格 G16 中输入 1，在 H16 中输入 2，以此类推。

在真正开始对现金流进行折现时，我们还需要计算加权平均资本成本（WACC）。

表 9-3　亚马逊公司的去杠杆自由现金流

（单位：100 万美元，每股数据除外）

现金流折现分析	实际值			估计值				
截至 12 月 31 日	**2018 年**	**2019 年**	**2020 年**	**2021 年**	**2022 年**	**2023 年**	**2024 年**	**2025 年**
去杠杆的自由现金流								
EBIT				32 480.7	36 682.8	37 884.9	36 302.0	32 375.9
折旧和摊销				28 669.8	35 841.6	43 932.4	52 737.3	62 077.6
递延税				(554.0)	(554.0)	(554.0)	(554.0)	(554.0)
其他				11 604.0	13 762.3	15 525.7	16 896.2	17 923.6
营运资本变动				(2 177.0)	11 114.6	9 080.9	7 057.3	5 290.8
资本性支出				(54 423.4)	(64 546.2)	(72 816.7)	(79 244.2)	(84 062.9)
税金				(6 820.9)	(7 703.4)	(7 955.8)	(7 623.4)	(6 798.9)
去杠杆的自由现金流合计				**8 779.2**	**24 597.8**	**25 097.4**	**25 571.1**	**26 252.2**

WACC

$$\text{WACC}=\frac{\text{债务}}{\text{债务}+\text{股权}}\times\text{债务成本}\times（1-\text{税率}）+\frac{\text{股权}}{\text{债务}+\text{股权}}\times\text{股权成本}$$

从单元格 J20 开始，可以帮助我们列示 WACC 计算所需的输入变量。在开始计算之前，考虑时间框架和所要分析的地理区域是很重要的。例如，是该构建一个 10 年期的 WACC 还是 30 年期的 WACC 呢？请参阅本章的“加权平均资本成本”部分关于计算过程和差异的详细阐释。由于我们希望得到公司直至永远的长期价值。至于地域，即使亚马逊公司是一家全球性公司，但是它的总部设在美国，并且还是标普 500 的成分股。因此，我们一定要使用 30 年期的美国国债收益率以及 30 年期 Beta。此外，我们还需要利用基于标普 500 计算的 MRP。

股权成本　股权成本 $=r_f+\text{Beta}(\beta)\times\text{MRP}$，其中，$r_f$代表无风险收益率，MRP 代表市场风险溢价。想要获取美国国债收益率，最好登录美国财政部的网站（www. ustreasury. gov）。利用谷歌搜索“美国国债收益率”，可以找到如图 9－9 所示的页面。

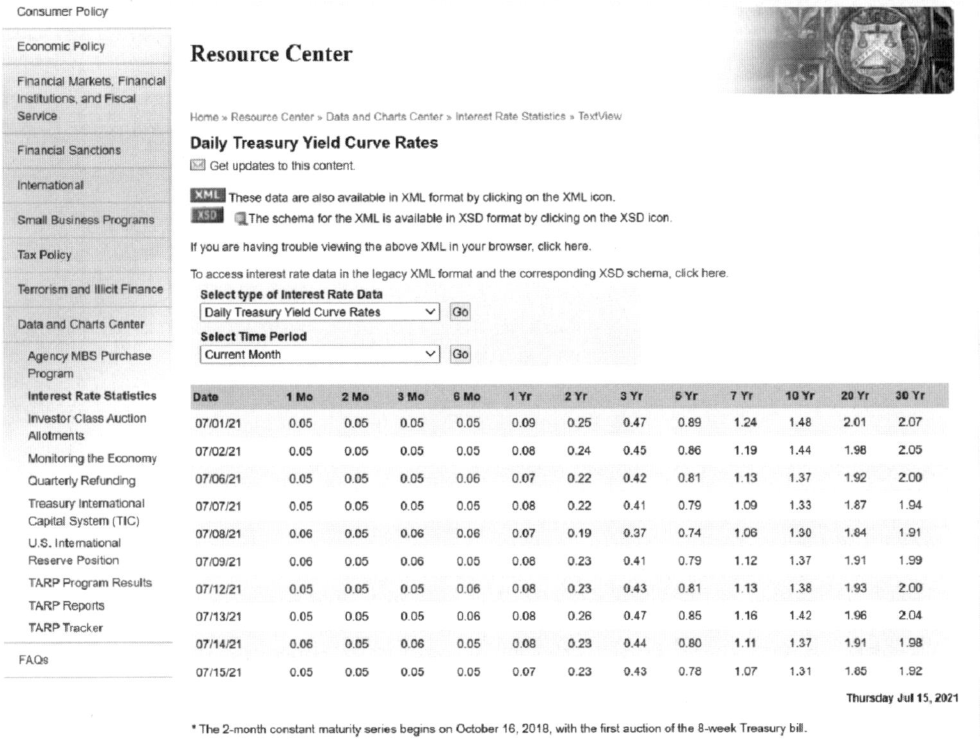

Date	1 Mo	2 Mo	3 Mo	6 Mo	1 Yr	2 Yr	3 Yr	5 Yr	7 Yr	10 Yr	20 Yr	30 Yr
07/01/21	0.05	0.05	0.05	0.05	0.09	0.25	0.47	0.89	1.24	1.48	2.01	2.07
07/02/21	0.05	0.05	0.05	0.05	0.08	0.24	0.45	0.86	1.19	1.44	1.98	2.05
07/06/21	0.05	0.05	0.05	0.06	0.07	0.22	0.42	0.81	1.13	1.37	1.92	2.00
07/07/21	0.05	0.05	0.05	0.05	0.08	0.22	0.41	0.79	1.09	1.33	1.87	1.94
07/08/21	0.06	0.05	0.06	0.06	0.07	0.19	0.37	0.74	1.06	1.30	1.84	1.91
07/09/21	0.06	0.05	0.06	0.05	0.08	0.23	0.41	0.79	1.12	1.37	1.91	1.99
07/12/21	0.05	0.05	0.05	0.06	0.08	0.23	0.43	0.81	1.13	1.38	1.93	2.00
07/13/21	0.05	0.05	0.05	0.06	0.08	0.26	0.47	0.85	1.16	1.42	1.96	2.04
07/14/21	0.06	0.05	0.06	0.05	0.08	0.23	0.44	0.80	1.11	1.37	1.91	1.98
07/15/21	0.05	0.05	0.05	0.05	0.07	0.23	0.43	0.78	1.07	1.31	1.85	1.92

图 9－9　美国财政部资源中心

截至 2021 年 7 月 1 日，30 年期的美国国债收益率为 2. 07%。因此，我们在单元格 L21 中输入 2. 07%。

现在，需要找到市场风险溢价的数据。我们可以在 Aswath Damodaran 先生的网页上获得上述数据，链接为 http://pages. stern. nyu. edu/ ~ adamodar/。

一旦打开了 Damodaran 的网页，请点击左侧的“最新数据”，获取包括美国在内的全球市场统计数据与乘数数据的电子表格。该网站还可提供大量的参考数据，可用来对多种市场及统计数据进行交叉检验。我们可以向下滚动鼠标至“数据集”部分，并在这个部分点选“其他市场的风险溢价”，获得美国及全球其他市场的风险溢价文件（图 9 - 10）。

Senegal	Africa	Ba3	3.18%	8.21%	3.49%
Serbia	Eastern Europe & Russia	Ba3	3.18%	8.21%	3.49%
Sharjah	Middle East	Baa2	1.68%	6.56%	1.84%
Singapore	Asia	Aaa	0.00%	4.72%	0.00%
Slovakia	Eastern Europe & Russia	A2	0.75%	5.54%	0.82%
Slovenia	Eastern Europe & Russia	A3	1.06%	5.88%	1.16%
Solomon Islands	Asia	B3	5.75%	11.02%	6.30%
South Africa	Africa	Ba2	2.65%	7.63%	2.91%
Spain	Western Europe	Baa1	1.41%	6.27%	1.55%
Sri Lanka	Asia	Caa1	6.63%	11.98%	7.26%
St. Maarten	Caribbean	Baa3	1.95%	6.85%	2.13%
St. Vincent & the Grenadines	Caribbean	B3	5.75%	11.02%	6.30%
Suriname	Central and South America	Caa3	8.83%	14.40%	9.68%
Swaziland	Africa	B3	5.75%	11.02%	6.30%
Sweden	Western Europe	Aaa	0.00%	4.72%	0.00%
Switzerland	Western Europe	Aaa	0.00%	4.72%	0.00%
Tajikistan	Eastern Europe & Russia	B3	5.75%	11.02%	6.30%
Tanzania	Africa	B2	4.86%	10.05%	5.33%
Thailand	Asia	Baa1	1.41%	6.27%	1.55%
Togo	Africa	B3	5.75%	11.02%	6.30%
Trinidad and Tobago	Caribbean	Ba1	2.21%	7.14%	2.42%
Tunisia	Africa	B2	4.86%	10.05%	5.33%
Turkey	Western Europe	B2	4.86%	10.05%	5.33%
Turks and Caicos Islands	Caribbean	Baa1	1.41%	6.27%	1.55%
Uganda	Africa	B2	4.86%	10.05%	5.33%
Ukraine	Eastern Europe & Russia	B3	5.75%	11.02%	6.30%
United Arab Emirates	Middle East	Aa2	0.44%	5.20%	0.48%
United Kingdom	Western Europe	Aa3	0.53%	5.31%	0.59%
United States	North America	Aaa	0.00%	4.72%	0.00%
Uruguay	Central and South America	Baa2	1.27%	6.56%	1.68%
Uzbekistan	Eastern Europe & Russia	B1	3.98%	9.08%	4.36%
Venezuela	Central and South America	C	17.50%	23.90%	19.18%
Vietnam	Asia	Ba3	3.18%	8.21%	3.49%
Zambia	Africa	Ca	10.60%	16.34%	11.62%

图 9 - 10　国家风险溢价

在图 9 - 10 中可以看到，美国当前的市场风险溢价为 4. 72%。我们就用这个数字，在单元格 L22 中输入 4. 72%。

现在，还差 Beta 就可以计算股权成本了。正如本章之前所述，Beta 数据源有很多，雅虎财经就是一个不错的公开免费资源。我们打开 finance. yahoo. com 的链接，并且在“股票代码”一栏中输入 AMZN，就会弹出关于亚马逊公司的描述性信息（图 9 - 11）。

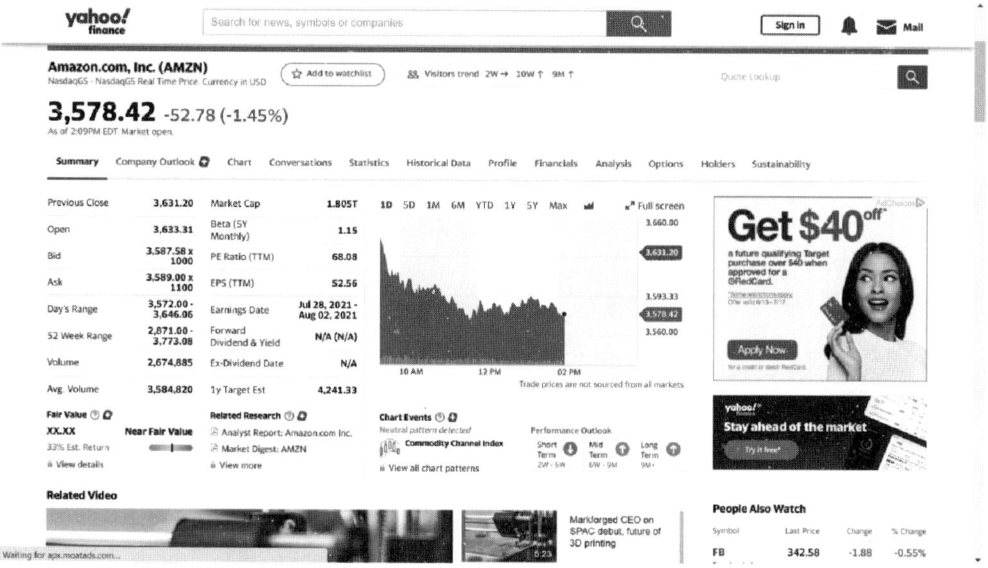

图 9－11　亚马逊公司的关键统计数据

我们可以看到图 9－11 左侧列示的 Beta 为 1.15。将 1.15 输入单元格 L23 中，现在，可以用 Beta 乘以市场风险溢价，再加上无风险收益率来计算股权成本。因此在单元格 L24 中输入：

$$=L23*L22+L21$$

由此可得，股权成本为 7.50%。

公司的债务成本应该基于当下发行债务的利率而得。注意，债务成本并不代表过去债务的利率。如果公司拥有基于当前公司债务的评级，那么它将成为投资者的首选。如果没有，则投资者需要提取最近发行的债务的利率，以此来估计当前发行债务的利率。此外，投资者也可以通过参考目标公司的对手公司所发行的相似债务的利率而做出估计，但需要确保对手公司的资本结构以及其他可能会影响评级结果的指标与目标公司相当。

可以从几个知名的网站来获取债务利率，如晨星研究，遗憾的是，需要官方账号才能访问。如果你找不到当前市场债务信息，可以参考财务数据。回头查看亚马逊公司年报第 56 页关于债务的附注 6（图 9－12），可以看到，最近发行的债券的实际利率范围为 0.56%～2.77%。我们暂且使用最大利率 2.77%，将其作为可以调整的变量。

附注6——债务

截至2020年12月31日，我们有322亿美元的未偿还的无抵押优先票据（简称“票据”），其中包括2020年6月发行的100亿美元，用作一般企业用途。截至2019年12月31日和2020年12月31日，长期债务和短期借款的信贷额度分别为16亿美元和9.24亿美元。我们的长期债务总额如下（以100万美元计）：

	期限	名义利率	有效利率	2019年12月31日	2020年12月31日
2012年发行票据30亿美元	2022年	2.50%	2.66%	1 250	1 250
2014年发行票据60亿美元	2021—2044年	3.30%~4.95%	3.43%~5.11%	5 000	5 000
2017年发行票据170亿美元	2023—2057年	2.40%~5.20%	2.56%~4.33%	17 000	16 000
2020年发行票据100亿美元	2023—2060年	0.40%~2.70%	0.56%~2.77%	—	10 000
信贷额度				740	338
其他长期负债				830	586
长期债务的面值总额				24 820	33 174
未摊销的折扣和发行成本净额				(101)	(203)
减一年内到期的长期债务				(1 305)	(1 155)
长期债务				23 414	31 816

截至2020年12月31日，2012年、2014年、2017年和2020年发行票据的加权平均剩余期限分别为1.9年、11.8年、16.2年和18.7年。截至2020年12月31日，所有票据合计的加权平均剩余期限为15.8年。

票据利息每半年支付一次。可随时以指定的赎回价格全部或部分赎回票据。不受任何票据发行财务契约的约束。截至2019年12月31日和2020年12月31日，基于债务的报价，票据的预估公允价值约分别为262亿美元和377亿美元。

2016年10月，以应收账款为担保与一家借款方签订了一项5亿美元的有担保循环信贷融资，随后额度增加到7.4亿美元，并且未来可能会继续增加，取决于借款方的审批（简称“信贷额度”）。信贷额度有效期至2022年10月，按伦敦银行同业拆借利率（“LIBOR”）加1.40%计息，未提取部分的手续费为0.50%。截至2019年12月31日和2020年12月31日，信贷额度下未偿借款分别为7.4亿美元和3.38亿美元，加权平均利率分别为3.4%和3.0%。截至2019年12月31日和2020年12月31日，已承诺提供8.52亿美元和3.98亿美元的现金和应收账款作为信贷融资相关债务的担保。截至2019年12月31日和2020年12月31日的账面价值，基于二级报价，信贷额度的预估公允价值接近其账面价值。

截至2019年12月31日和2020年12月31日，包括一年内到期的长期债务在内的其他长期负债的加权平均利率分别为4.1%和2.9%。该债务的净收益主要用于为业务运营提供资金。截至2019年12月31日和2020年12月31日，基于二级报价，其他长期负债的预估公允价值接近其账面价值。

图9-12　亚马逊公司的债务

在单元格 L25 中输入 2.77%。现在，可以利用这些比率计算 WACC。

由于 WACC 是加权平均资本成本，因此需要对股权成本及债务成本进行加权，权重由股权与债务的相对规模决定。重要的是，在计算权重时应取股权的当前价值（市场资本总额）和债务最新的市场价值（如果数据可得的话）。具体到亚马逊公司，取其当前股价 3 432.97 美元（2021 年 7 月 1 日），以及 2021 年稀释后的股份数 519 323 736股，从而得到公司的市场资本总额为 17 828.228 亿美元（这一数据是除以 1 000 000 之后的数字，因此可依然以 100 万美元为单位进行披露）。将亚马逊公司的当前股价输入单元格 O22 中，并将流动股份数（除以 1 000 000 后的数字）输入单元格 O23 中。则单元格 O24 中对应的股权价值将等于两者的乘积：

=O22 * O23

至于亚马逊公司的债务总额，可以根据资产负债表，加总短期债务、长期债务以及资本租赁的最新价值。在单元格 O21 中输入：

='资产负债表'! E22 + '资产负债表'! E25 + '资产负债表'! E26

在此提醒，WACC 分析应该是基于当前资本结构的分析。我们使用 2021 年的稀释股份数，因为这是从最新的研究中获取的数据。为了保持时间的一致性，我们也应该使用 2021 年的债务数据而不是 2020 年的，但是根据模型的运行机制，如果我们使用 2021 年的数据，我们也会将预测的发债或偿债考虑在内，如果有大笔的发债或偿债的情形出现，WACC 将会受到巨大影响。因此，这里我认为最好使用 2020 年报告里的债务数据，建模者也可以使用 2021 年一季度的债务数据进行分析。

将上述计算的输入变量应用于 WACC 的计算公式：

$$\text{WACC} = \frac{\text{债务}}{\text{债务}+\text{股权}} \times \text{债务成本} \times (1-\text{税率}) + \frac{\text{股权}}{\text{债务}+\text{股权}} \times \text{股权成本}$$

或者，在单元格 L27 中输入：

=O21/(O21 + O24) * L25 * (1 - '利润表'! F44) + O24/(O21 + O24) * L24

由此可得，WACC 等于 7.23%（参见表 9-4）。

表 9-4　亚马逊公司的 WACC

WACC			
无风险收益率	2.07%	**2020 年年末债务余额**	**100 504.0**
市场风险溢价	4.72%	股价	3 432.97
Beta	1.15	流通股份数	519
股权成本	**7.50%**	**股权价值**	**1 782 822.8**
债务成本	**2.77%**		
WACC	**7.23%**		

可以利用如下公式对现金流进行折现：

$$UFCF/(1+折现率)^{年限}$$

其中，“折现率”即为WACC。

首先，让我们将单元格L27中已经计算出来的WACC与单元格F17关联起来，以便对现金流进行折现。因此，在单元格F17中输入：

=L27

在单元格G17中，我们将用单元格F17中的折现率（WACC）以及从第一年到单元格G16的时间区间作为折现年限对2021年UFCF进行折现。或者，在单元格G17中输入：

=G14/(1+$F$17)^G16

注意，我们在引用单元格F17时添加了美元符号。可以复制上式并向右填充，在此过程中除折现率外所有其他引用的单元格会同时向右平移。

最后，可以在单元格G18中汇总所有折现后的现金流（参见表9-5）：

=SUM（G17：K17）

因此，我们所预测的亚马逊公司未来五年的现金流的PV为877.988亿美元。

为了得到公司完整的价值，我们需要计算终值，该价值代表了公司在五年之后直至永远的价值。正如之前所讨论的，可以通过两种方法来计算终值，并对这两种计算结果加以比较。

EBITDA法

使用这种方法，我们将取2025年估计的EBITDA，并且将其与某个EBITDA乘数相乘。最常用的乘数是可比公司乘数的均值或中位数。此外，还推荐使用另一种保守做法来计算亚马逊公司的EBITDA乘数。让我们用后一种方法计算得到的乘数，与之前可比公司分析所得的乘数进行交叉检验。在单元格F21中，可以输入2025年EBITDA的估计值：

=K7+K8

现在，可以在单元格F22中计算亚马逊公司当前（2020年）的EBITDA乘数。公式如下：

$$\frac{企业价值}{2020年\ EBITDA}$$

其中，企业价值是公司市场资本总额与债务、资本租赁、非控制性权益、优先股的总和，再扣除现金及现金等价物。此前，我们已分别在单元格O24及O21中计

表 9－5　现金流折现分析

（单位：100 万美元，每股数据除外）

现金流折现分析	实际值			预测值				
截至 12 月 31 日	**2018 年**	**2019 年**	**2020 年**	**2021 年**	**2022 年**	**2023 年**	**2024 年**	**2025 年**
去杠杆的自由现金流								
EBIT				32 480.7	36 682.8	37 884.9	36 302.0	32 375.9
折旧和摊销				28 669.8	35 841.6	43 932.4	52 737.3	62 077.6
递延税				（554.0）	（554.0）	（554.0）	（554.0）	（554.0）
其他				11 604.0	13 762.3	15 525.7	16 896.2	17 923.6
营运资本变动				（2 177.0）	11 114.6	9 080.9	7 057.3	5 290.8
资本性支出				（54 423.4）	（64 546.2）	（72 816.7）	（79 244.2）	（84 062.9）
税金				（6 820.9）	（7 703.4）	（7 955.8）	（7 623.4）	（6 798.9）
去杠杆的自由现金流合计				**8 779.2**	**24 597.8**	**25 097.4**	**25 571.1**	**26 252.2**
净现值计算								
期限				1.0	2.0	3.0	4.0	5.0
现金流折现			7.23%	8 187.4	21 393.4	20 356.4	19 342.6	18 519.1
净现值合计				**87 798.8**				

算了市场资本总额与债务总额。我们已经将资本租赁计入债务总额，债务融资和优先股数值为0，但是应该将其包含在企业价值公式里。因此，我们用债务总额加上债务融资以及优先股再减去现金后的余额，加上市场资本总额，从而得到企业价值。然后用企业价值除以2020年利润表中EBITDA，从而得到乘数。因此，单元格F22的公式应为：=（O24+O21+'资产负债表'！E27+'资产负债表'！E31-'资产负债表'！E8)/'利润表'！F31）。由此可得，乘数为38.2倍。稍后，用这个乘数与可比公司分析得到的乘数进行比较。究竟哪个乘数最合适于估值，是一项非常艰难的判定。一旦做完了分析，可以多尝试一些不同的乘数，看一下不同乘数的选择是否会是影响整体分析结果的主要原因。

因此，对于单元格F23中的终值，我们用这个乘数乘以2025年的EBITDA，在单元格F23中输入公式：

=F21*F22

然后，需要将终值折合为PV。由于EBITDA是基于2025年的数据指标给出的，所以其折现期限为5年。因此，在单元格F24中输入公式：

=F23/(1+F17)^K16

由此可得，亚马逊公司终值的现值为25 478.827亿美元（参见表9-6）。

表9-6　EBITDA法计算的终值

（单位：100万美元）

EBITDA法	
2025年的EBITDA	94 453.6
乘数	38.2X
终值	3 611 804.4
净现值	**2 547 882.7**

为了得到基于EBITDA法计算的亚马逊公司价值，我们将终值的现值加到单元格G18中已经算出的UFCF的PV中。在单元格E34中进行上述计算。首先，将现金流的PV合计值导入单元格E32中，即令其“=G18”。而后，将终值的PV导入单元格E33中，即令单元格E33“=F24”。最后，将上述两行的合计值计入单元格E34：“=E32+E33”。

由此可得，合计值为26 356.816亿美元（参见表9-7）。

表 9－7　基于 EBITDA 法计算的公司价值

（单位：100 万美元）

现金流折现总体估值	EBITDA 法
现金流现值的合计值	87 798.8
终值的现值	2 547 882.7
企业价值	**2 635 681.6**
净债务、非控制性权益、优先股	
股权价值	
股份数（百万股）	
估计的每股股权价值	

现在，让我们来看一下股权价值。恰好在单元格 E34 的下面列示了净债务、非控制性权益以及优先股。我们利用已经在单元格 O21 中算出的债务总额，加上从资产负债表中提取的债务融资和优先股，再减去现金，从而得到股权价值。因此，在单元格 E35 中应输入：

= O21 + '资产负债表'！E27 + '资产负债表'！E31 – '资产负债表'！E8

可以将股权价值从企业价值中剥离。在单元格 E36 中输入“ = E34 – E35”，得到 25 772.996 亿美元。

现在，我们可以用股权价值除以 O23 的流通股股份数。因此，在单元格 E37 中输入“ = O23”。我们可以做除法，因此在单元格 E38 中输入“ = E36/E37”。由此可得，基于 EBITDA 法计算的每股股权价值为 4 962.80 美元（参见表 9－8）。

表 9－8　基于 EBITDA 法计算的每股股权价值

（单位：100 万美元）

现金流折现总体估值	EBITDA 法
现金流现值的合计值	87 798.8
终值的现值	2 547 882.7
企业价值	**2 635 681.6**
净债务、非控制性权益、优先股	58 382.0
股权价值	**2 577 299.6**
股份数（百万股）	519.3
估计的每股股权价值	**$ 4 962.80**

用该数值与公司当前 3 432.97 美元的股价相比较。由此看来，公司股票显然有些被低估了。或者，也有可能是因为我们所选的乘数太高了。然而，该乘数是公司最近的交易所用的。这是每个人都需要经历的思维过程。在真正发表意见之前，我

们需要继续分析，并且与其他方法进行比较。让我们将上述方法得到的公司及股权价值，与用永续法计算的公司及股权价值做比较。

永续法

永续法取公司最后预测的UFCF，并且利用永续公式：

$$\frac{\text{UFCF} \times (1+g)}{r-g}$$

其中，r代表WACC；g代表某个相对较低的增长率。我们推荐在当前的市场环境下使用某个较低的增长率（从1%到4%）。记住，这个百分比代表了公司在整个存续期内的增长率。即使当前现金流的增长率有所提高，但是我们假设随着公司步入成熟期，现金流增长率会变得很低。

在单元格F26中，可以导入2025年的UFCF，即在单元格F26中输入：

= K14

现在，在单元格F27中输入3%，作为增长率假设。如同EBITDA法计算的乘数一样，我们保留在估值完毕后对其进行相关调整的权利。

在单元格F28中，可以输入以下公式：

= F26 * (1 + F27)/(F17 - F27)

在单元格F29中计算现金流的PV：

= F28/(1 + F17)^K16

由此可得，现金流的现值为4 511.32亿美元（参见表9-9）。

表9-9　永续法计算的终值

（单位：100万美元）

永续法	
去杠杆的自由现金流	26 252.2
增长率	3%
终值	639 511.7
净现值	**451 132.0**

有趣的是，以上数值比基于EBITDA终值计算的净PV低很多。记住，永续法在根本上与财务数据的关系比EBITDA法要紧密，因为后者与市场乘数的关系更加密切。因此，对于快速增长的公司而言，EBITDA法的乘数可以体现快速增长的影响，而永续法不能，尤其是在我们决定构建一个非常保守的模型的时候。你可能注意到，去杠杆自由现金流不仅非常保守，并且相对于收入或EBITDA而言，它的增

长也不是很快。在这里运用多种情景分析可以帮助我们。同样，写作本书的目的是为了让读者能够构建一个通用的模型。重要的是，不仅要知道结果，还要知道如何解释这个结果。因此，如果你能合理解释是因为我们预测现金流时非常保守，那么看到永续法的数值远低于 EBITDA 计算的数值就没有问题了。

我还想指出的是，这里我使用的是最标准及常用的方法来计算现金流而进行分析，当然存在其他的计算方法，也许对于亚马逊公司而言更为合适。

例如，股权激励是否应被加回到去杠杆的自由现金流中，一直存在争议。我们将其计入“其他”科目，因为根据去杠杆的自由现金流定义，它属于一项非现金营业支出。

关于这个科目我参考了 Aswath Damodaran 的文章[㊀]：

“股票薪酬也许不代表实际现金，但这是因为公司使用了一个易货系统来规避现金流影响。换句话说，如果该公司向市场发行了期权和限制性股票（计划给予员工），然后将现金收入支付给员工，我们会将其视为现金支出……与折旧等非现金支出相比，我们必须对股票期权采取不同的标准，不要草率地把它加回。”

Damodaran 先生的意思是股权激励不应加回，虽然我同意这个理论，但如果不加回该科目将会显著影响现金流。因此，在本书中我将保留加回处理。

还有一些分析师只是简单地将经营现金流折现计算（即不包括资本性支出）。再次说明，有很多种理论，所有这些计算方法可能都是合理的。我写这本书的目的是提供顶级商学院和华尔街公司里教授的最常用的方法。这里具体要如何调整取决于建模者。

让我们继续往下计算。

现在，可以基于永续法计算总体的公司价值。首先，将现金流的总 PV 导入到单元格 F32 中，该单元格中应输入“ = G18”。然后，将终值的 PV 导入到单元格 F33 中，即令该单元格“ = F29”。现在，我们可将上述两行加总后导入到单元格 F34 中：即输入“ = F32 + F33”，由此可得合计值为 5 389. 309 亿美元。

至此，我们已在单元格 E35 中计算出了净债务、非控制性权益以及优先股，因此可在单元格 F35 中使用该数字，在单元格 F35 中输入“ = E35”。然后，将其从公司价值中剔除。因此，单元格 F36 中应输入“ = F34 - F35”，由此得到 4 805. 489

㊀ Aswath Damodaran, “Stock-based Employee Compensation: Value and Pricing Effects,” *Musings on Markets*, February 13, 2014, https://aswathdamodaran.blogspot.com/2014/02/stock-based-employee-compensation-value.html.

亿美元。

现在，我们可用股权价值除以已在单元格O23中计算出的流通股股份数。因此，单元格F37中可输入"=O23"。可用该单元格除以单元格F38，即输入"=F36/F37"。由此可得，基于永续法估计的每股股权价值为983.91美元（参见表9-10）。

表9-10　现金流折现的总体估值

（单位：100万美元）

现金流折现总体估值	EBITDA法	永续法
现金流现值的合计值	87 798.8	87 798.8
终值的现值	2 547 882.7	451 132.0
企业价值合计	**2 635 681.6**	**538 930.9**
净债务、非控制性权益、优先股	58 382.0	58 382.0
股权价值	**2 577 299.6**	**480 548.9**
股份计数（百万股）	519.3	519.3
估计的每股股权价值	**$4 962.80**	**$925.34**

这是对亚马逊公司的合理估值吗？华尔街是怎么看的？如何调整变量？首先，我们考虑一下其他两种估值方法，并在最后一章中，借助所有方法去回答这些问题。

第十章

可比公司分析

正如之前我们所讨论的，可比公司分析（“comps”）是将正在估值的公司与规模相当、产品及地域相似的公司进行比较。实际操作中，想要找到合适的可比公司往往并不容易，但是，我们可以推荐一些资源。

- **公司财报** 通常情况下，公司会列示市场中的竞争对手公司。例如，在亚马逊公司2020年年报中搜索“竞争者”或“竞争”，将会发现如图10－1所示的如下表述：

> **竞 争**
>
> 我们的业务涵盖各种各样的产品类型、服务支持以及交付渠道。我们所在的全球市场发展迅速，竞争激烈，我们面临着众多来自世界各地许多不同行业的竞争对手。当前的和潜在的竞争对手包括：(1) 面向消费者和企业提供及销售产品的实体零售商、电商、全渠道零售商、出版商、供应商、分销商、制造商和生产商；(2) 所有类型的传统媒体、数字媒体和交互式媒体的出版商、生产商和分销商、以及所有分销渠道；(3) 与其他零售商直接相关或者合作的网络搜索引擎、比较购物网站、社交网络、门户网站和其他用于发现、使用和购买产品及服务的在线网站及应用程序；(4) 提供电子商务服务的公司，包括网站开发和托管、全渠道销售、库存和供应链管理、广告、仓储、客户服务和支付流程；(5) 线上及线下为自己或第三方提供仓储和物流服务的公司；(6) 提供信息技术服务或产品的公司，包括本地和基于云的基础设施和其他服务；(7) 设计、制造、营销或销售消费类电子产品、电信和电子设备的公司；(8) 在线上和实体店销售杂货产品的公司；(9) 以电子或其他形式提供数字或广告服务的公司。我们相信，零售业务的主要竞争因素包括选品、价格和便利性，还包括快速可靠的仓储物流。对于我们的销售人员和企业服务而言，其他竞争因素包括质量、速度、服务和工具的可靠性，以及客户改变业务的能力和意愿。我们的一些当前和潜在竞争对手有更多的资源、更长的历史、更多的客户、更高的品牌认知度以及对投入资金的更大的控制力，这些对于我们的各种业务都至关重要。他们也许能从供应商处获得更优惠的条款，采用更激进的定价，通过限制性分销协定来限制我们的供应，将消费者引向他们自己的产品而不是我们的产品，利用限制性条款锁定潜在客户，将更多资源投入到技术、基础设施、仓储物流和营销。互联网为竞争进入和比较购物提供了便利，这也增强了新的、较小的或不太知名的企业与我们竞争的能力。我们的每项业务都面临着市场快速变化，新业务模式的发展以及资金雄厚的新的竞争对手不断出现的局面。其他公司也可能采用商业联合或联盟的形式来加强他们的竞争地位。

图10－1 亚马逊公司竞争对手的注释

很遗憾，亚马逊公司并未列示其竞争对手的具体名字，但解释了它的业务领域以及在各个领域与其竞争的公司的类型。如图10－1所示，我们可以将亚马逊的竞争对手分为以下几类：

- 在线零售商。典型的例子是Etsy、eBay、Overstock. com和Wayfair。
- 实体店。沃尔玛公司、Target、Best Buy、Costco。
- 订阅（流媒体）服务。Netflix、苹果（iTunes）、谷歌（Play Store）。
- 网络服务。谷歌、微软、IBM、阿里巴巴。

因为亚马逊公司没有直接列出其竞争对手，这些公司只是举例和建议。记住：可比公司分析的目的是根据竞争对手的表现得出一个大致的估值范围。因为亚马逊公司是一家规模巨大的公司，而且业务被分成不同的版块，除了分析公司整体外，单独分析每一个版块也是很有用的。注意，本书的真正目的是指导如何进行可比公司分析，因此，我们将更多地关注总体而不是深入挖掘每一部分细节。因此，在分析中，我们将关注亚马逊公司的两个业务集团：零售（线上和线下）和网络（订阅和服务）。你将知晓分析是如何进行的，有了这些工具，就可以按需使用。

过去12个月（LTM）法则

在计算可比指标之前，很重要的是了解过去12个月的算法。LTM是基于年报（10－Ks）与季报（10－Qs）相结合来计算最新财务数据的方法。以亚马逊公司为例来看一下。尽管我们在对亚马逊公司建模时是以年为节点，但是为了进行可比公司分析，看一下该公司的LTM指标同样很重要。可比公司分析意味着对“当期”的分析，因此我们希望结合最新的财务数据，无论是年度数据还是季度数据。我们可能已经在完整模型中这样做了，本书第一部分建模就是为了准确反映亚马逊公司的全年状况。当然，你也可以根据需要构建一个反映亚马逊公司季度情况的模型，即季度模型，但我们认为对于估值而言没有必要。

当我们返回去看“亚马逊公司投资者关系”的页面时，注意到在年报之后，公司又发布了一份季度报告。这样一来，亚马逊公司不仅公布了2020年1月1日至2020年12月31日的财务数据，还通过“一季报”发布了2021年1月1日至2021年3月31日的财务数据。因此，从技术层面上来讲，我们可以获得截至2021年3月31日或者说是2020年4月1日至2021年3月31日的LTM财务数据（参见表10－1）。

表10－1　LTM例子

2020年全年	2021年一季度
2020年1月1日至2020年12月31日	2021年1月1日至2021年3月31日

为了使用上述信息得出截至2021年3月31日的近12个月的财务数据，首先可以将年报中的财务数据与一季报的数据相加。当我们说“相加”时，意思是将每一行科目相加。例如，将2020年年报的收入与一季度的收入相加。由此可得到15个月的财务数据（2020年1月1日至2021年3月31日），因此现在我们需要扣除3个月的财务数据，或者说一个季度的数据（2020年1月1日至2020年3月31日），从而得到截至2021年3月31日的12个月的财务数据（参见表10-2）。

表10-2　LTM例子

2020年全年	2021年一季度	2020年一季度
2020年1月1日至 2020年12月31日	2021年1月1日至 2021年3月31日	2020年1月1日至 2020年3月31日

因此，换言之，如果我们用2020年年报中的数据，加上2021年一季度的数据，再扣除2020年一季度的数据，则将得到2020年4月1日至2021年3月31日的财务数据。

LTM = 2020年全年 + 2021年一季度 - 2020年一季度

日历化

在计算可比公司分析所需的数据之前，还有另一种方法需要注意，那就是日历化。可比公司分析不应该局限于只针对当期数据，还应该进行调整以便每个可比公司的财务年度截止日期均保持一致。例如，亚马逊公司年报的时间区间是2020年1月1日至2020年12月31日。那么如果亚马逊公司的可比公司年报的时间区间与之略有不同该怎么办？让我们来举个例子，假设某家公司年报的截止日期为2020年10月31日。现在，我们可在年报基础上添加该公司一季度的财报数据，其截止日期在三个月后，即2021年1月31日，并扣除2020年一季度的财报数据（参见表10-3）。

表10-3　日历化例子

2020年全年	2021年一季度	2020年一季度
2019年11月1日至 2020年10月31日	2020年11月1日至 2021年1月31日	2019年11月1日至 2020年1月31日

这样，可以得到该公司自2020年2月1日至2021年1月31日的12个月的财务数据。该时间区间与亚马逊公司2020年1月1日至2020年12月31日的年报区间很接近，但还是略有不同。为了解决这个问题，我们可以调整2021年一季度的

财务数据，简单截取其中2/3的时间区间，即得到2020年11月1日至2020年12月31日这两个月的财务数据（参见表10-4）。

表10-4　日历化例子

2020年全年	2021年一季度×2/3
2019年11月1日至2020年10月31日	2020年11月1日至2020年12月31日

现在，我们得到14个月的数据（12个月全年数据加上两个月的季度数据），因此需要扣除两个月的数据（从2019年11月1日至2019年12月31日），以得到从2020年1月1日至2020年12月31日的全年数据。我们从2020年一季度数据中扣除2/3时间区间的数据（参见表10-5）。

表10-5　日历化例子

2020年全年	2021年一季度×2/3	2020年一季度×2/3
2019年11月1日至 2020年10月31日	2020年11月1日至 2020年12月31日	2019年11月1日至 2019年12月31日

换言之，如果我们用2020年年报中的数据，加上2021年一季度×2/3的数据，再扣除2020年一季度×2/3的数据，则将得到2020年1月1日至2020年12月31日的财务数据。

LTM＝2020年全年＋2021年一季度×2/3－2020年一季度×2/3

将Netflix作为可比公司

我们不会逐一构建每家公司的可比指标，因为这是多余的。但我们会举一个例子：Netflix公司。尽管Netflix并不是一个零售企业，但它提供流媒体服务，可以作为亚马逊Prime的可比公司。注意，学习完本章之后，你可能会发现回顾本书上一版本中关于Costco的案例非常有用，因为该公司存在的问题以及所需的调整是完全不同的。

Netflix公司的财务数据可以在其网站的投资者关系中找到，我们可以通过谷歌搜索“Netflix投资者关系”，或者直接输入网址“ir. netflix. net”。如果你在菜单栏中选择“财务数据”，点击下拉菜单，会显示几个有用的包含公司财务信息的选项。选择“SEC Filings”（美国证券交易委员会申报档案），你会看到该公司所有的申报文件（图10-2）。

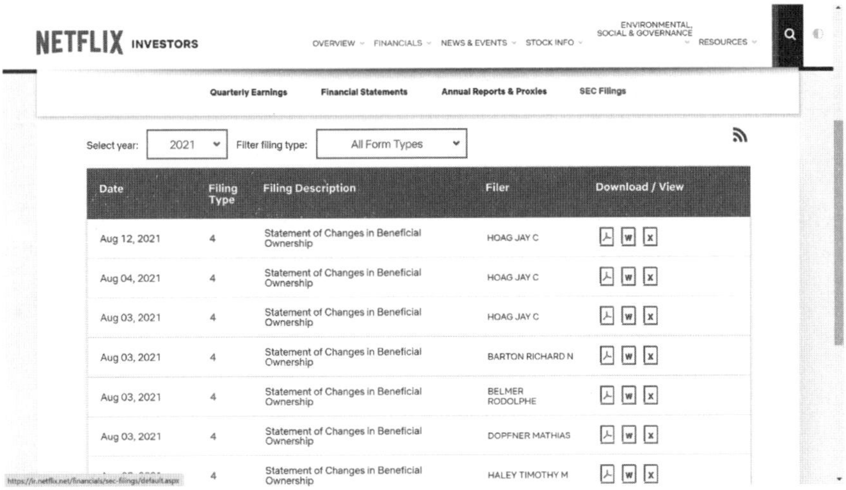

图 10－2　Netflix 公司的投资者关系

需要注意的是：在构建可比公司分析模型输出页面时，通常我们最关心的是至少一年的历史数据（2020YE），LTM 数据以及未来一年的预测数据（2021E），它们需要与目标公司（在本案例中，即指亚马逊公司）的数据在时间上保持一致。所以至少我们将会用到 Netflix 公司 2020 年年报和最新季报的数据。

Netflix 公司的 2020 年末数据

在 Netflix 网站的投资者关系部分，在“文件类型”下拉框中选择“年报”，Netflix 公司的年报将会列示出来（如图 10－3 所示）。单击“pdf”图标，即可打开并下载 pdf 格式的年报。

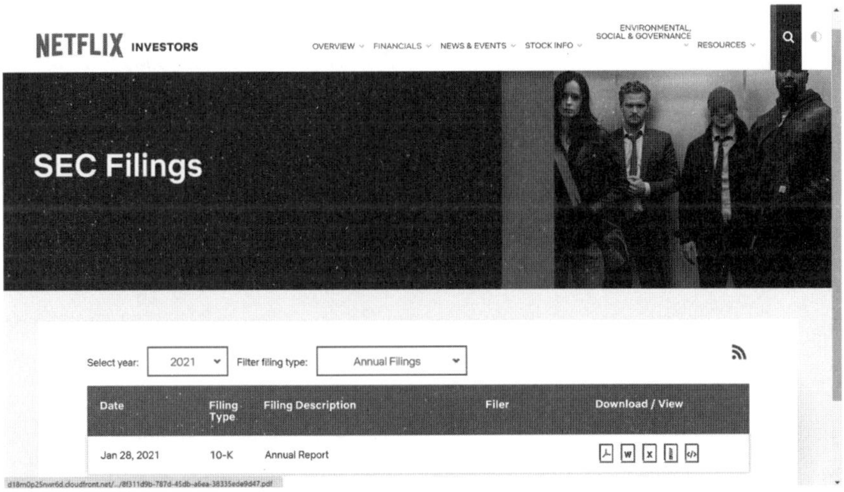

图 10－3　Netflix 投资者关系——年报

在打开年报后，首先在第一页看一下报告日期。要确保它与亚马逊公司的报告期间保持一致，如果不是的话，我们需要做日历化调整。在报告第一页，我们可以看到“财务年度截至2020年12月31日”，这与亚马逊公司是一致的，所以我们可以直接使用该年报来构建2020年财务数据。

收入 由于我们已了解利润表以及预测的细微差别，因此将不再赘述如何逐个关联Netflix公司利润表的单元格。相反，我们会着重阐释所遇到的新的、复杂的情况。也就是说，第一步就是制一张简单的利润表，这是进行可比公司分析的基础工作。在Excel文件的模块中，创建一个Netflix公司的工作表，即“NFLX Comp”，将其设置为支持年度与季度数据。

首先，我们将输入2020年10-K报告或年报的数据，然后再回过头来看一下完整的季度数据，作为LTM分析使用（参见表10-6，来自Netflix公司年报第42页）。

表10-6 Netflix公司年报利润表

（单位：1000美元，每股数据除外）

财务年度截至12月31日	2020年	2019年	2018年
收入	24 996 056	20 156 447	15 794 341
销货成本	15 276 319	12 440 213	9 967 538
营销费用	2 228 362	2 652 462	2 369 469
技术和开发费用	1 829 600	1 545 149	1 221 814
管理及行政费用	1 076 486	914 369	630 294
营业收入	4 585 289	2 604 254	1 605 226
其他收益（费用）			
利息费用	(767 499)	(626 023)	(420 493)
利息及其他收入（费用）	(618 441)	84 000	41 725
税前利润	3 199 349	2 062 231	1 226 458
所得税	(437 954)	(195 315)	(15 216)
净利润	2 761 395	1 866 916	1 211 242
每股收益			
基本的	6.26	4.26	2.78
稀释的	6.08	4.13	2.68
加权平均流通普通股			
基本的	440 922	437 799	435 374
稀释的	454 208	451 765	451 244

首先我们注意到 Netflix 公司的财务报表是以“千”为单位，而亚马逊公司模型是以“100 万”为单位建立的。理想情况是要保持数据单位的一致性，所以我们输入这些数据时，要将单位调整为“100 万”。该公司报告了收入和“销货成本”（即 COGS），我们可以按照报告列示 2020 年的数据。还可以计算销货成本占收入的百分比以及毛利润和毛利率（参见表 10 – 7）。

表 10 – 7　Netflix 公司的 EBITDA

（单位：100 万美元）

Netflix 公司利润表	2020 年一季度实际值	2020 年实际值	2021 年一季度实际值	2021 年 LTM	2021 年预测值
收入		**24 996. 1**			
Y/Y 增长率					
销货成本		**15 276. 3**			
COGS 占收入%		*61%*			
毛利润		**9 719. 7**			
毛利率		*39%*			
营业费用		**5 134. 4**			
营业费用占收入%		*21%*			
EBITDA		**4 585. 3**			
EBITDA 率		*18%*			

营业费用　接下来是三项单独的费用科目：“营销费用”“技术和开发费用”和“管理及行政费用”。我们将这三项科目合计为一个总的“营业费用”科目。你可以根据需要进一步调整，但我们的目的是为了构建可比公司分析，每个公司在“营业费用”细分上都有不同的科目，最重要的是从整体上确定“营业费用”来计算 EBITDA（参见表 10 – 7）。

折旧　你可能已经注意到利润表里没有折旧科目，我们需要通过进一步研究来找出它可能被包含在哪里。假设 Netflix 公司有资产折旧，通常可参考现金流量表来获取数据（参见表 10 – 8）。

表 10 – 8　Netflix 公司现金流量表

（单位：1000 美元）

财务年度截至 12 月 31 日	2020 年	2019 年	2018 年
经营活动现金流			
净利润	2 761 395	1 866 916	1 211 242
将净利润调节为经营活动现金流			

（续）

财务年度截至12月31日	2020年	2019年	2018年
内容资产的新增	（11 779 284）	（13 916 683）	（13 043 437）
内容负债的变动	（757 433）	（694 011）	999 880
内容资产的摊销	10 806 912	9 216 247	7 532 088
物业、设备及无形资产的折旧与摊销	115 710	103 579	83 157
股权激励费用	415 180	405 376	320 657
债务的外币重新计量损失（收益）	533 278	（45 576）	（73 953）
其他非现金科目	293 126	228 230	81 640
递延税	70 066	（94 443）	（85 520）
营运资本变动			
其他流动资产	（187 623）	（252 113）	（200 192）
应付账款	（41 605）	96 063	199 198
应计费用和及其他负债	198 183	157 778	150 422
预收收入	193 247	163 846	142 277
其他非流动资产和负债	（194 075）	（122 531）	2 062
经营活动现金流净额	2 427 077	（2 887 322）	（2 680 479）
投资活动现金流			
购买物业及设备	（497 923）	（253 035）	（173 946）
其他资产的变动	（7 431）	（134 029）	（165 174）
投资活动现金流净额	（505 354）	（387 064）	（339 120）
融资活动现金流			
债务发行所得	1 009 464	4 469 306	3 961 852
债务发行成本	（7 559）	（36 134）	（35 871）
普通股发行所得	235 406	72 490	124 502
其他融资活动			（1 956）
融资活动现金流净额	1 237 311	4 505 662	4 048 527
汇率对现金及现金等价物及受限资金的影响	36 050	469	（39 682）
现金及现金等价物及受限资金的净增加	3 195 084	1 231 745	989 246
现金及现金等价物及受限资金期初余额	5 043 786	3 812 041	2 822 795
现金及现金等价物及受限资金期末余额	8 238 870	5 043 786	3 812 041
补充数据			
所得税支付	291 582	400 658	131 069
利息支付	762 904	599 132	375 831

在现金流量表里不仅能找到折旧，还有“内容资产的摊销”。该摊销额明显大于折旧额。不管我们是否将其归为营业费用，都需要从已列示的某个费用科目中扣除它。使用关键词“内容资产的摊销”进行快速搜索，在 Netflix 公司的年报第 24 页找到以下注释：

销货成本

销货成本的大部分来自内容资产的摊销，剩下的部分由并购成本、许可和内容生产（例如工资和相关人员费用、获得音乐版权相关的成本、多种生产相关成本、参与和留存）、流媒体发布成本和其他运营成本组成……

从第一行注释中，我们得知摊销来自销货成本。那么折旧呢？注释中并没有提到折旧与营业费用有很大关系，所以具体应该从哪个科目中扣除折旧不容易确定。因此，我建议直接从销货成本中扣除，因为已经知道所讨论的费用（即摊销）大部分包含在销货成本中。

记住，尽管我们想尽可能准确，但只要将折旧从 EBITDA 中扣除了，就实现了主要目标。

因此，我们需要将 2020 年的 108.06912 亿美元加上 1 157.1 亿美元直接输入到折旧单元格。还需要从“销货成本”科目中扣除该数值，以防止重复计算。然后可以计算 EBIT 和 EBIT 率（参见表 10－9）。

表 10－9　折旧和更新后的 EBITDA

（单位：100 万美元）

Netflix 公司利润表	2020 年一季度实际值	2020 年实际值	2021 年一季度实际值	2021 年 LTM	2021 年预测值
收入		**24 996. 1**			
收入增长率 Y/Y					
销货成本		**4 353. 7**			
COGS 占收入%		*17%*			
毛利润		**20 642. 4**			
毛利率		*83%*			
营业费用		**5 134. 4**			
营业费用占收入%		*21%*			
EBITDA		**15 507. 9**			
EBITDA 率		*62%*			
折旧与摊销		**10 922. 6**			
折旧与摊销占收入%		*44%*			
EBIT		**4 585. 3**			
EBIT 率		*18%*			

利息 公司明确列出了利息费用。但是，利息费用的后面一行标题为“利息和其他收入（费用）”。正如在第一章中所讨论的，我们需要将利息收入从其他收益中厘清并剥离出来。研究年报后在第26页找到以下注释：

利息和其他收入（费用）减少主要是由于本年度（截至2020年12月31日）有6.6亿美元的汇兑损失，而上一年度（截至2019年12月31日）汇兑盈余为7亿美元。

因此，2020年的6.18441亿美元的利息和其他收入（费用）中，有6.6亿美元是因为汇兑损失。它们之前的差值，或者说4 155.9万美元，就是净收益。我们可以假设它就是利息收入。记住：尽管它是收益，但是我们以负值形式输入该数值。在第一章提到过，将所有的费用科目显示为正值，收入科目显示为负值。因此，我们输入 -41.6百万美元作为利息收入（参见表10-10）。6.6亿美元将作为特殊性项目列示在非经常性项目部分，要对该数值进行所得税调整，因为我们将一个位于税前利润之前的科目调整到了税前利润之后。我们将在后面讨论这个问题。

所得税 根据Netflix公司的年报，我们得知公司支付了4.37954亿美元的所得税。但是，由于我们从利润表中移除了某项费用（即外汇损失/收益），因此我们需要对所得税进行调整。如果我们将某项费用从净利润之前移至净利润之后，那么与之相关的所得税也应一并进行调整。我们建议通过计算给定区间有效税率，然后使用该税率计算调整后的所得税来解决这个问题。因此，如果公司2020年基于31.99349亿美元的税前利润（见表10-6中的“税前利润”），支付了4.37954亿美元的所得税，公司的隐含税率为13.7%（437 954/3 199 349）。因此我们建议直接在税率%行输入计算出的13.7%（保留整数位14%）并加上附注。完成之后，我们简单地将算出的税前利润乘以新的所得税率，从而得到剔除非经常性项目支出以后的净利润隐含的所得税。现在我们可以计算持续经营净利润（参见表10-11）。

表10-10 利息

（单位：100万美元）

Netflix公司利润表	2020年一季度实际值	2020年实际值	2021年一季度实际值	2021年LTM	2021年预测值
利息					
利息费用		767.5			
利息收入		(41.6)			
净利息费用		**725.9**			
税前利润（EBT）		**3 859.3**			
EBT率		*15%*			

表 10－11　Netflix 公司所得税

（单位：100 万美元）

Netflix 公司利润表	2020 年一季度实际值	2020 年实际值	2021 年一季度实际值	2021 年 LTM	2021 年预测值
所得税		528.3			
综合有效税率		*14%*			
持续经营净利润		**3 331.0**			

非经常性项目　在模型模板中列示了多种不同的非经常性项目，基本上都是来自于其他可比公司。我们将重点关注外汇损失（收益）。该科目在 Netflix 公司经营报表中没有明确列出，但是我们深入研究“利息和其他收入”行科目后有所发现。

确认一项非经常性项目并且从利润表（如果存在的话）移除后，我们需要将其放在模型这个部分。你需要阅读完成在此之前的内容（即“所得税”），以确保你不仅移除了该项费用科目并且做了所得税调整。一旦完成，该费用科目都会受到所得税的影响（也许有一些例外的情况）。因此，6.6 亿美元的汇兑损失科目应该移到这个部分，并进行所得税调整。我们需要使用 660 ×（1－所得税%）来确保我们已合理地移除了与该项费用有关的税盾效应。我们使用的税率就是“综合有效税率”行计算的税率，所以如果我们已经链接了正确的单元格就最好不过了。由此得到，外汇损失（收益）计算结果为 5.697 亿美元（参见表 10－12）。

表 10－12　Netflix 公司年度净利润（披露的）

（单位：100 万美元）

Netflix 公司利润表	2020 年一季度实际值	2020 年实际值	2021 年一季度实际值	2021 年 LTM	2021 年预测值
持续经营净利润		**3 331.0**			
外汇损失（收益），净额		569.7			
债务证券损失（收益），净额		0.0			
股票损失（收益）		0.0			
绩效费用		0.0			
权益法投资收益和减值，净额		0.0			
其他		0.0			
净利润（披露的）	**0.0**	**2 761.4**	**0.0**	**0.0**	**0.0**

值得注意的是，尽管建模过程中我们一直在调整，净利润（披露的）行科目与 Netflix 公司财报上的“净利润”仍是相匹配的。

每股收益（EPS）　现在，我们可以计算可比公司分析所要用到的 EPS 指标了。注意，我们已经有了两个版本的EPS，一个是基于“净利润（调整后的)”，另一个是基于“净利润（披露的)”。因此我们可以绑定财报中的“净利润（披露的)”指标，以确保我们已经使用了所有披露的数据。但是在可比公司分析中，我们的确希望使用“干净”的“净利润（调整后的)”数据。

每股收益的计算公式为净利润/股份数。股份数可以在利润表的底部找到，在那里我们已经列示了基本的和稀释后的股份数，正如我们对亚马逊公司所做的那样。我们使用净利润（披露的）分别除以基本的股份数和稀释的股份数，得到每股收益（披露的)。现在，我们看到EPS（披露的）与Netflix公司利润表相匹配。每股收益（调整后）是使用持续经营净利润作为分子，该净利润是“干净”的，因为它移除了非经常性项目和异常项目，并进行了所得税调整。我们使用该净利润分别除以基本的股份数和稀释的股份数，得到每股收益（调整后)。我们将使用这个“干净”的每股收益进行可比公司分析（参见表10－13和表10－6)。

表10－13　Netflix公司的年度利润表

（单位：100万美元，每股数据除外）

Netflix公司利润表	2020年一季度实际值	2020年实际值	2021年一季度实际值	2021年LTM	2021年预测值
收入		**24 996.1**			
Y/Y增长率					
销货成本		**4 353.7**			
COGS占收入%		*17%*			
毛利润		**20 642.4**			
毛利率		*83%*			
营业费用		**5 134.4**			
营业费用占收入%		*21%*			
EBITDA		**15 507.9**			
EBITDA率		*62%*			
折旧与摊销		**10 922.6**			
折旧与摊销占收入%		*44%*			
EBIT		**4 585.3**			
EBIT率		*18%*			
其他收益		0.0			
利息					
利息费用		767.5			
利息收入		(41.6)			
净利息费用		**725.9**			

（续）

Netflix 公司利润表	2020 年一季度实际值	2020 年实际值	2021 年一季度实际值	2021 年 LTM	2021 年预测值
税前利润（EBT）		**3 859.3**			
EBT 率		*15%*			
所得税		528.3			
综合有效税率		*14%*			
持续经营净利润		**3 331.0**			
外汇损失（收益），净额		569.7			
债务证券损失（收益），净额		0.0			
股票损失（收益）		0.0			
绩效费用		0.0			
权益法投资收益和减值，净额		0.0			
其他		0.0			
净利润（披露的）		**2 761.4**			
每股收益（披露的）					
基本的		6.26			
稀释的		6.08			
每股收益（调整后）					
基本的		7.55			
稀释的		7.33			
平均流通普通股					
基本的		441			
稀释的		454			

Netflix 公司季度利润表

现在，可以对季度报表进行同样的处理。我们不会再逐一构建每一行的季度科目，因为这样过于重复了。至此，你应该已经可以独立构建利润表了（重温一下第一章或许对您有所帮助）。请确保你所输入的数字是正确的，并且一定要对数字的符号和汇总过程格外小心。此外还要确保你将数据列示在正确的列，例如截至 2021 年 3 月 31 日的数据为 2021 年一季度的数据（参见表 10－14，来自季度报告第 3 页）。

表 10-14　Netflix 公司季度利润表

（单位：1000 美元，每股数据除外）

	三个月截至	
	2021 年 3 月 31 日	2020 年 3 月 31 日
收入	7 163 282	5 767 691
收入成本	3 868 511	3 599 701
营销费用	512 512	503 830
技术和开发费用	525 207	453 817
管理及行政费用	297 196	252 087
营业收入	1 959 856	958 256
其他收益（费用）		
利息费用	(194 440)	(184 083)
利息及其他收入（费用）	269 086	21 697
税前利润	2 034 502	795 870
所得税	(327 787)	(86 803)
净利润	1 706 715	709 067
每股收益		
基本的	3.85	1.61
稀释的	3.75	1.57
加权平均流通普通股		
基本的	443 224	439 352
稀释的	455 641	452 494

在 Netflix 公司的季度报告中有一些额外科目需要注意：

- 折旧与摊销。确保将“折旧与摊销”与“内容资产的摊销”科目行加总，正如我们在 2020 年年报中所做的操作一样。可以参见现金流量表中折旧与摊销的数额。继续将这些费用从销货成本科目中扣除（参见表 10-15，来自季度报告第 5 页）。
- 利息和其他收入。季度报告第 24 页的注释讨论了“利息和其他收入”中应归属于“外汇损失（收益）”的部分。

截至 2021 年 3 月 31 日，过去三个月的利息和其他收入有所增加，主要来自外汇收益 2.58 亿美元，而上年同期外汇收益为 900 万美元。

我们继续把它视为一项异常项目，并将其向下移到非经常性项目部分。当你将该科目向下移动时，请确保它乘以了（1-税率%）。

我们将假设剩下的余额是利息。请确保每一个计算项都使用了正确的计算符号。将最终模型作为参考，你可以尝试着自己构建模型。

表 10－15　Netflix 公司季度现金流量表

（单位：1000 美元）

	三个月截至	
	2021 年 3 月 31 日	**2020 年 3 月 31 日**
经营活动现金流		
净利润	1 706 715	709 067
将净利润调节为经营活动现金流		
内容资产的新增	(3 284 576)	(3 294 275)
内容负债的变动	(266 040)	258 945
内容资产的摊销	2 719 196	2 483 385
物业、设备及无形资产的折旧与摊销	35 741	28 517
股权激励费用	107 230	97 019
债务的外币重新计量损失（收益）	(253 330)	(93 060)
其他非现金科目	72 657	65 448
递延税	159 733	46 619
营运资本变动		
其他流动资产	(221 555)	(127 353)
应付账款	(137 313)	(149 153)
应计费用和及其他负债	177 897	214 191
预收收入	22 279	62 008
其他非流动资产和负债	(61 368)	(41 446)
经营活动现金流净额	777 266	259 912
投资活动现金流		
购买物业及设备	(81 001)	(98 015)
其他资产的变动	(4 615)	(288)
投资活动现金流净额	(85 616)	(98 303)
融资活动现金流		
债务偿还	(500 000)	—
普通股发行所得	48 071	43 694
融资活动现金流净额	(451 929)	43 694
汇率对现金及现金等价物及受限资金的影响	(42 138)	(70 902)
现金及现金等价物及受限资金的净增加	197 583	134 401
现金及现金等价物及受限资金期初余额	8 238 870	5 043 786
现金及现金等价物及受限资金期末余额	8 436 453	5 178 187

当所有输入变量均补全后，应见表10-16。

表10-16 Netflix公司的历史利润表

（单位：100万美元，每股数据除外）

Netflix公司利润表	2020年一季度实际值	2020年实际值	2021年一季度实际值	2021年LTM	2021年预测值
收入	**5 767.7**	**24 996.1**	**7 163.3**		
Y/Y增长率					
销货成本	**1 087.8**	**4 353.7**	**1 113.6**		
COGS占收入%	*19%*	*17%*	*16%*		
毛利润	**4 679.9**	**20 642.4**	**6 049.7**		
毛利率	*81%*	*83%*	*84%*		
营业费用	**1 209.7**	**5 134.4**	**1 334.9**		
营业费用占收入%	*21%*	*21%*	*19%*		
EBITDA	**3 470.2**	**15 507.9**	**4 714.8**		
EBITDA率	*60%*	*62%*	*66%*		
折旧与摊销	2 511.9	10 922.6	2 754.9		
折旧与摊销占收入%	*44%*	*44%*	*38%*		
EBIT	**958.3**	**4 585.3**	**1 959.9**		
EBIT率	*17%*	*18%*	*27%*		
其他收益	0.0	0.0	0.0		
利息					
利息费用	184.1	767.5	194.4		
利息收入	(12.7)	(41.6)	(11.1)		
净利息费用	**171.4**	**725.9**	**183.4**		
税前利润（EBT）	**786.9**	**3 859.3**	**1 776.5**		
EBT率	*14%*	*15%*	*25%*		
所得税	85.8	528.3	286.2		
综合有效税率	*11%*	*14%*	*16%*		
持续经营净利润	**701.0**	**3 331.0**	**1 490.3**		
外汇损失（收益）净额	(8.0)	569.7	(216.4)		
债务证券损失（收益）净额	0.0	0.0	0.0		
股票损失（收益）	0.0	0.0	0.0		
绩效费用	0.0	0.0	0.0		
权益法投资收益和减值 净额	0.0	0.0	0.0		
其他	0.0	0.0	0.0		
净利润（披露的）	**709.1**	**2 761.4**	**1 706.7**		

（续）

Netflix 公司利润表	2020 年一季度实际值	2020 年实际值	2021 年一季度实际值	2021 年 LTM	2021 年预测值
每股收益（披露的）					
基本的	1.61	6.26	3.85		
稀释的	1.57	6.08	3.75		
每股收益（调整后）					
基本的	1.60	7.55	3.36		
稀释的	1.55	7.33	3.27		
平均流通普通股					
基本的	439	441	443		
稀释的	452	454	456		

Netflix 公司 LTM 调整

现在，可以对计算出的年末以及 LTM 数据进行适当调整了。

我们已在之前的章节中讨论过，为了得到与亚马逊公司时间一致的年末数据，以便进行可比公司分析，可利用如下公式：

Netflix 公司 LTM 数据 = 2020 年年末数据 +
2021 年一季度数据 − 2020 年一季度数据

因此，在单元格 G6 中输入“ = E6 + F6 − D6”，可以得到销售收入为 263.916 亿美元。除了合计科目和比率指标，我们对每一个 LTM 科目都使用相同的公式。例如，COGS 将使用相同的 LTM 计算公式，但是“毛利润”仍然使用“收入 − COGS”来计算（参见表 10 − 17）。

表 10 − 17　Netflix 公司的利润表

（单位：100 万美元，每股数据除外）

Netflix 公司利润表	2020 年一季度实际值	2020 年实际值	2021 年一季度实际值	2021 年 LTM	2021 年预测值
收入	**5 767.7**	**24 996.1**	**7 163.3**	**26 391.6**	
Y/Y 增长率					
销货成本	**1 087.8**	**4 353.7**	**1 113.6**	**4 379.5**	
COGS 占收入%	*19%*	*17%*	*16%*	*17%*	
毛利润	**4 679.9**	**20 642.4**	**6 049.7**	**22 012.2**	
毛利率	*81%*	*83%*	*84%*	*83%*	
营业费用	**1 209.7**	**5 134.4**	**1 334.9**	**5 259.6**	

（续）

Netflix 公司利润表	**2020 年一季度实际值**	**2020 年实际值**	**2021 年一季度实际值**	**2021 年 LTM**	**2021 年预测值**
营业费用占收入%	*21%*	*21%*	*19%*	*20%*	
EBITDA	**3 470.2**	**15 507.9**	**4 714.8**	**16 752.5**	
EBITDA 率	*60%*	*62%*	*66%*	*63%*	
折旧与摊销	2 511.9	10 922.6	2 754.9	11 165.7	
折旧与摊销占收入%	*44%*	*44%*	*38%*	*42%*	
EBIT	**958.3**	**4 585.3**	**1 959.9**	**5 586.9**	
EBIT 率	*17%*	*18%*	*27%*	*21%*	
其他收益	0.0	0.0	0.0	0.0	
利息					
利息费用	184.1	767.5	194.4	777.9	
利息收入	(12.7)	(41.6)	(11.1)	(40.0)	
净利息费用	**171.4**	**725.9**	**183.4**	**737.9**	
税前利润（EBT）	**786.9**	**3 859.3**	**1 776.5**	**4 849.0**	
EBT 率	*14%*	*15%*	*25%*	*18%*	
所得税	85.8	528.3	286.2	728.7	
综合有效税率	*11%*	*14%*	*16%*	*15%*	
持续经营净利润	**701.0**	**3 331.0**	**1 490.3**	**4 120.3**	
外汇损失（收益）净额	(8.0)	569.7	(216.4)	361.2	
债务证券损失（收益）净额	0.0	0.0	0.0	0.0	
股票损失（收益）	0.0	0.0	0.0	0.0	
绩效费用	0.0	0.0	0.0	0.0	
权益法投资收益和减值 净额	0.0	0.0	0.0	0.0	
其他	0.0	0.0	0.0	0.0	
净利润（披露的）	**709.1**	**2 761.4**	**1 706.7**	**3 759.0**	
每股收益（披露的）					
基本的	1.61	6.26	3.85	8.48	
稀释的	1.57	6.08	3.75	8.25	
每股收益（调整后）					
基本的	1.60	7.55	3.36	9.30	
稀释的	1.55	7.33	3.27	9.04	
平均流通普通股					
基本的	439	441	443	443	
稀释的	452	454	456	456	

另外，需要注意以下调整：

- 所得税费用科目应该像收入、COGS 或其他费用科目一样使用 LTM 公式计算。然后通过使用所得税除以税前利润计算出隐含税率。2020 年计算的所得税为 7.287 亿美元，隐含税率为 15%。
- 对使用 LTM 公式计算的“外汇损失（收益）”科目，无须再做所得税调整，因为每个单独的科目（一季度和年度数据）已然是调整后的数据。
- 流通股份数是指流通股的余额，换言之，该科目反映的不是区间数据，而是时点数据，即年末数据，并不是各季度数据的总和。因此，流通股份数不能使用 LTM 公式计算。取最新的一季度的数据即可。

Netflix 公司预测

现在，可以预测 Netflix 公司 2021 年的财务指标。我们已在第一章中讨论过预测的方法，在此不想过多赘述。只希望给出更高层次的建议，以帮助你尽可能更深入地了解其中的原理。

首先，我们要考虑的是：从哪个时点开始预测 2021 年的数据？最常见的建议是基于最新披露的数据预测。因此，我们将依据 2020 年实际值来预测 2021 年。常规情况下，我们看到多数金融分析师是基于年末数据进行的预测。另一个建议是基于我们所拥有的最新数据（但不是年末数据）开始预测，即 LTM 数据。尽管这个建议逻辑合理，但实际上取决于我们以什么来作为未来预测指引。例如，若我们以华尔街研究为预测指引，假设他是基于年末数据进行预测，那么我们也许就不想基于 LTM 数据进行预测了。注意，由于我们会对自己所做的预测不断调整和打磨，以便与华尔街的预期保持一致，因此可以认为，无论怎样预测，结果都不会有很大差异。所以让我们使用华尔街分析师作为参考，基于 2020 年数据进行预测。

收入　正如之前对亚马逊公司所做的那样，我们会通过研究，并且查看华尔街的预期，从而做出自己的预测，如图 10－4 所示。

根据雅虎财经的“分析师预期”，华尔街预测的 Netflix 公司收入的平均增长率为 18.5%。因此，我们将使用这个数据。正如在亚马逊公司利润表做的操作，在单元格 H7 中输入 18.5%，使用以下公式来预测收入：

$$2021\text{ 年收入} = 2020\text{ 年收入} \times (1 + 2021\text{ 年收入增长率}\%)$$

单元格 H6 中的公式为“=E6*(1+H7)”（参见表 10－18）。

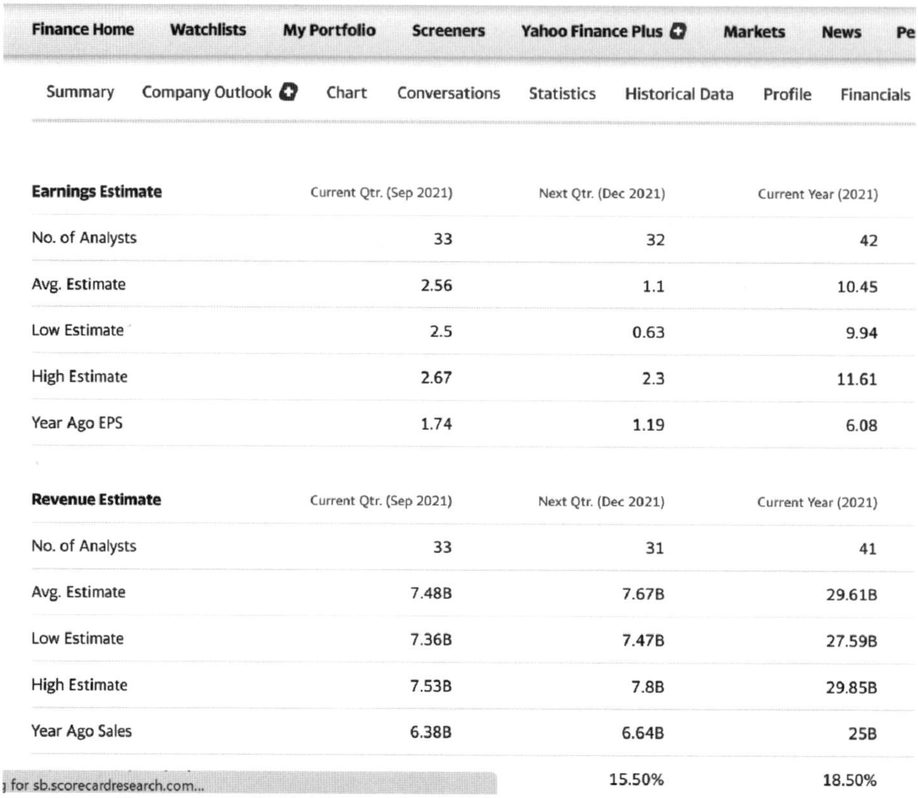

Earnings Estimate	Current Qtr. (Sep 2021)	Next Qtr. (Dec 2021)	Current Year (2021)
No. of Analysts	33	32	42
Avg. Estimate	2.56	1.1	10.45
Low Estimate	2.5	0.63	9.94
High Estimate	2.67	2.3	11.61
Year Ago EPS	1.74	1.19	6.08

Revenue Estimate	Current Qtr. (Sep 2021)	Next Qtr. (Dec 2021)	Current Year (2021)
No. of Analysts	33	31	41
Avg. Estimate	7.48B	7.67B	29.61B
Low Estimate	7.36B	7.47B	27.59B
High Estimate	7.53B	7.8B	29.85B
Year Ago Sales	6.38B	6.64B	25B
g for sb.scorecardresearch.com...		15.50%	18.50%

图 10－4　Netflix 公司的分析师预期

表 10－18　Netflix 公司收入预测

（单位：100 万美元）

Netflix 公司利润表	2020 年一季度实际值	2020 年实际值	2021 年一季度实际值	2021 年 LTM	2021 年预测值
收入	**5 767.7**	**24 996.1**	**7 163.3**	**26 391.6**	**29 620.3**
Y/Y 增长率					*18.5%*

COGS　然后，我们将预测各项成本占所计算的 2020 年收入的百分比。例如，我们已经计算出 Netflix 公司 2020 年 COGS 占收入的百分比为 17%。我们将此百分比应用于 2021 年，并用 2021 年收入乘以 17% 来反推 2021 年的隐含 COGS。要注意的是，小数点可能造成结果出现很大差异。因此，在之前的例子中，17% 并非是直接输入的，而应与假设的 2020 年“COGS 占收入的百分比%”关联起来。因此，单元格 H10 中应输入“＝E10”。这样一来，就可以将特定指标关联起来了。然后，我们可以返回来预测 COGS。我们应该对 EBITDA 以上的所有费用项做出预测（参见表 10－19）。

表 10-19 Netflix 公司费用预测

(单位：100 万美元)

Netflix 公司利润表	2020 年一季度实际值	2020 年实际值	2021 年一季度实际值	2021 年 LTM	2021 年预测值
收入	**5 767.7**	**24 996.1**	**7 163.3**	**26 391.6**	**29 620.3**
Y/Y 增长率					*18.5%*
销货成本	**1 087.8**	**4 353.7**	**1 113.6**	**4 379.5**	**5 159.1**
COGS 占收入%	*19%*	*17%*	*16%*	*17%*	*17%*
毛利润	**4 679.9**	**20 642.4**	**6 049.7**	**22 012.2**	**24 461.2**
毛利率	*81%*	*83%*	*84%*	*83%*	*83%*
营业费用	**1 209.7**	**5 134.4**	**1 334.9**	**5 259.6**	**6 084.3**
营业费用占收入%	*21%*	*21%*	*19%*	*20%*	*21%*
EBITDA	**3 470.2**	**15 507.9**	**4 714.8**	**16 752.5**	**18 376.9**
EBITDA 率	*60%*	*62%*	*66%*	*63%*	*62%*

折旧 可以使用同样的方法计算。注意，我们假设了一个折旧占销售额的百分比。现在，可以参考预测 COGS 与其他费用的做法来预测折旧。如果你想添加更详细的信息，则需要构建完整的折旧计划表，正如对亚马逊公司所做的那样。

现在可以计算 EBIT（参见表 10-20）。

表 10-20 Netflix 公司折旧和 EBIT 预测

(单位：100 万美元)

Netflix 公司利润表	2020 年一季度实际值	2020 年实际值	2021 年一季度实际值	2021 年 LTM	2021 年预测值
折旧与摊销	2 511.9	10 922.6	2 754.9	11 165.7	12 943.3
折旧与摊销占收入%	*44%*	*44%*	*38%*	*42%*	*44%*
EBIT	**958.3**	**4 585.3**	**1 959.9**	**5 586.9**	**5 433.6**
EBIT 率	*17%*	*18%*	*27%*	*21%*	*18%*

利息 我们可以像对亚马逊公司做的那样，创建一个完整的债务计划表来准确预测利息，但是我们想尽量避免为每一个可比公司都建立一个完整模型。另外，许多重要估值指标是基于现有的 EBITDA 来计算的。除了需要使用净利润来计算的 EPS 指标外，利息在模型中并没有起到很重要的作用，利息数值也不应该出现重大波动，除非有重大的债务偿还、发行或者重新评估。因此，基于这些原因，我们取 2020 年的利息作为 2021 年的预测值。

现在可以计算 EBT（参见表 10-21）。

表 10－21　Netflix 公司利息和 EBT 预测

（单位：100 万美元）

Netflix 公司利润表	2020 年一季度实际值	2020 年实际值	2021 年一季度实际值	2021 年 LTM	2021 年预测值
其他收益	0.0	0.0	0.0	0.0	0.0
利息					
利息费用	184.1	767.5	194.4	777.9	767.5
利息收入	(12.7)	(41.6)	(11.1)	(40.0)	(41.6)
净利息费用	**171.4**	**725.9**	**183.4**	**737.9**	**725.9**
税前利润（EBT）	**786.9**	**3 859.3**	**1 776.5**	**4 849.0**	**4 707.6**
EBT 率	*14%*	*15%*	*25%*	*18%*	*16%*

所得税　依然可以用2020年的税率来计算2021年的所得税（参见表10－22）。注意，我们并没有直接输入税率，而是将2021年的税率与2020年税率关联起来。

现在可以计算“持续经营净利润”。

表 10－22　Netflix 公司所得税和持续经营净利润预测

（单位：100 万美元）

Netflix 公司利润表	2020 年一季度实际值	2020 年实际值	2021 年一季度实际值	2021 年 LTM	2021 年预测值
所得税	85.8	528.3	286.2	728.7	644.4
综合有效税率	*11%*	*14%*	*16%*	*15%*	*14%*
持续经营净利润	**701.0**	**3 331.0**	**1 490.3**	**4 120.3**	**4 063.2**

非经常性项目　通常情况下我们将非经常性项目或者异常项目预测值设为0，因为我们仅需要预测日常或经常性成本。

股份数与每股收益　为了得到2021年股份数的预测值，就像对亚马逊公司做的操作，我们需要计算稀释股份数。

我们可以通过多种资源获取Netflix的流通稀释股份数，但最优的途径还是通过自己的计算。我们最好从查看公司最近的SEC申报档案开始，也就是Netflix公司2021年的一季度的报告，如图10－5所示。每个财报文件都应以存档的截止日期在首页列示最新的流通基本股份数。

UNITED STATES
SECURITIES AND EXCHANGE COMMISSION
Washington, D.C. 20549

FORM 10-Q

(Mark One)

☒ **QUARTERLY REPORT PURSUANT TO SECTION 13 OR 15(d) OF THE SECURITIES EXCHANGE ACT OF 1934**

For the quarterly period ended March 31, 2021

OR

☐ **TRANSITION REPORT PURSUANT TO SECTION 13 OR 15(d) OF THE SECURITIES EXCHANGE ACT OF 1934**

For the transition period from　　to

Commission File Number: 001-35727

Netflix, Inc.

(Exact name of Registrant as specified in its charter)

Delaware (State or other jurisdiction of incorporation or organization)	**77-0467272** (I.R.S. Employer Identification Number)
100 Winchester Circle, Los Gatos, California (Address of principal executive offices)	**95032** (Zip Code)

(408) 540-3700
(Registrant's telephone number, including area code)

Securities registered pursuant to Section 12(b) of the Act:

Title of each class	Trading Symbol(s)	Name of each exchange on which registered
Common stock, par value $0.001 per share	**NFLX**	**NASDAQ Global Select Market**

Indicate by check mark whether the registrant (1) has filed all reports required to be filed by Section 13 or 15(d) of the Securities Exchange Act of 1934 during the preceding 12 months (or for such shorter period that the registrant was required to file such reports) and (2) has been subject to such filing requirements for the past 90 days. Yes ☒ No ☐

Indicate by check mark whether the registrant has submitted electronically every Interactive Data File required to be submitted pursuant to Rule 405 of Regulation S-T (§232.405 of this chapter) during the preceding 12 months (or for such shorter period that the registrant was required to submit such files). Yes ☒ No ☐

Indicate by check mark whether the registrant is a large accelerated filer, an accelerated filer, a non-accelerated filer, a smaller reporting company, or an emerging growth company. See the definitions of "large accelerated filer," "accelerated filer," "smaller reporting company," and "emerging growth company" in Rule 12b-2 of the Exchange Act.

Large Accelerated Filer	☒	Accelerated filer	☐
Non-accelerated filer	☐	Smaller reporting company	☐
		Emerging growth company	☐

If an emerging growth company, indicate by check mark if the registrant has elected not to use the extended transition period for complying with any new or revised financial accounting standards provided pursuant to Section 13(a) of the Exchange Act. ☐

Indicate by check mark whether the registrant is a shell company (as defined by Rule 12b-2 of the Exchange Act). Yes ☐ No ☒

As of March 31, 2021, there were 443,383,732 shares of the registrant's common stock, par value $0.001, outstanding.

图 10－5　Netflix 公司 2021 年一季报

这是 Netflix 公司 2021 年一季报的首页。在底部有一行写到“截至 2021 年 3 月 31 日，流通普通股股份数为 443 383 732 股，面值 0.001 美元”。我们将以这个股份数作为基本股份数。现在，我们需要找到关于可行权期权和权证的信息，以便计算稀释股份数。我们以“期权”作为关键词进行快速搜索，在 Netflix 公司附注中找到以下注释，如图 10－6 所示。

股票期权计划

2020年6月，公司股东批准了2020年股票期权计划，该计划已于2020年3月由公司董事会通过，需要得到股东的批准。2020年股票期权计划是2011年股票期权计划的后续计划，规定向员工赠予激励性股票期权，并向员工、董事和顾问赠予非法定股票期权、股票增值权、限制性股票。

与公司股票期权计划相关的活动概述如下：

	可供赠予的股份	流通的期权	
		股份数	每股加权平均行权价格
截至2020年12月31日的流通股份数	21 702 085	18 678 810	$ 170. 23
股票期权赠予的	(400 126)	400 126	537. 47
已经行权的	—	(488 471)	92. 45
过期的	—	(4 648)	30. 30
截至2021年3月31日的流通股份数	21 301 959	18 583 817	$ 180. 22
截至2021年3月31日可行权的股份数		18 583 817	$ 180. 22

图10－6　Netflix公司流通及可行权的期权

图10－6列示了所有流通的期权以及预计的行权价。如果这些期权属于价内期权，即期权是有行权价值的，或者当前的股票价格在行权价之上，那么在技术层面这些期权可以被行使，所以应当被纳入到稀释的股份数中。最右侧一栏预估期权的平均行权价格是180. 22美元，远低于现在的股价533. 54美元。因此，所有期权（18 583 817）都属于价内期权。这意味着在技术层面期权所有者可以以180. 22美元的行权价格行权。或者，如果所有的期权都被行权，则价值共计3 349 175 499. 74（即180. 22×18 583 817）美元。有一种常用的方法被称为库存股法，该方法认为如果所有期权均以180. 22美元的价格行权，公司将以当前股价回购已经行权的股票。因此，如果我们使用已行使的期权总价值除以当前股价（即3 349 175 499. 74/533. 54），则将回购6 277 271. 62份股票。换言之，有18 583 817份期权被行权，但是有6 277 271. 62份股票被回购，流通股增加了12 306 545（18 583 817－6 277 271. 62）股。我们将该数字与基本股份数相加，得到455 690 277股。以上计算过程可以在“NFLX Comp”工作表的第48行到56行找到。这里不再详细讲解每一个单元格的计算，你可以参考完成后的模型（参见表10－23）。

表 10－23　Netflix 公司稀释股份数计算

（单位：美元）

	Netflix 公司稀释股份数
股价	$ 533. 54
基本流通股份数	443 383 732
实值股票期权	18 583 817
期权平均行权价格	$ 180. 22
期权行权收入	$ 3 349 175 499. 74
库存股法计算的回购股份数	6 277 271. 62
新增普通股股份数	12 306 545
稀释后流通普通股股份数合计	**455 690 277**

想要获得稀释的股份数的完整数据，关键在于确保已经找到所有的股票期权、雇员激励期权以及可行使的认股权证。也许除了图 10－6 之外，还可能存在更多期权，所以推荐进行彻底的检索。此外，还建议你去查看一下是否存在补充资料，其中包含那些没有在年度或季度文件中体现的期权或是认股权证的发行信息。

现在，可以使用这些基本股份数和稀释股份数作为 2021 年的预测数据。注意：在利润表中我们是以百万股为单位列示 Netflix 公司的股份数，因此需要将这些数据除以 1 000 000。我们在单元格 H45 中输入“ = D50/1 000 000”，在 H46 中输入“ = D56/1 000 000”。

现在，使用这些股份数作为分母来计算基本的每股收益和稀释的每股收益。这些公式都可以从左侧复制过来并向右填充（参见表 10－24）。

表 10－24　Netflix 公司 EPS 预测

（单位：100 万美元，每股数据除外）

Netflix 公司利润表	2020 年一季度实际值	2020 年实际值	2021 年一季度实际值	2021 年 LTM	2021 年预测值
净利润（披露的）	**709. 1**	**2 761. 4**	**1 706. 7**	**3 759. 0**	**4 063. 2**
每股收益（披露的）					
基本的	1. 61	6. 26	3. 85	8. 48	9. 16
稀释的	1. 57	6. 08	3. 75	8. 25	8. 92
每股收益（调整后）					
基本的	1. 60	7. 55	3. 36	9. 30	9. 16
稀释的	1. 55	7. 33	3. 27	9. 04	8. 92
平均流通普通股					
基本的	439	441	443	443	443
稀释的	452	454	456	456	456

以上是进行预测的基础方法。现在我们可以调整结果与华尔街的预期 EPS 进行比较。回到图 10－4，你会注意到 42 位华尔街分析师预估的 EPS 范围区间是 9.94～11.61 美元，EPS 的平均预期为 10.45 美元。所以我们预测的 EPS 略低于华尔街的预期。如果我们使用华尔街的收入预期，与其保持一致，但是 EPS 仍然低于华尔街预期的话，这可能意味着我们高估了成本，或者，也有可能是因为华尔街分析师没有像我们一样移除“外汇”科目。我注意到，较之 2020 年的数据，2021 年一季度和 LTM 的销货成本、营业费用以及折旧占收入的百分比都有所下降。如果我们将预测数值调低以符合 2021 年一季度和 LTM 的趋势，则我们预测的 EPS 将会上升正好与华尔街预期一致。作为一个分析师、管理者、董事，这就是你需要负责思考的假设部分，并且明白如何解释这些假设。主要的问题是：Netflix 公司未来的成本真的会下降吗？或者华尔街分析师是否太激进？尽管有一些迹象表明成本在下降，我仍想在本书中坚持保守的假设，因此，保持 EPS 的预测不变。Netflix 公司完整的模型分析参见表 10－25。

表 10－25　Netflix 公司可比公司分析

（单位：100 万美元，每股数据除外）

Netflix 公司利润表	2020 年一季度实际值	2020 年实际值	2021 年一季度实际值	2021 年 LTM	2021 年预测值
收入	**5 767.7**	**24 996.1**	**7 163.3**	**26 391.6**	**29 620.3**
Y/Y 增长率					*18.5%*
销货成本	**1 087.8**	**4 353.7**	**1 113.6**	**4 379.5**	**5 159.1**
COGS 占收入%	*19%*	*17%*	*16%*	*17%*	*17%*
毛利润	**4 679.9**	**20 642.4**	**6 049.7**	**22 012.2**	**24 461.2**
毛利率	*81%*	*83%*	*84%*	*83%*	*83%*
营业费用	**1 209.7**	**5 134.4**	**1 334.9**	**5 259.6**	**6 084.3**
营业费用占收入%	*21%*	*21%*	*19%*	*20%*	*21%*
EBITDA	**3 470.2**	**15 507.9**	**4 714.8**	**16 752.5**	**18 376.9**
EBITDA 率	*60%*	*62%*	*66%*	*63%*	*62%*
折旧与摊销	2 511.9	10 922.6	2 754.9	11 165.7	12 943.3
折旧与摊销占收入%	*44%*	*44%*	*38%*	*42%*	*44%*
EBIT	**958.3**	**4 585.3**	**1 959.9**	**5 586.9**	**5 433.6**
EBIT 率	*17%*	*18%*	*27%*	*21%*	*18%*
其他收益	0.0	0.0	0.0	0.0	0.0
利息					
利息费用	184.1	767.5	194.4	777.9	767.5

（续）

Netflix 公司利润表	2020 年一季度实际值	2020 年实际值	2021 年一季度实际值	2021 年 LTM	2021 年预测值
利息收入	(12.7)	(41.6)	(11.1)	(40.0)	(41.6)
净利息费用	**171.4**	**725.9**	**183.4**	**737.9**	**725.9**
税前利润（EBT）	**786.9**	**3 859.3**	**1 776.5**	**4 849.0**	**4 707.6**
EBT 率	*14%*	*15%*	*25%*	*18%*	*16%*
所得税	85.8	528.3	286.2	728.7	644.4
综合有效税率	*11%*	*14%*	*16%*	*15%*	*14%*
持续经营净利润	**701.0**	**3 331.0**	**1 490.3**	**4 120.3**	**4 063.2**
外汇损失（收益）净额	(8.0)	569.7	(216.4)	361.2	0.0
债务证券损失（收益）净额	0.0	0.0	0.0	0.0	0.0
股票损失（收益）	0.0	0.0	0.0	0.0	0.0
绩效费用	0.0	0.0	0.0	0.0	0.0
权益法投资收益和减值 净额	0.0	0.0	0.0	0.0	0.0
其他	0.0	0.0	0.0	0.0	0.0
净利润（披露的）	**709.1**	**2 761.4**	**1 706.7**	**3 759.0**	**4 063.2**
每股收益（披露的）					
基本的	1.61	6.26	3.85	8.48	9.16
稀释的	1.57	6.08	3.75	8.25	8.92
每股收益（调整后）					
基本的	1.60	7.55	3.36	9.30	9.16
稀释的	1.55	7.33	3.27	9.04	8.92
平均流通普通股					
基本的	439	441	443	443	443
稀释的	452	454	456	456	456

计算可比指标

现在，可以使用已经掌握的核心数据计算可比指标了。但是，首先需要合理计算 Netflix 公司的市场资本总额与企业价值，这就需要用到公司当前的股票价格与流动的股份数。Netflix 公司的股价可在雅虎财经或者任意在线股票资源中找到。

在撰写本文时（即 2021 年 7 月 1 日），Netflix 公司的当期股价为 533.54 美元。我们使用该股价和稀释后的流通股份数来计算市场价值和企业价值。

市场价值与企业价值 要利用稀释股份的合计值，只需用稀释的股份数乘以当前股价来计算 Netflix 公司的市场价值，即 243 128 990 593.7 美元，再将其除以 1 000 000换算成 243 129.0 百万美元。使用“NFLX Comp”工作表中的第 59 ~ 67 行信息（参见表 10 – 26）。

表 10 – 26 Netflix 公司的市场价值和企业价值

（单位：100 万美元）

	Netflix 公司的企业价值
市场价值	**243 129.0**
短期债务	698.8
长期债务（包含当期部分）	14 860.6
资本租赁负债	0.0
可转债	0.0
优先股	0.0
非控制性权益	0.0
减去：现金及现金等价物	（8 403.7）
企业价值	**$ 250 284.6**

现在，可以对照资产负债表来计算企业价值。为了完整估值，应当进行更广泛的研究以确定是否存在需要计入企业价值的任何“表外”债务责任。为了尽可能获取最新数据，我们使用最新发布的季度报告（参见表 10 – 27）。

表 10 – 27 Netflix 公司的季报资产负债表

合并资产负债表 （单位：1 000 美元，股份数及面值除外）	**截至 2021 年 3 月 31 日（未审计）**	**截至 2020 年 12 月 31 日**
资产		
流动资产		
现金及现金等价物	8 403 705	8 205 550
其他流动资产	1 703 803	1 556 030
流动资产合计	10 107 508	9 761 580
内容资产净值	26 043 991	25 383 950
物业、设备与机器净值	1 015 419	960 183
其他非流动资产	2 956 096	3 174 646
资产合计	40 123 014	39 280 359
负债与所有者权益		
流动负债		
流动内容负债	4 297 957	4 429 536
应付账款	532 942	656 183
应计费用和其他负债	1 291 812	1 102 196
递延收入	1 140 271	1 117 992

（续）

合并资产负债表 （单位：1 000 美元，股份数及面值除外）	截至 2021 年 3 月 31 日（未审计）	截至 2020 年 12 月 31 日
短期债务	698 788	499 878
流动负债合计	7 961 770	7 805 785
非流动内容负债	2 465 626	2 618 084
长期债务	14 860 552	15 809 095
其他非流动负债	1 950 986	1 982 155
负债合计	27 238 934	28 215 119
承诺及或有负债		
所有者权益		
普通股（面值0.001 美元；截至2021 年3 月31 日与2020 年12 月31 日 额定股份数为4 990 000 000股；截至2021 年3 月31 日与2020 年12 月31 日分别发行和流通443 383 732 股、442 895 261股）	3 600 084	3 447 698
累计其他综合损失	4 137	44 398
留存收益	9 279 859	7 573 144
所有者权益合计	12 884 080	11 065 240
负债和所有者权益合计	40 123 014	39 280 359

乘数　现在，可以利用市场价值、企业价值以及 Netflix 公司估计并调整的利润表去构建可比指标。请参阅 Excel 文档中的“可比公司分析”工作表，我们将在该工作表中计算所有乘数。首先，建议将关键的统计指标导入第 22 行“经营指标”部分。如此将计算乘数所必需的所有统计指标均列示在同一页，将有助于避免从多个报表引入数据来计算乘数时出现错误。这就是逐行引入数据，并使用提供的模型，请以表 10 – 28 作为参考。

一旦导入了关键数据，可见表 10 – 29，转而进行“可比公司分析”。这里，可以首先导入之前已经计算出的股价、市场价值以及企业价值。然后，分别计算不同的指标（请回顾第八章中有关乘数的介绍与计算公式）。

现在，可以对其他可比公司重复上述操作，这同样需要关联和计算亚马逊公司自身的指标，在此不再一一赘述。因为在之前构建亚马逊公司和 Netflix 公司的模型时，我们已经讨论过所有关键点了。你可以在指南网站（www. wiley. com/go/pignataro）中找到解决方案，以便进行完整的可比公司分析。在第十二章中，将分析亚马逊公司估值过程中所用到的这些乘数。

表 10－28　Netflix 公司经营指标概要

经营指标	销售收入			EBIT			EBITDA			EPS		
	2020 年实际值	LTM	2021 年估计值	2020 年实际值	LTM	2021 年估计值	2020 年实际值	LTM	2021 年估计值	2020 年实际值	LTM	2021 年估计值
公司	100 万美元	100 万美元	100 万美元	100 万美元	100 万美元	100 万美元	100 万美元	100 万美元	100 万美元	美元/股	美元/股	美元/股
亚马逊	386 064.0	419 130.0	490 301.3	22 899.0	27 775.0	32 480.7	48 150.0	58 126.0	61 150.5	$41.79	$52.22	$45.21
eBay	10 271.0	11 165.0	12 037.6	2 711.0	2 988.0	3 177.3	3 320.0	3 596.0	3 891.0	$2.53	$2.82	$3.12
Etsy	1 725.6	2 048.2	2 286.5	424.0	549.3	561.8	492	615	652	$2.72	$3.34	$3.46
沃尔玛	556 218.8	561 609.7	710 121.8	22 383.0	23 671.3	28 636.0	33 521	34 737	42 799	$4.77	$5.06	$6.26
Target	92 273.6	96 615.7	102 075.1	6 382.2	7 809.7	7 134.0	8 623	10 054	9 567	$8.48	$10.71	$9.79
Best Buy	46 960.0	49 312.0	49 294.3	2 595.4	2 976.3	2 758.7	3 432	3 821	3 634	$7.43	$8.79	$8.28
Google	182 527.0	196 682.0	250 609.6	41 224.0	49 684.0	56 600.6	54 129	62 234	74 319	$49.06	$58.41	$67.40
Netflix	24 996.1	26 391.6	29 620.3	4 585.3	5 586.9	5 433.6	15 508	16 753	18 377	$7.33	$9.04	$8.92
IBM	73 620.0	73 779.0	75 166.0	6 785.0	7 875.0	6 927.5	13 480	14 608	13 763	$7.46	NM	$7.57

表 10-29 可比公司分析

可比公司分析

				P/E			EV/收入			EV/EBIT			EV/EBITDA		
	当前股价	市场价值	企业价值	2020 年实际值	LTM	2021 年估计值	2020 年实际值	LTM	2021 年估计值	2020 年实际值	LTM	2021 年估计值	2020 年实际值	LTM	2021 年估计值
公司	美元	100 万美元	100 万美元	x	x	x	x	x	x	x	x	x	x	x	x
亚马逊	$ 3 432. 97	1 782 822. 8	1 835 282. 8	82. 1x	65. 7x	75. 9x	4. 8x	4. 4x	3. 7x	80. 1x	66. 1x	56. 5x	38. 1x	31. 6x	30. 0x
第一组：零售/电商															
eBay	$ 69. 80	48 389. 7	53 749. 7	27. 6x	24. 7x	22. 4x	5. 2x	4. 8x	4. 5x	19. 8x	18. 0x	16. 9x	16. 2x	14. 9x	13. 8x
Etsy	$ 199. 51	29 049. 2	29 239. 5	73. 2x	59. 7x	57. 7x	16. 9x	14. 3x	12. 8x	69. 0x	53. 2x	52. 0x	59. 4x	47. 5x	44. 8x
沃尔玛	$ 138. 81	390 909. 2	437 142. 2	29. 1x	27. 4x	22. 2x	0. 8x	0. 8x	0. 6x	19. 5x	18. 5x	15. 3x	13. 0x	12. 6x	10. 2x
Target	$ 243. 47	120 538. 0	125 404. 0	28. 7x	22. 7x	24. 9x	1. 4x	1. 3x	1. 2x	19. 6x	16. 1x	17. 6x	14. 5x	12. 5x	13. 1x
Best Buy	$ 116. 37	29 176. 8	28 889. 8	15. 7x	13. 2x	14. 1x	0. 6x	0. 6x	0. 6x	11. 1x	9. 7x	10. 5x	8. 4x	7. 5x	8. 0x
第二组：订阅/网络服务															
Google	$ 2 527. 37	1 831 976. 3	1 710 759. 3	51. 5x	43. 3x	37. 5x	9. 4x	8. 7x	6. 8x	41. 5x	34. 4x	30. 2x	31. 6x	27. 5x	23. 0x
Netflix	$ 533. 54	243 129. 0	250 284. 6	72. 8x	59. 0x	59. 8x	10. 0x	9. 5x	8. 4x	54. 6x	44. 8x	46. 1x	16. 1x	14. 9x	13. 6x
IBM	$ 145. 17	130 614. 0	176 469. 0	19. 4x	NM	19. 2x	2. 4x	2. 4x	2. 3x	26. 0x	22. 4x	25. 5x	13. 1x	12. 0x	12. 8x
中位数				28. 9x	27. 4x	23. 6x	3. 8x	3. 6x	3. 4x	22. 9x	20. 4x	21. 5x	15. 3x	13. 8x	13. 4x
最高值				73. 2x	59. 7x	59. 8x	16. 9x	14. 3x	12. 8x	69. 0x	53. 2x	52. 0x	59. 4x	47. 5x	44. 8x
最低值				15. 7x	13. 2x	14. 1x	0. 6x	0. 6x	0. 6x	11. 1x	9. 7x	10. 5x	8. 4x	7. 5x	8. 0x

第十一章

先例交易分析

正如之前所讨论的，先例交易分析是根据历史交易的乘数来估计目标公司的相对价值。目标公司的价值相当于其他投资人已经支付给相似公司的价格。因此，如果我们正在寻找已经被收购的相似公司，则可以通过比较购买乘数来估计目标公司的近似价值。

购买乘数与市场乘数相似，只是前者的分子是基于支付给公司的价格，而后者的分子则是当前的市场价值。

识别先例交易

要找到先例交易，最大的困难在于识别相关交易。考虑与目标公司处于相似领域的交易很重要。换言之，为了利用先例交易法对亚马逊公司进行估值，必须找到与亚马逊公司相似的零售企业收购案例。此外，还需要考虑那些与目标公司财务状况相似的公司交易。现在，最大的问题在于目标公司是亚马逊公司，因为该公司规模如此之大，以至于几乎无法找到相似交易。另外，时间也是一个重要的因素。我们需要考虑最近的交易，因为那些在多年前发生的交易当时的市场环境可能与今天已无关联。

目前，有一些可以提供历史交易信息的资源。证券数据公司（SDC）是业内领先的并购及收购数据的供应商。通常情况下，应该对从该类资源获得的数据进行反复检查，而不要想当然地认为这些数据一定是正确的。如果可以的话，更建议利用上述信息作为指引，并尝试研究政府文件来反推相关统计指标。SEC 文件可能是获取被收购公司财务数据的最佳渠道。并购代理协议包含一个名为“财务咨询机构的意见”的部分，也被称为“公平意见”，即由财务咨询机构出具的支持并购估值细节信息的意见书。SEC 文件中的 S－4 与 8－K 文件就是其他可能包含并购机构详细财务数据的文件代表。此外，公司年报也可能在某一段中讨论并购。最后，收购要约、最新公告以及研究报告等都有可能是包含并购公司财务信息的很好来源。

亚马逊公司先例交易分析

如上所述，亚马逊公司是一家世界500强中排名非常靠前的公司。寻找收购类似亚马逊公司规模的交易来估算价值几乎是不可能的。然而，为了演示如何进行先例交易分析，我们可以一起做一些研究，看看亚马逊公司最近收购了哪些公司。例如，在谷歌上搜索“亚马逊公司收购”，可以发现，2021年5月，亚马逊公司宣布收购米高梅电影公司：

亚马逊公司周三宣布，将以84.5亿美元的价格收购米高梅电影公司，标志着其进军娱乐行业的大胆举措，显示了其加速布局流媒体业务的雄心。

遗憾的是，由于这一收购是在2021年5月26日才宣布的，在撰写本书时，并没有现成的交易相关文件可供参考，也没有充分的相关信息来计算交易乘数。因此，我们转向亚马逊公司收购 Whole Foods 的交易，这是一项引人注目的交易。Whole Foods 是一家杂货连锁店，与亚马逊公司业务截然不同。因此，在这里分析收购 Whole Foods 来帮助确定亚马逊公司自身价值，在理论上有点站不住脚。但是，出于其他目的来分析此类收购仍有价值，因此我们将继续进行这一分析。

我们需要的第一部分数据就是购买价格、股权价值以及企业价值。然后，需要找出 Whole Foods 的财务数据，以便计算乘数。

如果在谷歌上搜索“亚马逊公司收购 Whole Foods”，会出现一大堆文章，大部分是参照原始公告。如果文章引用原始公告，就再理想不过了，因为它能为我们提供交易的发布日期和最可能的购买价格（图11－1）。

亚马逊公司周五宣布，将以137亿美元的价格收购 Whole Foods Market，包含债务在内。此举将会让这家零售业搅局者，从互联网巨头即刻转变为实体零售业的主要参与者。

图11－1　亚马逊公司收购 Whole Foods 的新闻

该新闻告诉了我们两条有价值的信息：宣告日期和购买价格。文章提到，该交易于2017年6月16日宣布，并将以137亿美元的价格收购。这是该交易的购买价格。为了计算交易乘数，我们需要深入挖掘以找到更多数据：计算企业价值所需的债务、收入、EBIT 和 EBITDA。

在 www.sec.gov 网站，能够找到反映收购 Whole Foods 的委托声明。在美国证券交易委员会网站“公司搜索”框中输入“Whole Foods”，将会出来一系列最近的公司被收购前发布的文件。其中最有用的文件是该公司的委托声明，该文件清楚地陈述了“与合并或收购相关的最终委托声明”（图11－2）。

				171056096
S-8 POS	Documents	Securities to be offered to employees in employee benefit plans, post-effective amendments Acc-no: 0001193125-17-271068 (33 Act) Size: 27 KB	2017-08-29	333-188973 171056094
S-8 POS	Documents	Securities to be offered to employees in employee benefit plans, post-effective amendments Acc-no: 0001193125-17-271063 (33 Act) Size: 27 KB	2017-08-29	333-211345 171056088
S-8 POS	Documents	Securities to be offered to employees in employee benefit plans, post-effective amendments Acc-no: 0001193125-17-271058 (33 Act) Size: 22 KB	2017-08-29	333-11271 171056084
S-8 POS	Documents	Securities to be offered to employees in employee benefit plans, post-effective amendments Acc-no: 0001193125-17-271052 (33 Act) Size: 22 KB	2017-08-29	333-11273 171056080
S-8 POS	Documents	Securities to be offered to employees in employee benefit plans, post-effective amendments Acc-no: 0001193125-17-271048 (33 Act) Size: 22 KB	2017-08-29	333-35809 171056075
S-8 POS	Documents	Securities to be offered to employees in employee benefit plans, post-effective amendments Acc-no: 0001193125-17-271039 (33 Act) Size: 22 KB	2017-08-29	333-101565 171056070
S-8 POS	Documents	Securities to be offered to employees in employee benefit plans, post-effective amendments Acc-no: 0001193125-17-271036 (33 Act) Size: 22 KB	2017-08-29	333-116631 171056066
POS AM	Documents	Post-Effective amendments for registration statement Acc-no: 0001193125-17-271028 (33 Act) Size: 80 KB	2017-08-29	333-213568 171056047
POS AM	Documents	Post-Effective amendments for registration statement Acc-no: 0001193125-17-271023 (33 Act) Size: 23 KB	2017-08-29	333-31269 171056042
POS AM	Documents	Post-Effective amendments for registration statement Acc-no: 0001193125-17-271017 (33 Act) Size: 22 KB	2017-08-29	333-07719 171056036
POS AM	Documents	Post-Effective amendments for registration statement Acc-no: 0001193125-17-271011 (33 Act) Size: 19 KB	2017-08-29	333-113476 171056032
POS AM	Documents	Post-Effective amendments for registration statement Acc-no: 0001193125-17-271006 (33 Act) Size: 18 KB	2017-08-29	333-43555 171056027
POS AM	Documents	Post-Effective amendments for registration statement Acc-no: 0001193125-17-271004 (33 Act) Size: 19 KB	2017-08-29	333-27745 171056024
POS AM	Documents	Post-Effective amendments for registration statement Acc-no: 0001193125-17-270996 (33 Act) Size: 18 KB	2017-08-29	333-51419 171056017
25-NSE	Documents	Notification filed by national security exchange to report the removal from listing and registration of matured, redeemed or retired securities Acc-no: 0001354457-17-000163 (34 Act) Size: 2 KB	2017-08-28	000-19797 171053267
8-K	Documents	Current report, items 1.02, 2.01, 3.01, 3.03, 5.01, 5.02, 5.03, 5.07, and 9.01 Acc-no: 0001144204-17-045261 (34 Act) Size: 239 KB	2017-08-28	000-19797 171053111
8-K	Documents	Current report, items 7.01 and 9.01 Acc-no: 0001144204-17-045024 (34 Act) Size: 39 KB	2017-08-24	000-19797 171049867
10-Q	Documents Interactive Data	Quarterly report [Sections 13 or 15(d)] Acc-no: 0000865436-17-000171 (34 Act) Size: 8 MB	2017-08-04	000-19797 171007823
8-K	Documents	Current report, items 2.02 and 9.01 Acc-no: 0001171843-17-004337 (34 Act) Size: 371 KB	2017-07-26	000-19797 17982677
DEFM14A	Documents	Definitive proxy statement relating to merger or acquisition Acc-no: 0001571049-17-006849 (34 Act) Size: 6 MB	2017-07-21	000-19797 17975425
DEFA14A	Documents	Additional definitive proxy soliciting materials and Rule 14(a)(12) material Acc-no: 0001571049-17-006848 (34 Act) Size: 14 MB	2017-07-21	000-19797 17975422
SC 13D/A	Documents	[Amend] General statement of acquisition of beneficial ownership Acc-no: 0000902664-17-002980 (34 Act) Size: 43 KB	2017-07-19	005-42732 17972340
PREM14A	Documents	Preliminary proxy statements relating to merger or acquisition Acc-no: 0001571049-17-006539 (34 Act) Size: 9 MB	2017-07-07	000-19797 17953886

图11-2　美国证券交易委员会

向下滚动光标到该报告的第36页，会发现非常有用的信息，可以用来计算交易乘数（参见表11－1）。

表11－1 Whole Foods收入和EBITDA预测

（单位：100万美元）

	Whole Foods财务预测摘要				
	2017年	2018年	2019年	2020年	2021年
收入	15 887	16 490	17 339	18 217	19 238
EBITDA	1 216	1 331	1 656	1 815	1 949
自由现金流	324	422	639	738	814

可以使用2017年的收入和EBITDA来分别计算企业价值/收入和企业价值/EBITDA乘数。但是，仍需要折旧才能计算EBIT以及股权价值/净利润乘数。此外，为了计算企业价值，我们还需要确定该笔收购将承担多少Whole Foods的债务（参见表11－2）。

这里我们使用净利润和折旧以及之前预测的EBITDA来倒推EBIT。现在仅需要债务信息。

表11－2 Whole Foods的净利润和EBIT预测

（单位：100万美元）

	预测的EBITDA到预测的净利润的一致调整				
	2017年①	2018年②	2019年	2020年	2021年
EBITDA					
净利润	409	470	658	739	794
备付所得税	262	300	420	473	507
利息费用	47	47	47	47	47
投资和其他收益	(8)	(14)	(20)	(29)	(33)
经营利润	710	803	1 105	1 230	1 315
折旧与摊销	506	528	551	585	634
EBITDA	1 216	1 331	1 656	1 815	1 949

① 2017年的EBITDA不包括遣散费以及商店和设施关闭产生的费用。

② 2018年预测财年有53个星期，以52个星期为基数列报。

使用关键词“债务”在委托声明中搜索，我们没有找到太多明确的关于Whole Foods在收购宣告时还未偿还的债务信息。因此，需要转而研究靠近交易宣布日时Whole Foods的财务报告（年报或季报）。回到www.sec.gov网站，找到日期为2017年7月2日的季度报告，非常接近2017年6月16日，即收购宣告日期。所以，我们可以使用该报告中的资产负债表来计算净债务，得到企业价值（参见表11－3）。

表 11-3　Whole Foods 季报资产负债表

（单位：100 万美元）

资产	2017 年 7 月 2 日	2016 年 9 月 25 日
流动资产		
现金及现金等价物	279	351
短期投资 - 可供出售的证券	720	379
受限资金	124	122
应收账款	246	242
存货	483	517
预付费用和其他流动资产	117	167
递延所得税	222	197
流动资产合计	**2 191**	**1 975**
物业、设备与机器净值	3 482	3 442
长期投资 - 可供出售的证券	24	—
商誉	710	710
无形资产净值	70	74
递延所得税	87	100
其他资产	46	40
资产合计	**6 610**	**6 341**
负债与所有者权益		
流动负债		
长期债务和资本租赁的当期部分	2	3
应付账款	305	307
应付职工薪酬、奖金和其他福利	391	407
应付股息	58	43
其他流动负债	586	581
流动负债合计	**1 324**	**1 341**
长期债务和资本租赁义务（扣除当期部分）	1 046	1 048
递延租赁负债	678	640
其他长期负债	104	88
负债合计	**3 152**	**3 117**
承诺及或有负债		
所有者权益		
普通股（无面值 额定股份 12 亿股截至 2017 年与 2016 年分别发行 3.768 亿股、3.77 亿股，流通股份数分别为 3.201 亿股、3.183 亿股）	2 946	2 933
库存股普通股，在 2017 年和 2016 年分别以成本 56.7 美元和 58.7 美元回购	(1 959)	(2 026)
累计其他综合损失	(30)	(32)
留存收益	2 501	2 349

我们使用 10.46 亿美元（即长期债务）加上 200 万美元（即短期债务）减去 2.79 亿美元（即现金），得到净债务为 7.69 亿美元。

因此现在有足够的信息来计算交易乘数。请参考模型模板中的“先例交易分析”工作表。这里可以看到两张图表：上面一张包含先例交易指标，下面的表列示了计算这些指标所用的基础财务数据。我们可以直接在单元格 C21 中输入声明的市场价值（收购价格），即 137 亿美元。接下来是用以计算企业价值的净负债，前面刚刚讲解过，所以用表 11－4 作为参考。然后，列示之前确认的收入、EBIT 和 EBITDA。

表 11－4　亚马逊公司/Whole Foods 财务数据

（单位：100 万美元）

经营财务数据	市场价值	现金	短期债务	长期债务	其他	企业价值	净利润	收入	EBIT	EBITDA
亚马逊公司/米高梅电影公司	8 450.0	NA	NA	NA	NA	8 450.0	NA	NA	NA	NA
亚马逊公司/Whole Foods	13 700.0	279	2	1 046	0	14 469.0	409.0	15 887.0	710.0	1 216.0

现在，可以使用这些基础财务数据来计算交易乘数，就像在可比公司分析中所做的操作，参见表 11－5。

表 11－5　先例交易分析

（单位：100 万美元）

先例交易分析		购买价格		股权价值/	企业价值/		
		市场价值	企业价值	净利润	收入	EBIT	EBITDA
交易	宣告日期			x	x	x	x
亚马逊公司/米高梅电影公司	2021/5/26	8 450.0	8 450.0	N/A	N/A	N/A	N/A
亚马逊公司/Whole Foods	2017/6/16	13 700.0	14 469.0	33.5x	0.9x	20.4x	11.9x

现在，我们已经完成了这个交易的分析，为了使分析更完整，需要找到更多的先例收购交易。就如同可比公司分析，如果能找到更多类似的收购案例，我们就可以计算乘数的中位数、最大值和最小值。在委托声明的公平意见部分，我们在第 41 页找到下表（参见表 11－6）。

这份清单列示了其他食品杂货商的收购案例，可以帮助我们确定 Whold Foods 的收购价值。遗憾的是，清单中仅是食品杂货商，我们在第十章已经讨论过，亚马逊公司拥有多种业务板块。理想情况下，我们要找到与亚马逊其他业务匹配的收购交易，就像我们在可比公司分析中，获得包括所有业务领域的乘数范围。同样，我们希望能够挖掘其他在线零售公司、实体商店和订阅服务公司的收购交易，与亚马逊公司所有业务部门相关联。不管怎样，先例交易分析确实存在其缺点，就亚马逊公司而言，由于其规模庞大以及业务范围的多样性，先例交易收购分析也许不是确定亚马逊公司价值的最佳方法。因此，我们倾向于将 DCF 和可比公司分析作为更合适的价值衡量标准。

表 11－6　亚马逊公司的收购交易

交易日期	目标公司	收购方	企业价值/LTM 调整后的 EBITDA
2017/4/10	Unified Grocers, Inc.	Suervalu Inc.	10.0x
2016/10/17	Save-A-Lot（Supervalu Inc. 的子公司）	Onex Corp.	6.4x
2016/3/14	The Fresh Market, Inc.	Appollo Global Management, LLC	7.1x
2015/11/11	Roundy's, Inc.	The Kroger Co.	7.1x
2015/6/24	Delhaize Group	Koninklijke Ahold N. V.	8.1x
2014/8/27	Demoulas Super Markets, Inc.（50.5%的股权）	Arthur T. Demoulas	*
2014/3/6	Safeway Inc.	Cerberus Capital Management, L.P., Kimco Realty Corporation, Klaff Realty, L.P., Lubert-Adler Partners L.P., Schottenstein Stores Corporation	5.0x
2013/12/20	Arden Group, Inc.	TPG	10.0x
2013/7/22	Nash Finch Company	Spartan Stores, Inc.	6.7x
2013/7/9	Harris Teeter Supermarkets, Inc.	The Kroger Co.	7.3x
2013/1/10	Supervalu（5 家零售杂货品牌）	Cerberus Capital Management, L. P.,	4.0x
2012/10/11	Smart & Final Holdings Corp.	Ares Management	7.5x
2011/12/19	Winn-Dixie Stores, Inc.	Lone Star Funds	5.4x

出于教学的目的，此处将列示几个最近的收购交易，继续完成模型分析。请查看最终模型作为参考。另外，建议大家去阅读本书第一版中的先例交易分析部分，作为另一个角度的补充（参见表 11－7）。

表 11－7　先例交易分析

（单位：100 万美元）

先例交易分析							
		购买价格		股权价值/		企业价值/	
交易	宣告日期	市场价值	企业价值	净利润 x	收入 x	EBIT x	EBITDA x
亚马逊公司/米高梅电影公司	2021/5/26	8 450.0	8 450.0	N/A	N/A	N/A	N/A
亚马逊公司/Whole Foods	2017/6/16	13 700.0	14 469.0	33.5x	0.9x	20.4x	11.9x
Supervalu Inc./Unified Grocers, Inc.	2017/7/23	114.0	398.0	N/A	0.1x	N/A	9.7x
Onex Corp./Save-A-Lot	2016/10/17	655.0	1 365.0	N/A	N/A	N/A	6.8x
Apollo Global Mangement, LLC/The Fresh Market, Inc.	2016/3/14	1 360.0	1 299.2	20.8x	0.7x	12.0x	7.3x
The Kroger Co./Roundy's, Inc.	2015/11/11	800.0	1 384.1	NM	0.4x	27.3x	11.6x
中位数		1 080.0	1 374.5	27.1x	0.5x	20.4x	9.7x
最大值		13 700.0	14 469.0	33.5x	0.9x	27.3x	11.9x
最小值		114.0	398.0	20.8x	0.1x	12.0x	6.8x

在下一章中，我们将综合考量上述分析结果，DCF 以及可比公司分析结果，并最终给出亚马逊公司的估值。

第十二章

结　论

现在，我们可以穷尽所能来评估上述三种估值方法，并给出亚马逊公司的估值结论了。当然，需要提醒的是，这仅仅是一家之谈。最重要的是你具备了理解并使用这些估值工具的能力，以便能够对目标公司或投资做出自己的判断。接下来，最好的做法就是将三种估值方法估计的指标做一下汇总摘要。由于每种估值方法都各自依赖于大量的假设变量，其中很多变量随市场的波动而变化，因此并未聚焦于某个具体的数字，而是交叉比对输出结果。甚至，一些特定变量的选取范围可能会针对特定的投资给出估值建议。摘要页应该包括股权价值、企业价值、隐含股价以及隐含乘数的信息。我们来评估每一种估值方法，给出相对值，然后构建摘要工作表，通过分析给出近似价值。

除了列示输出变量的摘要，还可以构建所谓的“足球场”图表。这是一种浮动柱状图，是一种更为直观的摘要。对于很多人而言，这样的图表更容易分析及用于演示，以便对公司给出合理的估值。

请参阅模板中名为“足球场”的工作表。注意，输出的摘要表可分为四类，包括三种核心的估值方法，外加“52 周高点/低点”。我们希望针对每个类别进行估值。

52 周高点/低点

与基于公司最近 52 周股价的高点和低点给出的公司估值相比较是很有用的。只需在雅虎财经的公司股票代码中搜索“AMZN”，即可找到亚马逊公司最近 52 周股价的低点为 2 878.7 美元、高点为 3 531.4 美元。因此，为了将上述数字转化为可比数字，需要用这个高点与低点乘以流通股份数。我们可以导入现金流折现分析（DCF）中计算的股份数，由此得到股权价值的区间为14 949.77亿 ~ 18 339.66 亿美元。然后再加上亚马逊公司的净债务和非控制性权益（同样引自 DCF 分析），进而将股权价值转换为企业价值。最后，我们再用企业价值（EV）除以亚马逊公司LTM息税折旧摊销前利润（EBITDA），由此得到EV/EBITDA乘数的区间为26.7x～32.6x。我们也可以使用亚马逊公司2020年EBITDA或者2021年EBITDA，在此使用LTM因为它是最新数据。经验法则是选择一个基础数据指标，并在整个分析过程中保持一致。因此，这是亚马逊公司近52周的有效价值，让我们用该数值与其他估值方法所得到的结果进行比较（参见表12－1）。

表12－1 基于亚马逊公司股价52周高点/低点做出的估值

	52周高点/低点		
	低点	—	高点
股价	$2 878.70	—	$3 531.45
流通股份数	519.32	—	519.32
股权价值	$1 494 977	—	$1 833 966
净债务及其他	$58 382	—	$58 382
企业价值	$1 553 359	—	$1 892 348
LTM EBITDA	58 126.0		58 126.0
乘数	26.7x	—	32.6x

可比公司分析

回想一下，在第八章中我们曾讨论过什么乘数最具可比性。尽管答案可能会因所处行业的不用而各异，但我们可以看一下可比公司输出表（第十章，表10－29），以便构建最有助于评估亚马逊公司价值的乘数取值范围。见表10－29，我们看到第一组市盈率（P/E）乘数的数值比较分散。例如，eBay的市盈率为20x～30x，而Best Buy的市盈率为13x～16x。由于P/E乘数受资本结构的影响较大，所以这样的结果并不意外。根据表里的信息，我们再看一下EBITDA乘数。值得商榷的是，是该利用2020年估计的乘数，还是最近12个月（LTM）的乘数又或者是2021年估计的乘数。为了保持数据的一致性，我们决定使用LTM的EBITDA数据。无论是单独看上述任何一个乘数，还是将所有乘数放在一起看，均可得到乘数的区间为7.5x～15.0x，如果算上Etsy，最高值可达到47.5x。是的，Esty的乘数看起来异常高（超出其他公司的取值范围），但我仍建议暂且保留它。在这里，读者自己的判断会起到一定作用，因此你可以对此有不同的看法。鉴于以上估计的区间，我们可以用7.5x以及47.5x乘以亚马逊公司LTM的EBITDA，得到企业价值的估算区间为4 359.45亿～27 609.85亿美元。现在，我们可从上述价值中剔除亚马逊公司的净债务，并且除以流通股份数，从而得到隐含的股权价值以及基于上述估值区间得到的股票价格（参见表12－2）。

表12－2 基于第一组：零售/电商可比公司分析的亚马逊公司估值

	可比公司分析		
	第一组：零售/电商		
	低点	—	高点
股价	$727.03	—	$5 204.08
流通股份数	519.3		519.3
股权价值	$377 563		$2 702 603
净债务及其他	$58 382		$58 382
企业价值	$435 945	—	$2 760 985
LTM EBITDA	58 126.0		58 126.0
乘数	7.5x	—	47.5x

可以看一下所构建的每一组可比公司。基于第一组可比公司分析，亚马逊公司的合理股票交易价格或应落在727.03～5 204.08美元区间内。这是一个相当宽泛的区间，可以据此给出亚马逊公司是高估或是低估的建议。但是请记住，第一组可比公司为零售商，市场是否仅基于亚马逊公司的零售业务来确定其价值，还未可知。因此，我们还需对第二组可比公司进行分析，其乘数区间为12x～27.5x，比第一组的乘数区间窄一些。由此得到亚马逊公司的每股价格区间为1 230.70～2 965.55美元（参见表12－3）。下面我们还需要比较其他分析方法以便于进行全面评估。

表12－3 基于第二组：订阅/网络服务可比公司分析的亚马逊公司估值

	可比公司分析		
	第一组：订阅/网络服务		
	低点	—	高点
股价	$1 230.70	—	$2 965.55
流通股份数	519.3		519.3
股权价值	$639 130		$1 540 083
净债务及其他	$58 382		$58 382
企业价值	$697 512	—	$1 598 465
LTM EBITDA	58 126.0		58 126.0
乘数	12.0x	—	27.5x

先例交易分析

现在来看先例交易分析。看一下先例交易表（第十一章，表 11 –7），可以发现 EBITDA 乘数区间为 6. 8x ~11. 9x。让我们使用该乘数，因为在可比公司分析中我们也使用了它，并且该指标不受资本结构的影响。我们可以重复操作在可比公司分析中反推公司隐含价值与股价区间的过程，从而得到亚马逊公司股价的估值区间为648. 68 ~1 219. 50美元。你可能还记得，因为数据有限我们只关注了食品杂货商，所以该分析对我们的价值不会比另外两种方法大（参见表 12 –4）。我们继续现金流折现分析。

表 12 –4　基于先例交易分析的亚马逊公司估值

	先例交易分析		
	低点	—	高点
股价	\$ 648. 68	—	\$ 1 219. 50
流通股份数	519. 3		519. 3
股权价值	\$ 336 875		\$ 633 317
净债务及其他	\$ 58 382		\$ 58 382
企业价值	\$ 395 257	—	\$ 691 699
LTM EBITDA	58 126. 0		58 126. 0
乘数	6. 8x	—	11. 9x

现金流折现分析

谈到 DCF，我们已经估算出亚马逊公司基于 EBITDA 法的股价为 4 962. 80 美元，基于永续法的股价为 925. 34 美元。正如我们所讨论的，EBITDA 法基于市场乘数，由于亚马逊可被视为一家成长型公司，基于该方法估值更高，更接近于当前股价。永续法在更大程度上是基于业务的潜在现金流，通常不包括市场溢价，因此估值会低很多。像亚马逊这样的公司，不同的估值方法会导致结果存在巨大的差异，我们需要单独分析每种方法，并更深入地挖掘变量。总体而言，估值分析中的主要变量包括：

- 模型预测。首要变量，模型隐含预测会使估值结果不同。例如，如果收入降低 1%，EBITDA 法和永续法计算的估值结果都会下降。假设我们将保留模型预测不变，但是请不要忽略模型预测的重要性。
- 加权平均资本成本（WACC）。我们得到的 7. 23% 的 WACC 是非常低的。

WACC 的驱动因素是贝塔和市场风险溢价。对 WACC 计算公式中的某个因子做一个微小的调整，例如将贝塔值调高至 2，将使得 WACC 上升至 11.03%。注意，伴随着 WACC 的升高，基于 EBITDA 法和永续法计算的企业价值会下降。

- EBITDA 退出乘数。在 DCF 分析中，我们将亚马逊公司现在的 EBITDA 乘数作为终值乘数。如果我们使用可比公司的乘数区间，例如使用最低值 7.5x，那么每股价格将显著下降至 1 018.91 美元。在 DCF 分析工作表的单元格 F22 中输入 7.5，暂时替换 EBITDA 退出乘数 38.2，会得到该结果。因此，我们可以在调整 EBITDA 退出乘数的基础上，为足球场图构建一个从 7.5x（可比公司区间最低值）到 47.5x（可比公司区间最高值），即从最低到最高的价格区间范围。如同 52 周高值/低值表，我们使用预测的最高股价和最低股价来倒推股权价值和企业价值（参见表 12 -5）。

表 12 -5　基于 DCF EBITDA 法的亚马逊公司估值

	现金流折现分析 EBITDA 法		
	低点	—	高点
股价	$1 018.91	—	$6 151.02
流通股份数	519.3		519.3
股权价值	$529 146.2	—	$3 194 371
净债务及其他	$58 382	—	$58 382
企业价值	$587 526	—	$3 252 753
LTM EBITDA	58 126.0		58 126.0
乘数	10.1x	—	56.0x

- 永续增长率。即使永续增长率变动仅为 1%，也会令基于永续法的估值结果发生显著变动。然而，永续增长率的变动并不会影响 EBITDA 法的计算结果。现在模型中的 3% 仅仅是个大致假设，因此我们可以基于传统市场增长率的范围，例如 2% ~4%，得到一个估值范围，并用以计算公司的整体估值。所以，我们在 DCF 分析工作表的单元格 F27 中输入 2% 来替代 3%，而得到预测的每股价格为 752.36 美元，输入 4% 而得到1 205.48美元。现在，我们可以在足球场图中使用该估值范围（参见表 12 -6）。

至此，我们已经完成了评估亚马逊公司价值的所有必要基础数据。

表 12－6　基于永续法的亚马逊公司估值

	现金流折现分析 永续法		
	低点	—	高点
股价	$ 752.36	—	$ 1 205.48
流通股份数	519.3		519.3
股权价值	$ 390 718	—	$ 626 034
净债务及其他	$ 58 382	—	$ 58 382
企业价值	$ 449 100	—	$ 684 416
LTM EBITDA	58 126.0		58 126.0
乘数	7.7x	—	11.8x

足球场图

我们来创建“足球场”图，即以浮动条形图展示所有的估值结果，用于比较和分析。下面将分步讲解如何制作该图表。

首先需要确定想要足球场图显示什么样的输出数据。它可以是股权价值、企业价值、乘数或股价。例如，我们创建一个足球场图来展示每种估值方法计算出的每股价格。为此，需要根据每种估值方法制作一个表格，以显示股价区间的低点、高点和差值。差值将会显示成为条形图。你可以在第 14 行看到表格模板。我们分别连接不同估值方法的低点和高点。差值栏等于高点减去低点（参见表 12－7）。

表 12－7　估值结果数据表

	低点	差值	高点
DCF 永续法	$ 752.36	$ 453.12	$ 1 205.48
DCF EBITDA 法	$ 1 018.91	$ 5 132.11	$ 6 151.02
先例交易	$ 648.68	$ 570.82	$ 1 219.50
可比公司第二组	$ 1 230.70	$ 1 734.86	$ 2 965.55
可比公司第一组	$ 727.03	$ 4 477.05	$ 5 204.08
52 周高点/低点	$ 2 878.70	$ 652.75	$ 3 531.45

注意，从 DCF 永续法开始。在制作条形图时，你会看到表格的第一行数据实际是图表最下面的条形。

现在选中整个表格（包括表头）并制作条形图。我们将制作一个“堆积条形图”。依据你所使用的Excel版本，该按钮的位置可能有所不同，但通常选择“插入”—“图表”—“条形图”—“堆积条形图”。如果找不到，可以在帮助框中输入“堆积条形图”。将制作出一个类似于图12-1的图。

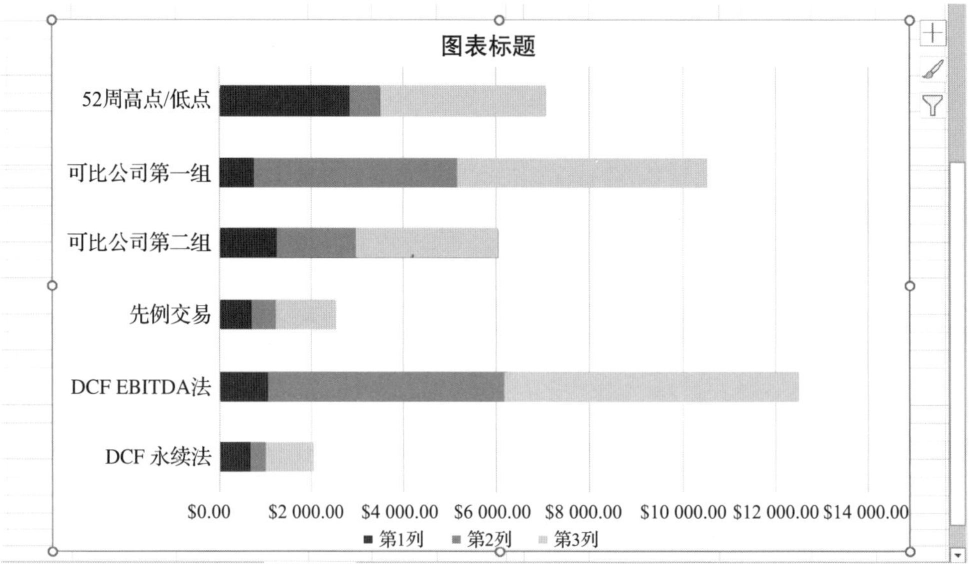

图12-1　未调整格式的条形图

图表展示了所有估值方法，且每种方法都有三个条形。最左边的条形代表低点。我们本不想显示该条形，但为了正确定位中间条形的位置，显示它是必要的。中间的条形才是我们想要展示的数据，它代表差值，其最左边的边界代表“低”值，最右边的边界则为“高”值。

因此，首先要确保显示低点和高点条形的数据值。我们点击最左边的条形，将会选中该列所有条形。点击右键，选择“添加数据标签”，以添加数据标签。

你可能会看到“设置数据标签格式…”，如果是这样，需要选择“值”选项框。依据你所使用的Excel版本，该选项的位置可能不同，请尝试在帮助框搜索“显示数据标签”。

现在我们不需要中间一组的数据标签。我们只想展示最左边和最右边条形的数据标签，分别代表低点和高点。因此，接下来我们单击最右边的其中一个条形，可以同样添加数据标签（图12-2）。

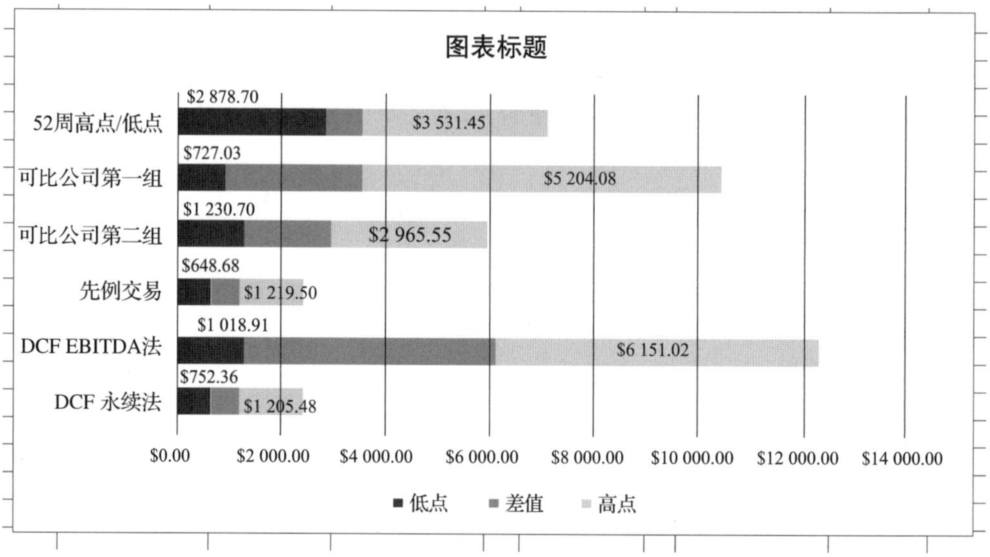

图 12－2　带数据标签的条形图

下一步，我们想只显示中间的条形。为了使其他条形不可见，先点击最左边的条形，注意要选中所有左边的条形。一旦选中，单击右键并选择“设置数据标签格式…”，右边将会打开一个窗格。点击“油漆桶”或“填充”选项，选择“无填充”，该操作不会影响数据但会让条形不可见。对最右侧的条形进行同样的操作（图 12－3）。

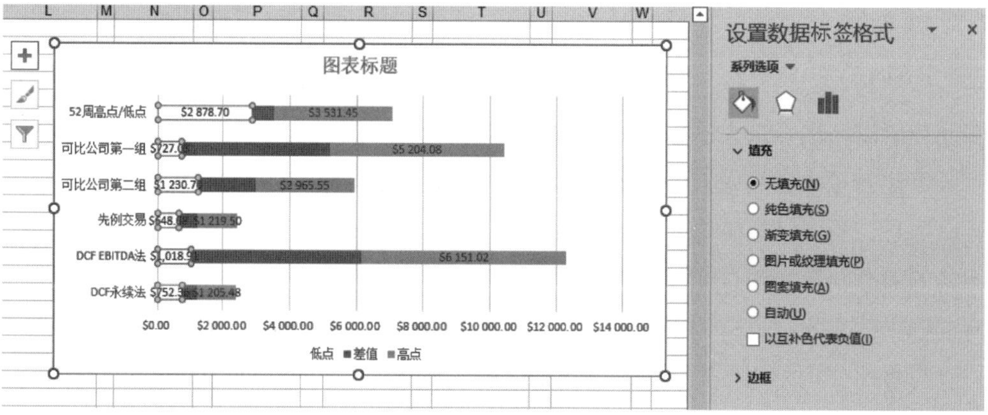

图 12－3　带数据标签的条形图

我们想缩小 y 轴的范围，所以选中 y 轴单击右键，并选择“设置坐标轴格式…”，右边将显示一个窗格。在“坐标轴选项”下有最小值和最大值边界。最大值边界设置得过高，导致图表右侧出现大量空白。将此值改为 10 000，以减少空白空间。小心也不要将其设置得过低，否则会丢失一些数据或数据值。

现在，你可以手动修改格式：选择图表标题并重命名；移动数据标签以便更整齐地显示。我将条形颜色改为蓝色，还加了一条虚线来代表当前的股价，这将有助于与价值区间范围进行比较。通过选择“插入”—“形状”—“直线”手动添加。我用光标画了一条虚线并将其放置在图表上。现在，最终图表如图12－4所示。

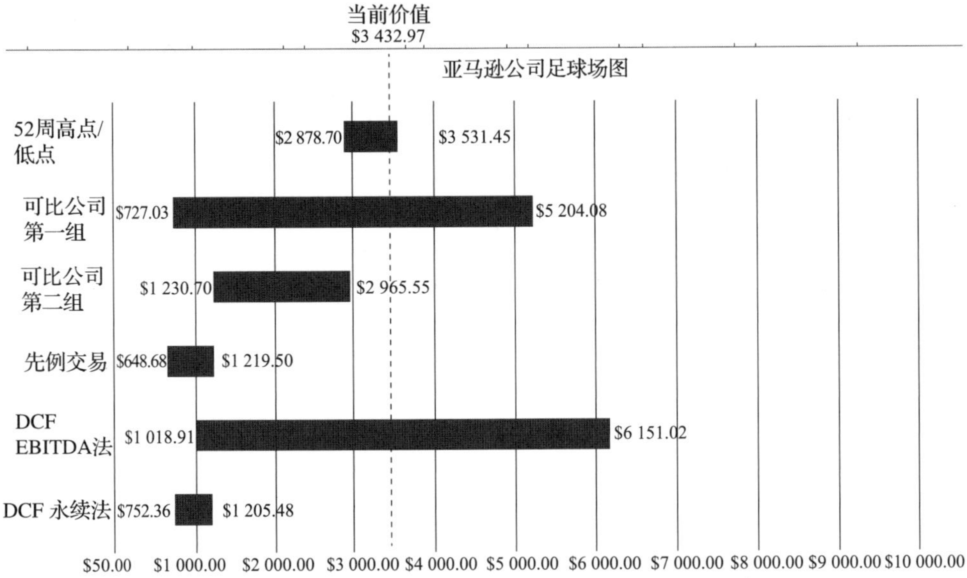

图12－4　亚马逊公司的足球场图

当我们观察这些条形图时，首先可以看到亚马逊公司当前在52周高点/低点区间范围的高点交易。一年前，即2020年7月1日，亚马逊公司的股价为2 878.70美元，所以，尽管过去一年有所波动，但股价仍呈上升趋势。

可比公司的区间很广。现在，我们知道可比公司在行业和规模上都有很大差异。而且，我们已经确定亚马逊公司与众不同，它不仅规模非常大，而且包含多个不同的业务领域。注意，可比公司第二组被包含在可比公司第一组范围之内。将所有这些乘数作为一个整体来看，表示也许仍存在乘数扩张和公司成长的空间。

与可比公司相比，先例交易分析的区间范围很窄。但是要记住，我们仅确定了一种标的公司，规模都较之亚马逊公司小很多，并且，该分析是基于历史数据的分析。所以，这个分析方法在这里未必有用。

现金流折现分析展示了两种截然不同的结果，取决于你使用的是EBITDA法还是永续法。这实际上很有趣，永续法与EBITDA法相比，估值低很多，因为前者更多的是基于公司的业务模式（主要是现金流量）进行估值分析，后者的估值结果更高，区间也更广泛。如前文所述，这对于成长型公司来说并不奇怪，基于乘数的估值方法（EBITDA 法和可比公司）比基于核心财务信息的估值方法（永续法）结果更高。

因此，我们的结论就是，鉴于以上所有强有力的分析，很多证据证明亚马逊公司股票仍具备继续上涨并超过目前股价 3 432. 97 美元的潜力。还是那句话，这取决于公司的业绩，并且假设在接下来的几个季度没有其他异常或计划外的事件发生。一旦公司发布了新的财务数据，我们可以更新模型，进行更充分的评估。

亚马逊公司是一家不同寻常的公司，难以对其估值。它是世界上最大的公司（按市值计算）之一，有许多不同的业务细分市场。它是一个高速增长的公司，但并不是所有业务部门都高速增长。由于新冠疫情的影响，涉及该领域的零售业务蓬勃发展。这为目前难以确定的许多变量提供了依据。不管怎样，最重要的目标是，你要理解每一个变量，并能够将模型作为工具使用。当环境变化，新冠疫情缓慢结束的时候，我们能够相应地调整这些变量，继续评估它们将会如何影响亚马逊公司的价值。此外，我们还需考量亚马逊公司对其业务结构做出的决定（例如收购、管理层变更）。

记住：本人写作本书的目的是教会读者掌握所有必需的分析工具，并使用财务数据对任何一家公司（不仅限于亚马逊公司）进行估值分析。估值分析结果取决于如何解读，其关键在于你是否深刻认知到不仅要建立自己的估值分析模型，还要得出自己的结论，并能够根据众多变量做出合理的判断。我希望本书可以帮助你达到以上目的。

附　　录

附录 A

模型快速指南

Ⅰ. 利润表

1. 导入历史利润表数据
2. 预测收入
3. 预测所有费用
   a. 将折旧设为空（取自折旧计划表Ⅳ. 1. a）
   b. 将利息费用与利息收入设为空（取自债务计划表Ⅶ. 8 与Ⅶ. 9）
4. 构建净利润

Ⅱ. 现金流量表

1. 导入历史现金流数据
2. 经营活动现金流预测
   a. 从利润表导入支付股利前的净利润
   b. 将折旧设为空（取自折旧计划表Ⅳ. 1. b）
   c. 将递延税设为空（取自折旧计划表Ⅳ. 3. a）
   d. 将营运资本变动设为空（取自营运资本明细表Ⅴ. 1. a 与Ⅴ. 2. a）
   e. 预测“其他”科目
3. 投资活动现金流
   a. 预测 Capex
   b. 预测“其他”科目
4. 融资活动现金流
   a. 将短期债务/（还款）设为空（取自债务计划表Ⅶ. 10）
   b. 将长期债务/（还款）设为空（取自债务计划表Ⅶ. 11）
   c. 从利润表导入股利
   d. 预测“其他”科目
5. 汇总所有现金流

Ⅲ. 资产负债表

1. 导入历史资产负债表数据

Ⅳ. 折旧计划表

1. 预测 GAPP 折旧

a. 将 GAAP 折旧与利润表关联起来（Ⅰ.3. a）

b. 将 GAAP 折旧与现金流关联起来（Ⅱ.2. b）

2. 预测税金折旧

3. 计算递延税

a. 将递延税与现金流关联起来（Ⅱ.2. c）

Ⅴ. 经营性营运资本

1. 逐项预测流动资产科目

a. 每个流动资产科目的变动会与现金流相关联（Ⅱ.2. d）

2. 逐项预测流动负债科目

a. 每个流动负债科目的变动会与现金流相关联（Ⅱ.2. d）

3. 计算经营性营运资本的变动

Ⅵ. 资产负债表

1. 利用现金流量表的变动构建资产负债表

Ⅶ. 债务计划表

1. 从资产负债表导入年末债务与现金余额

2. 计算可用于偿还债务的现金

3. 构建短期债务计划表

a. 计算利息费用

b. 生成强制性发债/（偿债）

4. 构建长期债务计划表

a. 计算利息费用

b. 生成强制性发债/（偿债）

5. 计算利息费用合计值

6. 计算强制性发债 + 自动发债

7. 计算年末现金余额

a. 计算利息收入

8. 将利息费用合计值与利润表关联起来（Ⅰ.3. b）
9. 将利息收入合计值与利润表关联起来（Ⅰ.3. b）
10. 将短期强制性发债＋自动发债与现金流量表关联起来（Ⅱ.4. a）
11. 将长期强制性发债＋自动发债与现金流量表关联起来（Ⅱ.4. b）

至此，模型构建完毕。

附录 B

财务报表勾稽关系

利润表流向现金流量表

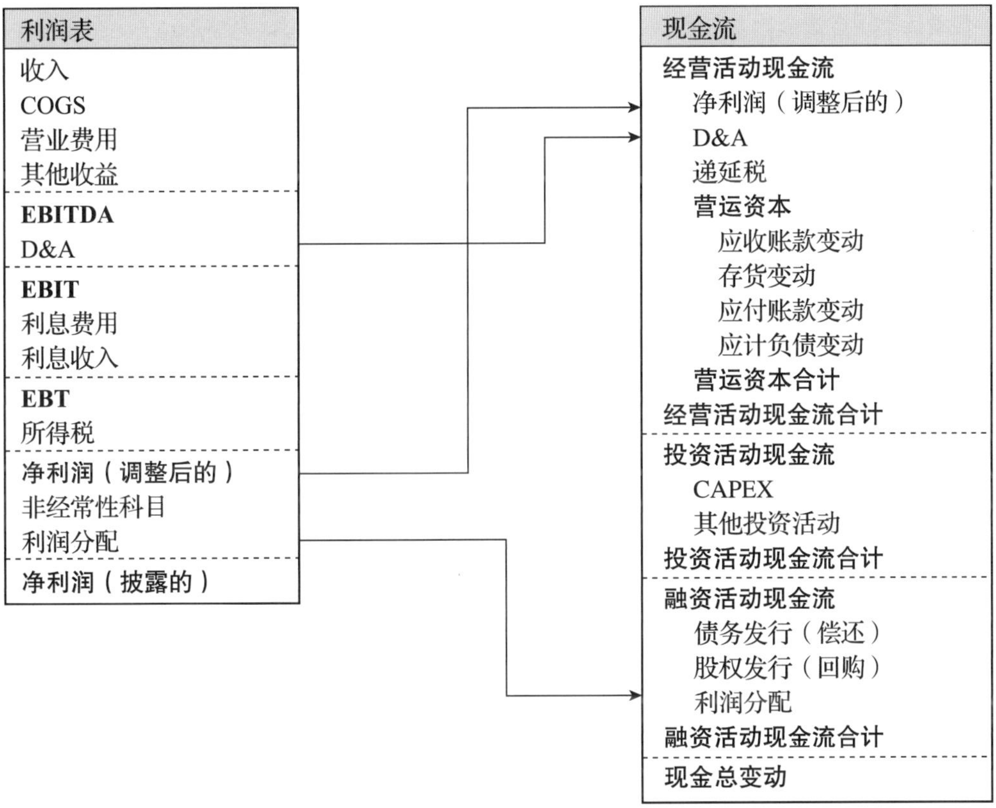

现金流量表流向资产负债表

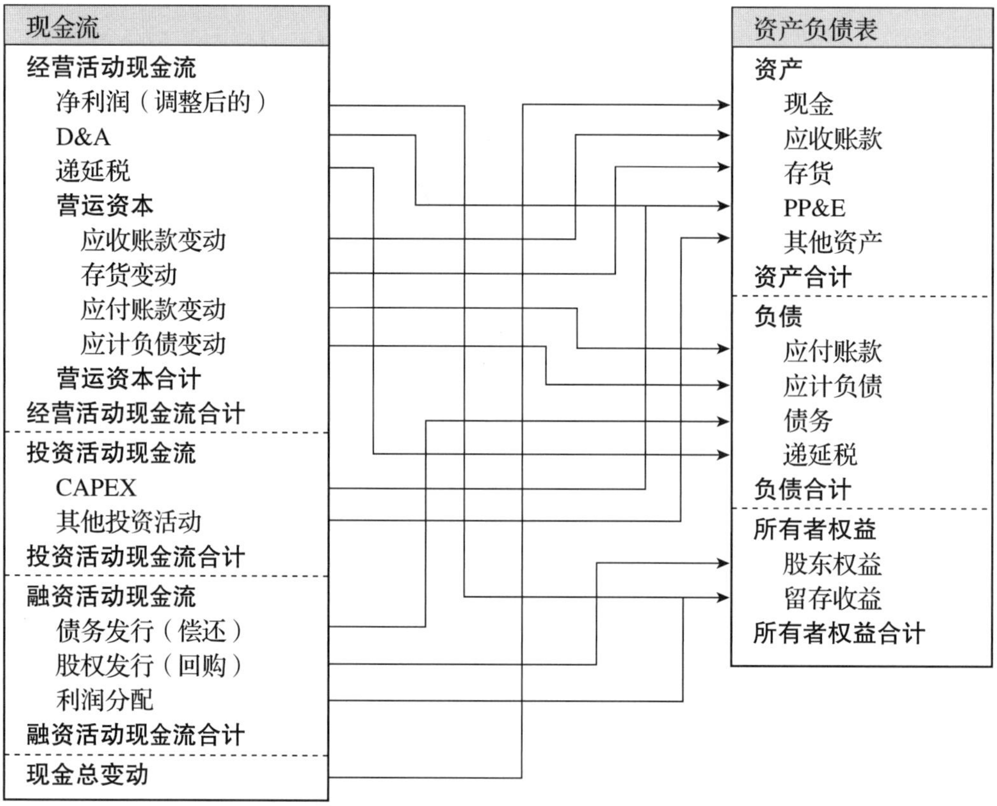

附录 C

Excel 快捷键

文档操作	快捷键	单元格格式	快捷键
新建文档	〈Ctrl + N〉	设置单元格格式	〈Ctrl + 1〉
打开文档	〈Ctrl + O〉	设置为货币格式	〈Ctrl + Shift + 4〉
保存文档	〈Ctrl + S〉	设置为日期格式	〈Ctrl + Shift + 3〉
关闭文档	〈Ctrl + F4〉	设置为百分比格式	〈Ctrl + Shift + 5〉
另存为	〈F12〉	设置为数值格式	〈Ctrl + Shift + 1〉
退出 Excel	〈Alt + F4〉	字体加粗	〈Ctrl + B〉
打印	〈Ctrl + P〉	斜体	〈Ctrl + I〉
单元格操作	**快捷键**	添加下划线	〈Ctrl + U〉
编辑活跃的单元格	〈F2〉	添加删除线	〈Ctrl + 5〉
取消单元格编辑	〈Esc〉	添加单元格边框	〈Ctrl + Shift + 7〉
剪切	〈Ctrl + X〉	去除所有边框	〈Ctrl + Shift + -(减号)〉
复制	〈Ctrl + C〉	**选择单元格**	
粘贴	〈Ctrl + V〉	选中整个工作表	〈Ctrl + A〉
向右复制	〈Ctrl + R〉	选中一定区域	〈Ctrl + Shift + 8〉
向下复制	〈Ctrl + D〉	选中一列	〈Ctrl + 空格〉
生成单元格注释	〈Shift + F2〉	选中一行	〈Shift + 空格〉
		手动选择	按住〈Shift + Left, Right, Up, Down(箭头)〉

工作表导航	快捷键	其他操作	快捷键
上移工作表	〈Page Up〉	查找文字	〈Ctrl + F〉
下移工作表	〈Page Down〉	替换文字	〈Ctrl + H〉
移至下一个工作表	〈Ctrl + Page Down〉	取消上一次操作	〈Ctrl + Z〉
移至上一个工作表	〈Ctrl + Page Up〉	重复上一次操作	〈Ctrl + Y〉
前往工作表的第一个单元格	〈Ctrl + Home〉	新建图表	〈F11〉
前往工作表的最后一个单元格	〈Ctrl + End〉	拼写检查	〈F7〉
查看公式源代码	〈Ctrl + {〉	显示所有公式	〈Ctrl + ~〉
定位某个单元格	〈F5〉	插入列/行	〈Ctrl + Shift + +（加号）〉
		插入工作表	〈Shift + F11〉
		在打开的工作表之间切换	〈Ctrl + F6〉
		自动求和	〈Alt + =（等号）〉

关于作者

保罗·皮格纳塔罗先生是专注于金融教学的企业家，他已在教育与技术领域创办并成功运营了多家初创型企业。此外，保罗·皮格纳塔罗先生还拥有超过 15 年在投资银行及私募股权公司从事公司并购、重组、资产剥离、资产收购以及债务与股权交易的相关工作经验，行业涉及石油、天然气、电力及公用事业、互联网与技术、房地产、军工、旅游、银行及服务业。

保罗·皮格纳塔罗先生创办了纽约金融学院（NYSF），该机构目前已成长为价值过百万美元的金融教育机构，向全球的银行、企业及个人提供金融培训服务。在 NYSF，保罗·皮格纳塔罗先生依然是培训团队的一员，为大型银行及公司的 M&A 团队提供培训服务，并亲自为拥有数十亿美元的高净值客户提供培训服务。

此外，保罗·皮格纳塔罗先生还开展了一项长达一个学期的培训计划，即 NYSF 高级计划，总部设在纽约，面向商学院学生。该计划已经帮助很多来自哈佛、沃顿等顶级商学院的学生，甚至是排名相对低一些的商学院的学生找到了华尔街顶级机构的工作。

在创业之前，保罗·皮格纳塔罗先生供职于 TH Lee Putnam Ventures，这是一家隶属于并购巨头 Thomas H. Lee Partners，且规模达 10 亿美元的私募股权公司。在那之前，保罗·皮格纳塔罗先生供职于摩根士丹利，期间接触过涉及技术、能源、运输以及商业服务业的大量交易案例。这些交易包括：交易金额高达 333 亿美元的 BP Amoco 兼并 ARCO 的案例，RWE（一家德国的自来水公司）以 76 亿美元的价格收购 American Water Works 的案例，Citizens Communications 公司出售价值均为 30 亿美元的通信子公司以及电子公用事业子公司的案例。

保罗·皮格纳塔罗先生毕业于纽约大学，拥有数学及计算机科学专业双本科学位。

关于配套网站[1]

配套的网站包括与本书配套的模型模板以及解决方案。给出额外的模型模板是为了让你获取一手的实践材料以及进一步阐释如何运用书中所学的技能。我们建议，读者在翻阅本书时下载这些模型模板和工作表。

此外，网站还包含本书各章节的问题和答案，以帮助你理解书中所阐释的知识点。这些问题不仅能作为每个章节的补充，还经常被用于投资银行的面试。回顾这些问题及参考答案不仅能够帮你巩固投资银行相关的基础知识，还将有益于你准备投资银行的面试。不断演练网站中的模型和解决方案是检验对书中知识点掌握程度的最好方式。

注意，网站中列示的配套模型是由我们的同事构建的，可能包含不同的观点。从不同的视角看不同类型的模型有助于你对估值进行多样性的阐述。一旦核心的概念理解能力得到磨炼，在财务数据预测过程中你的创造性和可能性便是无止境的。请享受其中吧！

浏览上述网站，请打开如下链接 www. wiley. com/go/pignataro/financialmodelingandvaluation2e（密码：investment）。

---

[1] 关于以上所提到的全部模型及学习资料已汇总到估值建模的学习园地：www. jinduoduo. net，供大家下载学习。——译者注

金多多金融投资译丛

序号	中文书名	英文书名	作者	定价	出版时间
1	公司估值（原书第2版）	The Financial Times Guide to Corporate Valuation, 2nd Edition	David Frykman, Jakob Tolleiyd	59.00	2017年10月
2	并购、剥离与资产重组：投资银行和私募股权实践指南	Mergers, Acquisitions, Divestitures, and Other Restructurings	Paul Pignataro	69.00	2018年1月
3	杠杆收购：投资银行和私募股权实践指南	Leveraged Buyouts, + Website: A Practical Guide to Investment Banking and Private Equity	Paul Pignataro	79.00	2018年4月
4	财务模型：公司估值、兼并与收购、项目融资	Corporate and Project Finance Modeling: Theory and Practice	Edward Bodmer	109.00	2018年3月
5	私募帝国：全球PE巨头统治世界的真相（经典版）	The New Tycoons: Inside the Trillion Dollar Private Equity Industry that Owns Everything	Jason Kelly	69.90	2018年6月
6	证券分析师实践指南（经典版）	Best Practices for Equity Research Analysts: Essentials for Buy-Side and Sell-Side Analysts	James J. Valentine	79.00	2018年6月
7	证券分析师进阶指南	Pitch the Perfect Investment: The Essential Guide to Winning on Wall Street	Paul D. Sonkin, Paul Johnson	139.00	2018年9月
8	天使投资实录	Starup Wealth：How the Best Angel Investors Make Money in Startups	Josh Maher	69.00	2020年5月
9	财务建模：设计、构建及应用的完整指南（原书第3版）	Building Financial Models, 3rd Edition	John S.Tjia	89.00	2019年12月
10	7个财务模型：写给分析师、投资者和金融专业人士	7 Financial Models for Analysts, Investors and Finance Professionals	Paul Lower	69.00	2020年5月
11	财务模型实践指南（原书第3版）	Using Excel for Business and Financial Modeling, 3rd Edition	Danielle Stein Fairhurst	99.00	2020年5月
12	风险投资交易：创业融资及条款清单大揭秘（原书第4版）	Venture Deals: Be Smarter than Your Lawyer and Venture Capitalist, 4th Edition	Brad Feld, Jason Mendelson	79.00	2020年8月

（续）

序号	中文书名	英文书名	作者	定价	出版时间
13	资本的秩序	The Dao of Capital: Austrian Investing in a Distorted World	Mark Spitznagel	99.00	2020 年 12 月
14	公司金融：金融工具、财务政策和估值方法的案例实践（原书第 2 版）	Lessons in Corporate Finance: A Case Studies Approach to Financial Tools, Financial Policies, and Valuation, 2nd Edition	Paul Asquith, Lawrence A. Weiss	119.00	2021 年 10 月
15	投资银行：估值、杠杆收购、兼并与收购、IPO（原书第 3 版）	Investment Banking: Valuation, LBOs, M&A, and IPOs, 3rd Edition	Joshua Rosenbaum Joshua Pearl	199.00	2022 年 8 月
16	亚洲财务黑洞（珍藏版）	Asian Financial Statement Analysis: Detecting Financial Irregularities	ChinHwee Tan, Thomas R. Robinson	88.00	2022 年 9 月
17	投行人生：摩根士丹利副主席的 40 年职业洞见（珍藏版）	Unequaled : Tips for Building a Successful Career through Emotional Intelligence	James A. Runde	68.00	2022 年 9 月
18	并购之王：投行老狐狸深度披露企业并购内幕（珍藏版）	Mergers & Acquisitions: An Insider's Guide to the Purchase and Sale of Middle Market Business Interests	Dennis J. Roberts	99.00	2022 年 9 月
19	投资银行练习手册（原书第 2 版）	Investment Banking: Workbook, 2nd Edition	Joshua Rosenbaum Joshua Pearl	89.00	2023 年 9 月
20	证券分析师生存指南	Survival Kit for an Equity Analyst: The Essentials You Must Know	Shin Horie	79.00	2023 年 9 月
21	泡沫逃生：技术进步与科技投资简史（原书第 2 版）	Engines That Move Markets: Technology Investing from Railroads to the Internet and Beyond, 2nd Edition	Alisdair Nairn	158.00	2023 年 10 月
22	财务模型与估值：投行与私募股权实践指南（原书第 2 版）	Financial Modeling and Valuation: A Practical Guide to Investment Banking and Private Equity, 2nd Edition	Paul Pignataro	99.00	2023 年 10 月